le

en

he

même, en g... to-
riques de toutes les époques.
Certains sont universellement
célèbres comme Lascaux, d'autres
ne sont étudiés que par les spécialistes et les chercheurs mais
peuvent avoir joué un grand rôle
dans l'établissement des classifi-
cations et la reconnaissance des
différentes cultures.

Ce guide consacré à la France préhistorique ne prétend pas décrire
tous les sites : grottes, gisements,
dépôts, habitats. Il en existe plusieurs milliers, sans compter ceux
qui restent à découvrir ! Nous
n'avons cependant pas voulu
nous limiter aux lieux ouverts au
public et qui passionnent chaque
année des millions de touristes.

Nous avons, pour les raisons citées plus haut, indiqué, ne fût-ce que brièvement,
des sites dont l'intérêt est certain sur le plan archéologique. Nous présentons également les principaux musées français qui ont un département de Préhistoire. Là
aussi il a fallu faire un choix car les collections préhistoriques abondent.

Ce guide aidera, du moins nous l'espérons, à mieux comprendre comment notre
pays s'est peuplé. Les hommes qui « habitèrent » le site de Tautavel, il y a 500 000
ans, ne sont pas les mêmes que ceux qui décorèrent Lascaux, Niaux ou la grotte
Cosquer. Les choppers, ramassés au Vallonnet dans les Alpes-Maritimes, n'ont pas
grand-chose à voir avec les outils et les armes de Cro-Magnon.

Toute cette évolution s'est déroulée dans un temps très long. L'homme, pendant
des millénaires, a évolué et progressé avec lenteur, sans jamais interrompre sa
marche en avant.

La connaissance de la France préhistorique est le fruit de découvertes fortuites ou
méthodiques. Chaque jour en apporte de nouvelles qui parfois remettent en question des connaissances que l'on croyait définitivement acquises.

GUIDE
DE LA
FRANCE PRÉHISTORIQUE

LES GUIDES SÉLÈNE

PHILIPPE BOITEL

GUIDE
DE LA
FRANCE PRÉHISTORIQUE

LE LIVRE DE POCHE

Philippe Boitel est historien et
dirige les revues *Ulysse* et *Notre histoire*.

Conception graphique et maquette de Michèle Defait

SOMMAIRE

COMMENT UTILISER CE GUIDE

Consacré à la Préhistoire, ce guide comprend trois grandes parties.

Les premiers chapitres présentent les hommes qui habitèrent notre pays depuis *Homo erectus*. Une séquence spéciale est réservée à l'homme de Cro-Magnon, c'est-à-dire l'homme moderne.

Des repères aideront le lecteur à se retrouver dans ce vaste et complexe univers qu'est la Préhistoire. Il nous a paru utile d'indiquer très rapidement les grandes périodes qui rythment l'histoire de l'homme depuis le Paléolithique jusqu'à son entrée dans l'histoire proprement dite.

Nous donnons également la chronologie de l'art établie par A. Leroi-Gourhan.

Le lecteur pourra s'y reporter lorsqu'il lira que les peintures de telle ou telle grotte relèvent du style I, II, III, etc.

Pour les sites archéologiques, les préhistoriens emploient plusieurs systèmes de datation. Nous n'avons pas toujours pu n'en retenir qu'un seul, mais ils sont faciles à déchiffrer.

Av. J.-C. ou B.C.: Avant Jésus-Christ ou Before Christ.

B.P. : Before Present. Avant le temps présent, 1950 étant l'année de référence.

Exemple : date des peintures de Lascaux :

15 000 ans av. J.-C. (15 000 ans avant notre ère)

ou 17 000 ans B.P., avant le temps présent (17 000 ans avant 1950).

Dans une deuxième partie les sites préhistoriques sont présentés par régions et par départements. Ils font l'objet de notices plus ou moins longues selon leur importance.

Enfin, la dernière partie comprend des rubriques qui éclaireront le lecteur sur un point particulier : les animaux, les outils, les mots spécialisés.

Nous avons tenu à présenter les plus grands préhistoriens français, à l'exclusion des vivants. Leur apport à la Préhistoire, non seulement française mais mondiale, a souvent été des plus importants.

LES PREMIERS
HOMMES

Comment on écrit
la préhistoire

« Il est peu de sciences d'un abord aussi facile que la préhistoire et dont les matériaux soient plus courants et plus accessibles. Les hommes d'autrefois ont abandonné sur le sol, par dizaines de millions, les pierres qu'ils avaient taillées. En maints endroits, il suffit de creuser la terre pour y découvrir, sous forme d'ossements et de cendres, la trace des anciens établissements humains...

La terre est un livre merveilleux ; malheureusement, le temps l'a écorné et rongé, et il est écrit dans une langue difficile, bien plus difficile que celle des vieux parchemins. Mais les parchemins ne racontent qu'une toute petite partie de l'histoire de notre espèce. Pour connaître le reste, nous n'avons d'autre ressource que de nous pencher sur les archives du sous-sol et de tenter de les lire.

Ce déchiffrement, il y a un peu plus d'un siècle que les préhistoriens l'ont entrepris. Ce qu'on sait maintenant du passé lointain de l'humanité est considérable. »

Extrait de André Leroi-Gourhan :
Les Chasseurs de la Préhistoire,
Éd. A.M. Métailié

D'OÙ VENONS-NOUS ?
GÉNÉALOGIE SIMPLIFIÉE DE L'HOMME

10 MILLIONS D'ANNÉES : LES PREMIERS HOMINIDÉS.

3 MILLIONS D'ANNÉES : LA GRANDE FAMILLE DES AUSTRALOPITHÈQUES.

Une vraie tribu que les paléontologues tentent de répertorier et de classer afin de distinguer celui qui eut la bonne idée de nous ouvrir la voie.

2,5 À 1,3 MILLION D'ANNÉES : L' *HOMO HABILIS*.

Son cerveau dépasse 600 cm³. Il peut parler, tailler des outils (grossiers). Première vie sociale. C'est un « vrai » homme qui s'épanouit en Afrique de l'Est.

Il coexiste avec certains Australopithèques.

1,6 MILLION À 100 000 ANS : L'*HOMO ERECTUS*.

Africain de l'Est, son cerveau se développe. Il fabrique encore des outils avec des galets avant de se lancer dans la confection de bifaces. Vrai routard, il quitte l'Afrique et on le retrouve dans le Sud-Est asiatique, à Java, en Chine, en Inde, puis en Europe. Sa date d'arrivée pose quelques problèmes. En France, l'*Homo erectus* le plus connu est celui de Tautavel.

Vers 400 000 ans, il maîtrise le feu (Terra Amata-Nice, 380 000 ans). Les premiers campements, en plein air ou en grotte, font leur apparition.

ENTRE 100 000 ET 35 000 ANS : LES NÉANDERTALIENS.

De vrais *Sapiens* et de vrais Européens, même si on les trouve ailleurs. Héritiers, après une longue évolution et des phases transitoires, de l'*Homo erectus*. Le Néandertalien a la même capacité crânienne que l'homme moderne.

Il enterre ses morts, fabrique des outils assez perfectionnés. C'est un redoutable chasseur et il mastiquerait du béton, tant sa mâchoire est solide... Il coexistera un certain temps avec l'*Homo sapiens sapiens* qui le supplantera définitivement, il y a environ 30 000 ans.

A PARTIR DE 30 000 ANS : *HOMO SAPIENS SAPIENS*.

Celui-ci, connu sous le nom de Cro-Magnon, est notre ancêtre direct. Grand chasseur, inventeur de nouvelles techniques comme l'aiguille perforée, le propulseur ou le harpon, c'est aussi un artiste soucieux de l'objet bien fait. Il aime se parer, honore ses morts en les inhumant de manière rituelle. Il est « en quête de sens », comme on dit aujourd'hui, ainsi que le révèlent les grandes fresques pariétales.

NOS PREMIERS COMPATRIOTES

Le plus vieil Européen connu serait « français ». Nous disons bien « serait », car en archéologie rien n'est jamais totalement certain. Mais cherchons d'abord à savoir comment et quand nos très lointains ancêtres ont pu s'installer chez nous et y faire souche...

Il y a 1,2 million d'années, les *Homo erectus* quittent l'Afrique et partent à la conquête de la Terre. Nous avons des traces de leur présence qui donnent lieu d'ailleurs à des débats passionnés. Certains archéologues pensent qu'elle pourrait remonter à plus de 2 millions d'années. Et de mettre en avant certains sites du Velay qui auraient été aménagés à cette époque. Ils déclarent que les pierres trouvées en ces endroits ont été taillées par l'homme. D'autres comme Henry de Lumley évaluent cette présence à –730 000 ans, et encore, disent-ils, les gisements de cette période sont rares. La grotte dite du Trou des Renards au large du Vallonnet à Roquebrune-Cap-Martin dans les Alpes-Maritimes est le plus vieil habitat actuellement connu en Europe, mais il n'a pas livré d'ossements humains. La faune bien conservée est caractéristique du Pléistocène inférieur. Les analyses des pollens invoquent un climat frais et plutôt sec. Soixante-dix « outils » associés aux ossements ont été recueillis sur place. Essentiellement des galets aménagés, des éclats, quelques os grossièrement taillés et des bois de cerf striés et fracturés. L'homme qui séjourna au Vallonnet n'avait pas la maîtrise du feu. Son habitat devait être des plus élémentaires. Ses techniques de chasse rudimentaires l'amenaient à traquer des animaux âgés. Il devait aussi rapporter dans sa grotte des quartiers de mammifères récupérés dans la nature. Dire qu'ils étaient du meilleur goût est une autre affaire...

A cette même période, d'autres hommes, à Soleilhac* près du Puy, taillaient le quartz et traquaient les éléphants qui s'enlisaient au bord du lac.

LE DOYEN DES « FRANÇAIS » À TAUTAVEL

Les chasseurs sont alors à la recherche de sites stratégiques qui leur permettent d'apercevoir et d'attaquer le gibier. C'est le cas de la Caune de l'Arago* : une vaste caverne, protégée du vent du nord, et dominant le paysage. En effet, la Caune de l'Arago surplombe d'une centaine de mètres la plaine de Tautavel*, près de Perpignan. Cette grotte, grâce à la tiédeur de la température, à sa position élevée et à la proximité de l'eau, est un véritable « trois étoiles ». Les hommes préhistoriques l'occuperont pendant plusieurs centaines de milliers d'années. Là ils attendaient le chamois et le mouflon, chassaient les rennes, les bœufs musqués, les rhinocéros, les bisons, les chevaux, les éléphants. La grotte de l'Arago a livré de nombreux ossements humains datés de – 450 000 ans.

Le 22 juillet 1971 Henry de Lumley découvrait le crâne d'un homme de vingt ans. C'est pour l'instant le plus vieil Européen à qui l'on peut prêter un visage. Il a d'ailleurs été reconstitué et vous pouvez en acheter un moulage si vous allez à Tautavel.

Cet *Homo erectus* – d'aucuns voient plutôt en lui un prénéandertalien – a des orbites larges et profondes surmontées par un vigoureux bourrelet sus-orbitaire. Sa face est projetée en avant et les pommettes sont saillantes. La voûte du crâne est basse et allongée, le front est fuyant. Sa capacité crânienne est de 1 150 cm^3. Deux autres mâchoires, des dents, des fragments de pariétaux, une rotule et des phalanges appartenant à plusieurs individus aideront les archéologues à mieux connaître le doyen actuel des Français préhistoriques. L'outillage qui l'entourait est assez décevant. A la fois archaïque et rare. Par ailleurs aucune trace de feu n'a été relevée. L'étude des pollens révèle la présence d'essences méditerranéennes (cyprès, chênes verts, pistachiers, platanes). Les ossements d'animaux retrouvés sont ceux d'une faune variée : des rhinocéros, des éléphants, des chevaux, des ours, des loups, des lynx, des belettes, des taupes, des lapins et de nombreux oiseaux (grives, perdrix, canards, corbeaux, aigles royaux).

Les ossements humains se trouvaient au milieu de restes d'animaux, mais ce qui intrigue plus les chercheurs, c'est la présence d'un fémur humain avec des stries de découpage. L'homme de Tautavel a-t-il servi de repas à ses congénères ? La brisure de la boîte crânienne paraît intentionnelle, le mystère demeure...

LA MAÎTRISE DU FEU

Aux alentours de 500 000 à 400 000 ans, les hommes commencent à se doter du « confort moderne » grâce à la maîtrise du feu. Déjà vers 700 000 ans, à la grotte de l'Escale dans la basse vallée de la Durance, il est possible, si l'on se fie à certaines traces (couches de cendres constituées de résidus de branches d'arbres), que l'homme ait « fabriqué » intentionnellement du feu, mais de nombreux chercheurs en doutent. Trois cent mille ans après, c'est une certitude. Près de 300 sites sont recensés qui montrent que le feu est vraiment domestiqué et que les hommes l'intègrent à leur univers. A Nice, sur les pentes occidentales du mont Boron, le site de Terra Amata*, transformé aujourd'hui en musée, a révélé une vingtaine de sols d'habitat datés de

Autour du foyer DK, à Terra Amata.
Reconstitution dessinée par H. Puech. Musée de Terra Amata.

– 380 000 ans. Ce sont des vestiges de campements temporaires installés sur la plage ou sur la dune d'une petite crique, à l'embouchure de la rivière Paillon. Les fouilles ont montré que les chasseurs fréquentaient cet endroit régulièrement, mais de façon saisonnière, en été généralement. Ils abandonnaient outils, éclats et excréments... Ils chassaient le lapin mais aussi le cerf, le sanglier, l'ours, le rhinocéros, des éléphanteaux, et dégustaient des coquillages. Sur les dunes, ils installaient des huttes, de 9 à 16 m de long sur 4 à 7 m de large. Le feu était entretenu sur un dallage de galets ou dans une cuvette creusée dans le sable.

Au bout de quelques jours ou de quelques semaines, les chasseurs partaient pour d'autres territoires et les vents ne tardaient pas à recouvrir de sable leurs habitations abandonnées. Revenaient-ils quelques mois plus tard, ils rebâtissaient de nouvelles huttes aux mêmes endroits et allumaient leur feu sur les cendres de l'ancien foyer.

A partir de – 350 000 ans, tous les habitats comportent des foyers aménagés : Achenheim* en Alsace, La Roche Gélétan et Port-Pignot en Normandie, Luneviel en Languedoc entre Nîmes et Montpellier. Dans cette grotte, on se trouve en présence d'une véritable cuisine. L'un des foyers est aménagé en forme de cuvette en partie entourée de grosses pierres disposées en cercle. Avec une ouverture pour, sans doute, faciliter le tirage. Autour du « fourneau », le sol est patiné par endroits et pavé de galets.

A Plouhinec, dans le sud du Finistère, dans une grotte effondrée, des chercheurs ont découvert les traces d'un feu datées de 465 000 ans. Les ossements trouvés à proximité montraient que ce foyer avait servi pour la cuisson de la viande de rhinocéros et de bovidés. Dans les monts du Minervois, dans la grotte d'Aldène*, des chasseurs séjournèrent il y a 350 000 ans. Le sol était empierré et il en subsiste une surface de 12 m^2. Ce dallage était composé d'éclats de galets en calcaire, de 20 cm de long, presque jointifs. Dans un coin de la grotte, une accumulation cendreuse contenait de nombreux ossements souvent brûlés. Là aussi était pratiquée la grande traque aux cerfs, ours, chevaux, rhinocéros, sangliers, bovidés.

La maîtrise du feu a bouleversé la vie des hommes préhistoriques. Elle a constitué une véritable révolution et un progrès décisif.

De nouvelles technologies

Vers – 300 000 ans (Pléistocène moyen supérieur), on voit se développer les civilisations que les spécialistes appellent acheuléennes. Des faciès régionaux, correspondant à des groupes bien définis, apparaissent. Les hommes, pour la fabrication de leurs outils en silex, utilisent de plus en plus la technique de débitage Levallois, qui permet des progrès considérables. Les outils se différencient et répondent à des besoins précis : pointes, racloirs, grattoirs, couteaux à dos. Les bifaces sont de plus en plus épurés et certains sont de véritables œuvres d'art. Il existe des centres de production de silex en ateliers, qui fabriquent des outils à une cadence de plus en plus soutenue et avec dextérité. André Leroi-Gourhan a fait, à ce propos, une démonstration éblouissante. Il a eu l'idée de quantifier le progrès technologique en pesant les pierres taillées de différentes époques et en comparant leur poids avec des longueurs additionnées de leurs tranchants. Il en tira les résultats suivants : avec 1 kg de pierres taillées, il y a 2 000 000 d'années, le technicien de l'époque (*Homo habilis*) obtenait 10 cm de tranchant utile ; il y a 500 000 ans, avec le même poids de matériau, son successeur (*Homo erectus*) obtenait 40 cm de tranchant ; il y a 50 000 ans, dans les mêmes conditions, *Homo sapiens* arrivait à 200 cm ; il y a 20 000 ans, un *Homo sapiens* plus « jeune » atteignait les 2 000 cm ; vers 10 000 avant notre ère, l'*Homo sapiens sapiens* parviendra, lui, à 7 000 cm de tranchant utile !

Pendant plus d'un million d'années, le rendement n'a pas dépassé 10 cm de tranchant utile par kilo de pierre mis en œuvre. Pendant un autre million d'années, il a quadruplé. C'est seulement dans les dernières centaines de milliers d'années que les chiffres ont décollé, pour atteindre des records successifs : 5 fois plus, puis 50 fois plus que le dernier record, 20 fois et 200 fois plus que le premier.

Des abris fonctionnels

En France, les Acheuléens s'installent en de nombreux endroits. C'est le site de La Chaise en Charente, découvert en 1850, et constitué de deux abris sous roche : l'abri Bourgeois-Delaunay et l'abri Suard. On y a trouvé une industrie lithique assez grossière, mais intéressante parce qu'évolutive. Dans l'abri Suard, de nombreux ossements humains (adultes et enfants) présentent divers caractères archaïques. A Fontéchevade, le gisement comptait plusieurs chopping-tools, mais aussi des grattoirs et des racloirs. Une partie de calotte crânienne a été découverte en 1947. Avec des traces de choc et de feu qui peuvent rappeler une pratique anthropophagique. Franchissons encore quelques millénaires et nous arrivons il y a — 150 000 ans. A cette époque, près de la frontière franco-italienne, dans la grotte du Prince « résidaient » des chasseurs acheuléens, grands consommateurs de cerfs, d'ours, de bouquetins et de rennes. Ils nous ont laissé de nombreux objets : des racloirs, des choppers, des chopping-tools et des bifaces à tranchant rectiligne. Sans oublier un os iliaque humain, trouvé en 1968. Cet os est intéressant à étudier : sa morphologie très proche de celle de l'homme moderne avec quelques caractères archaïques, qui le rapprochent de l'*Homo erectus*. Le gisement de Biache-Saint-Vaast* dans le Pas-de-Calais, entre Arras et Douai, sur les bords de la Scarpe, a fourni une industrie sans bifaces mais à nombreux éclats Levallois. On peut déjà la considérer comme datant du Moustérien. On connaît encore mal les structures d'habitat du Pléistocène moyen. Le site-atelier de Commont, à Cagny-La-Garenne (Somme) près de Saint-Acheul*, a donné d'abondants vestiges répartis sur une surface de 25 m². Des charbons de bois et des cendres gisaient sur le sol. La concentration des objets sur un espace restreint implique l'existence d'une habitation à l'intérieur d'un volume clos, qui évitait l'éparpillement de l'outillage.

Dans la vallée du Verdon, la grotte de La Baume Bonne a été aménagée de façon astucieuse. Des empierrements de galets ont subsisté avec des rigoles qui devaient drainer les eaux de la caverne. Ces sols empierrés sont délimités et devaient correspondre à des zones d'habitation. L'homme préhistorique tenait à garder les picds au sec. A la fin du Pléistocène moyen, entre −150 000 ans et −120 000 ans, l'habitat se développe. Les hommes autour du foyer central organisaient l'espace en fonction de leurs besoins. Des structures internes apparaissent. Les chasseurs qui fréquentaient la grotte du Lazaret* à Nice construisent des cabanes à l'intérieur, comme l'ont montré les fouilles menées depuis 1962. L'une datée de 130 000 ans était bâtie contre la paroi près du porche. Sa superficie atteignait 35 m² environ. Cette découverte est due à une solide et patiente observation des chercheurs. Ils ont étudié la répartition des objets abandonnés sur le sol de la grotte ; ossements et outils reposaient sur une surface définie, aux contours précis, délimitée par une centaine de pierres, et qui englobe exactement la surface à grande concentration d'objets.

Une cloison avait été dressée à l'intérieur même de la tente transformée en un petit deux-pièces aux fonctions différentes. Près de la paroi rocheuse se trouvaient des os, des esquilles, des fragments de charbon de bois et des cendres. Deux foyers installés dans de petites dépressions, à même le sol de l'habitation, permettaient la cuisson des aliments et donnaient de la chaleur aux litières, constituées d'herbes marines et recouvertes de peaux disposées tout autour. Un mur de pierres, orienté vers l'entrée de la grotte, servait de coupe-vent. Instruits par l'expérience et l'observation, les hommes de ces temps préhistoriques – il s'agit des derniers *Homo erectus* – ne se contentaient plus de se préserver des intempéries. Ils aspiraient sinon au confort, du moins à une vie plus supportable, et cherchaient les meilleurs moyens pour améliorer leur vie quotidienne.

LE PROGRÈS TECHNIQUE : TROIS MILLIONS D'ANNÉES EN UNE JOURNÉE

1 h	Le premier outil
16 h	Les bifaces
20 h 24	Maîtrise du feu
20 h 45	Les premiers campements
23 h 32	Préoccupations métaphysiques
23 h 38	Apparition d'*Homo sapiens*
23 h 42	*Homo sapiens* produit des œuvres d'art
23 h 52	*Homo sapiens* devient sédentaire
23 h 56	*Homo sapiens* devient agriculteur
23 h 57	*Homo sapiens* découvre la métallurgie
23 h 59 min 57 s	Apparition de la civilisation industrielle

Source : Y. Rebeyrol, *Lucy et les siens*, La Découverte, 1988.

AINSI NAQUIT
L'HOMME MODERNE

L'*Homo sapiens sapiens* doit beaucoup aux chemins de fer français ! En 1968, des terrassiers participant à la construction de la nouvelle ligne Agen-Périgueux mirent au jour, près de la gare des Eyzies-de-Tayac, sous un surplomb de la falaise qui domine le village, plusieurs squelettes humains, au lieu-dit Cro-Magnon*. Des pierres taillées, des coquilles perforées, des ossements d'animaux étaient mêlés aux restes humains, qui avaient été inhumés intentionnellement. Venant douze ans après la découverte de Neandertal qui avait soulevé de très vives discussions, l'exhumation de ces squelettes allait marquer l'histoire de la paléontologie humaine. C'est l'instituteur du pays, Louis Lartet, chercheur infatigable, qui effectua les premières fouilles, tandis que les ossements humains étaient confiés au médecin et anthropologue Paul Broca. Les squelettes – trois hommes, une femme et un nouveau-né – avaient un aspect moderne, tandis que les outils n'appartenaient pas au Moustérien, mais à des industries plus récentes. Riches de l'expérience de Neandertal, les anthropologues purent affirmer que ces restes étaient ceux d'une deuxième espèce d'homme fossile.

Le squelette le plus complet du site était celui d'un adulte d'environ cinquante ans. Baptisé « Cro-Magnon », il deviendra la référence obligatoire pour désigner l'ensemble des fossiles analogues en qui l'on vit, avec raison, les ancêtres directs de l'homme moderne. C'est un individu de grande taille (1,80 m), avec une capacité crânienne de 1 600 cm^3, assez différent par sa morphologie des Néandertaliens. Le crâne est haut, le front redressé, le menton bien formé. Rien ne distingue Cro-Magnon des hommes actuels. D'autres restes de l'espèce Cro-Magnon vont être retrouvés en cette fin du XIXe siècle. L'*Homo sapiens sapiens* – puisque telle est sa dénomination – est présent un peu partout en Europe, il y a 35 000 ans : en France, à Laugerie-Basse* près des Eyzies, à Chancelade dans les environs de Périgueux, à Combe-Capelle* non loin de Clermont-Ferrand ; en Italie, dans les grottes Grimaldi ; en Moravie, à Prédmosti, où l'on retrouva une vingtaine de squelettes parmi des centaines de mammouths.

Mais Cro-Magnon n'est pas seulement européen. Des formes modernes d'*Homo sapiens sapiens* apparaissent, dès 40 000 ans, au Moyen-Orient avec Skhul et Qafzeh (Israël), en Afrique du Nord, en Afrique du Sud, peut-être dès 90 000 ans en Asie à Chou kou-tien... Tous ces fossiles, quelle que soit leur « patrie », ont des traits communs, même si certains ont des caractères plus archaïques ou plus modernes, selon leur ancienneté et leur localisation.

CRO-MAGNON
VAINQUEUR DE NEANDERTAL

Cro-Magnon, sans que l'on en sache exactement la raison, a supplanté – peut-être par assimilation – Neandertal, qui coexista avec lui pendant plusieurs milliers d'années. Au Proche-Orient, les grottes de Skhul et de Tabun contenaient des squelettes néandertaliens, datés de 70 000 à 55 000 ans. En revanche, la grotte de Qafzeh, à 30 km, abritait déjà des *Homo sapiens sapiens*. Cro-Magnon fit accomplir à l'humanité des bonds considérables. Il fut non seulement un manuel doué d'une haute technicité, mais également un artiste particulièrement fécond. Enfin, il ressentit profondément « l'angoisse métaphysique » et devint véritablement un homme pensant.

Très doué, Cro-Magnon affina les techniques de taille et fabriqua un outillage très diversifié, à partir de longues lames tirées d'un nucléus. Il porta à la plus haute perfection la taille bifaciale du silex : ainsi, ces fameuses feuilles de laurier de 35 cm de long et de 5 mm d'épaisseur. Grâce à ces outils, Cro-Magnon excella dans le travail de l'os et des matières dures, le bois de renne, par exemple, qui trouvera ses formes les plus parfaites au Magdalénien* (entre 15 000 et 9 000 ans). Il inventa des outils de plus en plus efficaces : des poinçons, des spatules, des lissoirs. L'aiguille à coudre, que nous utilisons encore aujourd'hui, fut mise au point il y a 18 000 ans. Elle permettait à Cro-Magnon de se confectionner des vêtements ajustés et confortables, des outres étanches, des tentes. Cro-Magnon améliora considérablement sa panoplie de chasseur. A partir de 15 000 ans, il fabrique des harpons en bois de renne, capables, par leurs barbelures, de se ficher dans la chair des animaux et de s'y maintenir. On lui doit également une arme de jet efficace, le propulseur, qui lui permet d'envoyer une sagaie à une vitesse comparable à celle d'une flèche lancée par un arc. Cette arme existe encore aujourd'hui, chez les Eskimos, les Australiens, les Indiens du Pérou et du Mexique.

S'il ne dédaignait pas le saumon, les végétaux et les fruits saisonniers (baies, champignons, plantes herbacées ou à bulbes), Cro-Magnon passait une part notable de son temps à traquer le renne. Durant l'été, des groupes devaient suivre les troupeaux et vivre dans des abris de plein air, constitués de tentes circulaires, comme à Pincevent* S'il utilisait la sagaie, arme très efficace, bien qu'un peu légère pour achever un mammouth ou un rhinocéros, il savait préparer des pièges. Il encerclait les troupeaux de rennes ou de chevaux et les amenait à se précipiter dans un ravin, ou dans un défilé, où il pouvait les massacrer à son aise. On sait aussi que Cro-Magnon mangeait volontiers des petits oiseaux qu'il attrapait peut-être avec des lacets ou des pièges.

Artisan habile, capable d'améliorer sa vie quotidienne, Cro-Magnon fut aussi un artiste, exprimant sa sensibilité et son génie aussi bien sur un os de renne que sur les parois d'une grotte.

Cette activité artistique a commencé à se développer dans le milieu de l'Aurignacien entre 30 000 et 27 000 ans, pour s'épanouir durant le Magdalénien (15 000-9 000 ans).

L'*Homo sapiens sapiens* eut aussi des préoccupations qui n'étaient pas d'ordre utilitaire. Déjà Neandertal inhumait ses morts. Avec Cro-Magnon les rites funéraires se généralisent et deviennent plus complexes. Des manifestations religieuses, au Paléolithique supérieur, sont évidentes, ce qui ne signifie pas que nous en comprenions le sens. On a parlé de magie, de sorcellerie ; peut-être des pratiques ont-elles existé, mais on ne peut que s'en tenir à des suppositions. Comme le disait avec humour André Leroi-Gourhan, « on peut moralement affirmer que l'homme des cavernes ne peignait pas des mâchoires de mammouth pour faire passer agréablement les longues soirées d'hiver et qu'il ne plaçait pas des yeux postiches dans un crâne de jeune femme pour faire peur aux amis qui entraient dans sa grotte. On peut même supposer raisonnablement, ajoutait-il, que les parois muettes des salles décorées ont assisté à des scènes très pittoresques, d'incantation et de magie, peut-être même à des sacrifices humains, à des actes de cannibalisme rituel... Rien de ce qui est humainement concevable dans cet ordre d'idée n'est invraisemblable, mais les documents ne peuvent le montrer qu'au prix d'une distorsion excessive. » *Homo sapiens sapiens* s'était sans doute bâti une « théologie » beaucoup plus élaborée qu'on ne le croit. Il avait mis en place un système symbolique d'une extrême complexité, qui atteindra son apogée entre 15 000 et 12 000 ans. La scène reste toutefois à jamais vide et muette. Cro-Magnon a emporté ses secrets, mais ses successeurs ne pourront plus se débarrasser du « virus métaphysique » qu'il portait au plus profond de lui.

La datation d'un site ou d'un fossile

La datation est une notion capitale en archéologie. Elle permet, en effet, de situer dans le temps et donc de donner un âge à des ossements, à des peintures, à des objets mobiliers, à des pierres, et à de multiples traces de notre passé. Les spécialistes utilisent aujourd'hui des procédés de plus en plus fiables. En voici les principaux.

Il existe deux types de datations : **les datations relatives** et **les datations absolues**.

1) LES DATATIONS RELATIVES consistent à ordonner les choses dans le temps : ainsi
- **la stratigraphie**, qui permet de savoir qu'en principe une couche est plus ancienne que celle qui lui est superposée ;
- l'**étude typologique** des objets qui analyse les différentes formes, les techniques de fabrication, le matériau et distingue des formes ou des styles archaïques ou plus récents ;
- **les études du changement climatique** (glaciation, sédiments des fonds océaniques), de l'évolution de la faune et de la flore (les pollens, notamment). Ces datations sont appelées relatives car elles définissent un objet ou un événement en termes d'antériorité ou de postériorité.

2) LES DATATIONS ABSOLUES utilisent plusieurs techniques qui ne mesurent pas les mêmes périodes de temps, ont leurs limites et ne sont pas toujours simples à mettre en œuvre, malgré d'importants progrès.

Les préhistoriens cherchent à les étalonner les unes par rapport aux autres, afin de limiter les risques d'erreur. Les données provenant de l'analyse de la faune ou du climat seront, par exemple, comparées à des datations absolues, ce qui permet d'établir pour chaque période une base sérieuse de référence.

Les datations absolues sont en général fondées sur des « horloges » radioactives.

• **Le carbone 14 (^{14}C)** : Cette technique a été mise au point en 1949, notamment par le Dr W. F. Libby de Chicago. Toute matière vivante contient du carbone 14 et en acquiert tant qu'elle est vivante. A la mort de l'organisme le carbone diminue lentement ; pour chaque période de 5 730 ans, il perd la moitié de sa radioactivité et finit par disparaître. La technique consiste donc à mesurer la proportion de carbone 14 dans un organisme après sa mort, par comparaison avec la proportion de carbone 14 contenue dans l'atmosphère. Cette technique s'applique aux matériaux contenant du carbone (bois, os, charbon, coquilles), mais elle n'est pas utilisable au-delà d'un peu plus de 40 000 ans.

Les premières datations selon ce procédé nécessitaient 200 g de matière environ ; aujourd'hui elles peuvent être réalisées avec une quantité inférieure au gramme.

• **La thermoluminescence** : On mesure les éléments radioactifs piégés dans des matériaux à structure cristalline (silex brûlés, poteries, foyers, fours) quand ils ont été chauffés ; on obtient des datations depuis l'époque actuelle jusqu'à 1 million d'années.

• **Résonance de spin électronique** : Cette technique, mise au point en 1975, consiste à mesurer les électrons piégés dans les os, les coquillages, les roches contenant du carbonate de calcium depuis l'époque actuelle jusqu'à 1 million d'années. Elle ne nécessite que de très faibles échantillons.

• **Potassium-Argon (K-Ar)** : Utilisée depuis 1950, cette méthode permet de mesurer la dégradation au cours du temps de l'isotope radioactif du potassium 40 en un gaz rare, l'argon, dans les roches volcaniques. Le dosage de l'argon produit par rapport au potassium 40 résiduel donne l'âge de la formation de la roche. Cette méthode est utilisable entre 100 000 et 5 millions d'années, sa précision est de l'ordre de quelques milliers d'années.

• **Séries de l'uranium** : Il s'agit de mesurer la dégradation des isotopes de l'uranium (^{238}U et ^{235}U) en thorium (^{230}Th) et en protactinium (^{231}Pa) dans les roches riches en carbonate de calcium (stalagmites, travertins) entre 50 000 et 500 000 ans.

• **Archéomagnétisme** : Les renversements du champ magnétique terrestre (le pôle Nord magnétique devient le pôle Sud et inversement) au cours du Paléolithique ancien sont repérés et datés grâce aux séries de l'uranium. La dernière inversion de polarité remonte à 780 000 ans.

• **Racémisation des acides aminés** : Cette méthode repose sur le principe de la transformation des acides aminés contenus dans l'os après la mort. Le taux de transformation est calibré par le ^{14}C. Cette technique est délicate à utiliser, le taux de racémisation dépendant de la température et variant selon les sites. Cette méthode est fiable jusqu'à 100 000 ans.

Source principale : G. Bosinski, *Les Origines de l'Homme en Europe et en Asie*, Éd. Errance.

LES GLACIATIONS

Notre continent européen, durant le Quaternaire, est marqué par plusieurs phénomènes glaciaires, les grandes glaciations, que séparent des périodes de réchauffement dites interglaciaires.

Ces glaciations, alternées de réchauffement, modifient considérablement la flore et la faune pendant des périodes de temps variables. Alors que les espèces animales trouvaient leur salut en recherchant des terres plus clémentes, l'homme, et c'est là son génie propre, parvenait à s'adapter.

Quatre glaciations se sont succédé en presque 2 millions d'années.

Durant celles-ci, les glaciers recouvrirent le nord de l'Europe et descendirent jusque dans les vallées. Les niveaux marins baissèrent et des terres furent reliées entre elles alors qu'elles sont aujourd'hui séparées. La région du détroit de Béring, il y a 60 000 ans, permit aux hommes de passer d'Asie en Amérique. La grotte ornée Cosquer à Marseille se trouvait, il y a 20 000 ans, à 14 km du rivage. Elle est actuellement à 37 m au-dessous du niveau de la mer.

La partie de l'Europe qui n'était pas sous les glaces était couverte de toundras ou de steppes, parfois parsemées de conifères. Les forêts subsistaient dans les fonds des vallées. L'Europe méridionale ne gardait qu'une partie de sa flore méditerranéenne.

Durant les périodes intermédiaires, les glaciers quittaient le nord de l'Europe et abandonnaient les vallées. La température moyenne s'élevait tandis que le niveau marin se trouvait au niveau d'aujourd'hui. Les plaines se couvraient d'arbres à feuilles caduques : érables, frênes, hêtres. Dans les montagnes, les conifères régnaient.

Les faunes froides gagnaient le Nord et se voyaient remplacées par d'autres espèces adaptées à des températures plus clémentes. La flore et la faune méditerranéennes s'épanouissaient dans l'Europe méridionale.

Les glaciations européennes portent le nom de fleuves, là où le phénomène de la glaciation s'est arrêté et a été étudié : Donau, Günz, Mindel et Riss.

• La glaciation de Donau s'est déroulée durant tout le début de l'ère quaternaire et s'est achevée il y a 1 750 000 ans.

• L'interglaciaire Donau-Günz s'est développé entre 1 750 000 ans et 1 200 000 ans.

• La glaciation de Günz a succédé à Donau-Günz pour se terminer il y a 750 000 ans.

• L'interglaciaire Günz-Mindel dura environ 30 000 ans et laissa la place à la glaciation de Mindel, entre 720 000 et 320 000 ans.

• Une nouvelle période interglaciaire prit le relais : Mindel-Riss : 320 000 à 250 000 ans.

• La glaciation de Riss lui succéda et se déroula entre 250 000 et 120 000 ans.

• L'interglaciaire de Riss-Würm se situe entre 120 000 et 80 000 ans.

• Enfin, la dernière glaciation, celle de Würm, dura entre 80 000 et 9 800 ans maximum, se situant il y a 20 000 ans.

Depuis 10 000 ans, nous sommes entrés dans une période postglaciaire. Le climat n'a plus beaucoup changé. Les glaciers ont reculé et les mers pris leur niveau actuel.

Les noms attribués à ces glaciations sont essentiellement utilisés en Europe car ils désignent les phénomènes alpins. En Amérique du Nord, elles portent le nom d'États : Wisconsin, Illinois, Kansas, Nebraska.

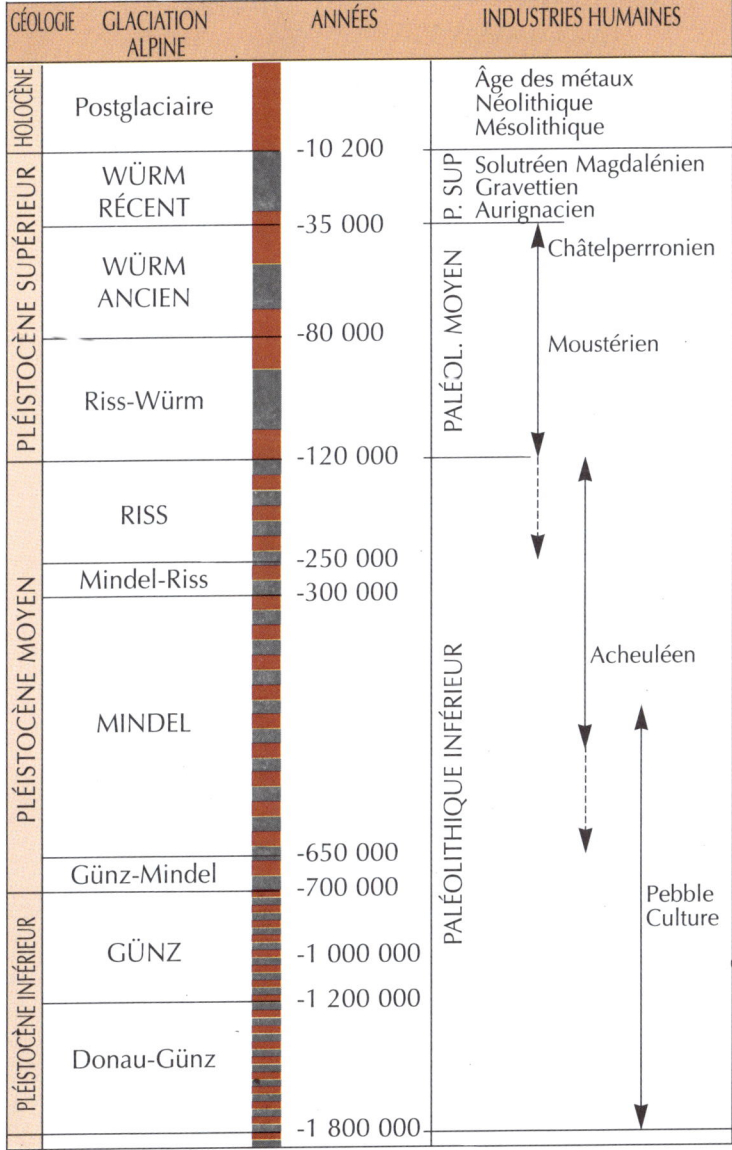

GÉOLOGIE	GLACIATION ALPINE	ANNÉES	INDUSTRIES HUMAINES	
HOLOCÈNE	Postglaciaire		Âge des métaux Néolithique Mésolithique	
PLÉISTOCÈNE SUPÉRIEUR	WÜRM RÉCENT	-10 200 -35 000	P. SUP Solutréen Magdalénien Gravettien Aurignacien	
	WÜRM ANCIEN		Châtelperrronien	
	Riss-Würm	-80 000 -120 000	Moustérien	PALÉOL. MOYEN
PLÉISTOCÈNE MOYEN	RISS	-250 000		
	Mindel-Riss	-300 000		PALÉOLITHIQUE INFÉRIEUR
	MINDEL		Acheuléen	
	Günz-Mindel	-650 000 -700 000		
PLÉISTOCÈNE INFÉRIEUR	GÜNZ	-1 000 000 -1 200 000	Pebble Culture	
	Donau-Günz	-1 800 000		

Principaux sites français du très ancien Paléolithique

1. Entre 500 000 et 1 million d'années :
Tautavel
Vidauban
Le Vallonnet
Abbeville
Artenac
Hangenbieten
Achenheim
Laromieu
Vaufrey

2. Entre 1 million et 1 500 000 ans
Montières

La Hulanderie
Besse-sur-Issole

3. Plus d'1 500 000 ans
Bassin-de-l'Isle (Dordogne)
Perier-Etouaires
Saint-Eble
Le Coupet
Chilhac
Blassac
La Rochelambert
Marseille

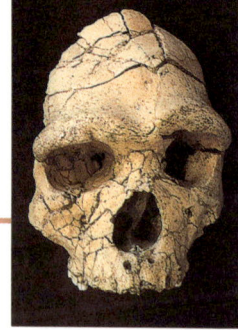

Capacité crânienne des singes et des hommes (moyenne en cm³)

Gibbon	90
Chimpanzé	393
Orang-outan	411
Gorille	506
Australopithèque boisei	530
Australopithèque robustus	500
Australopithèque africanus (ou gracile)	494
Homo habilis	780
Homo erectus	935
Homo neanderthalensis	1 450-1 650
Homo sapiens sapiens	1 000-2 000

Les temps paléolithiques

Le terme de Paléolithique fut créé par J. Lubbock en 1865 pour désigner l'âge de la pierre taillée par opposition au Néolithique qui correspondait à l'âge de la pierre polie. La chronologie du Paléolithique a été en grande partie établie à partir des études effectuées sur les gisements préhistoriques français.

Le Paléolithique couvre près de 3 millions d'années. Il débute avec la fabrication du premier outil en Afrique, le « galet aménagé », et s'achève il y a environ 10 000 - 9 000 ans. Il est divisé en trois grandes périodes dont la durée varie selon les régions.

Le Paléolithique inférieur : de 1 300 000 à 100 000 ans b.p.

L'*Homo erectus* a succédé à l'*Homo habilis*. Il quitte l'Afrique pour conquérir l'Asie, puis l'Europe où il est peut-être arrivé beaucoup plus tôt qu'on ne le pense, puisque l'on a retrouvé des « outils » vieux de plus d'un million d'années (en Auvergne notamment).

Mais l'homme ne s'est pas toujours contenté de galets aménagés plus ou moins bien dégrossis. Il a acquis rapidement une certaine habileté pour tailler du silex. A la *pebble culture* a succédé une industrie sur éclats plus élaborée qui a conduit à la réalisation d'instruments bifaciaux (civilisation de l'Abbevillien).

Au début de cette civilisation, entre les deux premières glaciations dites de Günz et de Mindel, les bifaces étaient grossièrement taillés, façonnés à coups de percuteur de pierre, et présentant fréquemment une double arête en zigzag. Plus tard, les bifaces seront façonnés à coups de petits gourdins. C'est durant la glaciation de Mindel qu'apparaît la civilisation acheuléenne. Les bifaces s'affinent, les deux arêtes sont presque rectilignes. Certaines pièces sont particulièrement élégantes et témoignent d'un penchant pour l'esthétisme et à tout le moins pour le travail bien fait !

Les pièces de la fin du Paléolithique inférieur seront encore plus élancées, mais des techniques plus archaïques se maintiendront.

C'est *Homo erectus* qui « inventa » le feu, c'est-à-dire qu'il apprit à l'allumer et à le conserver. Véritable révolution dans la vie des hommes préhistoriques.

DEUXIÈME GRANDE DIVISION DU PALÉOLITHIQUE : LE PALÉOLITHIQUE MOYEN (100 000 À 35 000 ANS B.P.), caractérisé par la production systématique d'éclats pour obtenir des outils. Cette période est dominée par la civilisation moustérienne pendant 50 000 ans. C'est le temps de l'homme de Neandertal qui a lui-même été précédé d'ancêtres « archaïques ».

Longtemps mal connu, Neandertal est en fait un vrai *Homo sapiens*, solide, trapu, chasseur infatigable. Sa panoplie d'outils est assez large et il a commencé à enterrer ses morts avec un rituel particulier (v. La Chapelle-aux-Saints*).

C'est pendant le Moustérien que fut appliquée par l'homme de Neandertal la technique Levallois qui améliorera considérablement la taille des silex.

LA TECHNIQUE LEVALLOIS

L'homme de Neandertal développa une technique astucieuse qui lui permettait, par une préparation particulière du nucléus de silex, d'obtenir de grands éclats de formes prédéterminées. Ce savoir-faire est connu sous le nom de technique Levallois, observée à Levallois-Perret dans les Hauts-de-Seine. Ces éclats triangulaires étaient alors facilement aménagés, par retouches, en pointes très efficaces pour des armes de jet, en racloirs, en couteaux, en perçoirs, en burins, etc.

Sources : CRDP/CDPP, Montpellier.

LE PALÉOLITHIQUE SUPÉRIEUR : 40 000-10 000 ANS B.P.

C'est la période de la Préhistoire la mieux connue, par l'abondance de ses vestiges. Elle est marquée par l'apparition en Europe de l'*Homo sapiens sapiens*, ou homme de Cro-Magnon. Avec lui, tout s'accélère. Les outils se diversifient. Les Néandertaliens ne connaissaient qu'une soixantaine de types d'outils en pierre ; les *Homo sapiens sapiens* en auront plus de 200. Ils façonneront l'os, l'ivoire et le bois des cervidés ; ils se doteront de nouvelles armes, sagaies, propulseurs, harpons, inventeront de nouveaux outils comme les aiguilles à chas.

Ils amélioreront leurs techniques de pêche et de chasse, enterreront leurs morts (ce que faisait déjà Neandertal) et éprouveront le besoin de représenter leur angoisse métaphysique dans de superbes œuvres d'art.

Le Paléolithique supérieur comprend plusieurs cultures que nous présentons brièvement. Les dates que nous donnons peuvent varier avec les régions, certaines civilisations ayant perduré plus longtemps. Il n'y a jamais de remplacement radical d'une culture par une autre, mais plutôt chevauchement.

Le Châtelperronien : 35 000 - 30 000 ans B.P.

Le Châtelperronien ou Périgordien I doit son nom à la grotte des Fées à Châtelperron dans l'Allier. Il a conservé beaucoup de caractères du Moustérien auquel il a succédé : débitage façon moustérienne, petits racloirs et outil caractéristique : le couteau de Châtelperron ; apparition de l'outillage osseux.

Une activité artistique (modeste) est attestée par l'utilisation de l'ocre à profusion, la présence de nombreux traits parallèles ou en touffes sur des os et des blocs calcaires, des pendeloques en os et des dents percées. Des Néandertaliens pourraient être les artisans du Châtelperronien, comme on l'a vu avec la découverte de la grotte de Saint-Césaire* en Charente.

Neandertal, qui a côtoyé Cro-Magnon, a imité certaines de ses techniques.

La France est riche en gisements et grottes où abondent des outils de cette période. Citons La Ferrassie*, le Trou de la Chèvre, Combe-Capelle*, Roc de Combe, La Roche à Pierrot*, Saint-Césaire*, la grotte du Renne à Arcy-sur-Cure*. C'est dans ce site que se trouvent les plus beaux objets représentatifs de cette culture.

L'Aurignacien : 36 000 - 27 000 ans B.P.

Cette période culturelle doit son nom à la grotte d'Aurignac dans la Haute-Garonne. C'est la première industrie que l'on doit à l'*Homo sapiens sapiens*. Elle comprend des outils en os (sagaies, poinçons, lissoirs) et certains outils lithiques, grandes lames et grattoirs. Les Aurignaciens apprécient également les pendeloques en pierre, en os et en ivoire. Ils sculptent des animaux et manifestent leurs talents artistiques sur les parois des grottes. Les sites aurignaciens sont très répandus en France : dans le Périgord, le Poitou-Charentes, le Languedoc, la Provence, les Landes et la Bourgogne.

Le Gravettien ou Périgordien supérieur : 28 000 - 22 000 ans B.P.

Ce faciès doit son nom à la grotte de La Gravette* située sur la commune de Bayac en Dordogne. Le fossile indicateur de cette culture demeure la célèbre pointe de La Gravette, pointe élancée dont un bord rectiligne présente des retouches abruptes. L'industrie osseuse n'est pas très développée. Le Gravettien se rencontre en France, en Italie, en Belgique et en Espagne. Il est renommé pour ses remarquables statuettes en ivoire ou en calcaire (Vénus de Lespugue*).

Le Solutréen : 22 000 - 18 000 ans B.P.

Le site éponyme de cette culture est le Crot du Charnier à Solutré*. Le Solutréen a été défini par G. de Mortillet. Il est surtout présent en France et en Espagne (région franco-cantabrique). Sa « marque de fabrique », ce sont des lames très fines, « feuilles de laurier » et « feuilles de saule », portant de longues retouches plates obtenues par pression sur du silex chauffé. Autres matières premières utilisées : le jaspe, la calcédoine.

L'outillage osseux est peu développé. Mais les Solutréens ont inventé l'aiguille à chas en os qui leur a servi à coudre le cuir notamment. Artisans habiles, les Solutréens furent aussi de grands artistes. On leur doit des frises d'animaux sculptés comme au Roc de Sers* en Charente ou au Fourneau du Diable, à Bourdeilles en Dordogne.

L'origine du Solutréen fait encore l'objet de recherches. Certains préhistoriens pensent qu'il vient d'Europe centrale, d'autres qu'il dérive d'une culture nord-africaine. Troisième hypothèse, il pourrait être dû à un développement local.

Le Magdalénien : 18 000 - 11 500 ans B.P.

A la fin du Paléolithique supérieur, une autre culture apparaît en Europe occidentale : le Magdalénien. C'est la plus célèbre des civilisations de l'*Homo sapiens sapiens*. Elle doit son nom au site de La Madeleine* à Tursac en Dordogne et a été reconnue en 1863 par E. Lartet.

L'abbé Breuil, en 1912, a divisé le Magdalénien en six phases numérotées de I à VI, à partir des matériaux de la grotte du Placard en Charente pour la partie ancienne (I, II et III) et sur la stratigraphie du site de La Madeleine pour les étages récents (IV, V, VI). Ces divisions, toujours un peu conventionnelles – car les civilisations se chevauchent plus qu'elles ne se succèdent –, ont été précisées par D. Peyrony pour l'outillage lithique, l'abbé Breuil ayant surtout pris en compte le matériel osseux.

Le Magdalénien I, ancien ou inférieur, et souvent appelé Badegoulien (de Badegoule* en Dordogne), qui se situe au tout début du Magdalénien et qui est issu du Solutréen final, a duré environ 1 000 ans. Cette période a donné naissance à une culture assez caractéristique. Les lames et lamelles à dos deviennent rares, mais on trouve de nombreux éclats écaillés en raclettes, des burins sur encoches et des perçoirs sur éclats. La taille du silex à cette époque connaît une certaine décadence. Les feuilles de laurier, chères aux Solutréens, n'ont plus la même qualité.

Les gisements qui ont permis de définir cette période sont ceux de Laugerie-Haute*, de Beauregard-Nemours, et de Badegoule*.

Les autres périodes du Magdalénien, II, III, IV, V et VI, ne possèdent pas un outillage lithique très performant, à l'exception de quelques formes spécifiques comme les burins becs-de-perroquet, des petits outils à forme géométrique, des lames à bord abattu courbe en segment de cercle, dites de canifs. Néanmoins, ils améliorent considérablement leur « armement », les sagaies notamment. Ils mettent au point des propulseurs souvent décorés, inventent le harpon qu'ils vont perfection- ·

ner. Ils découvrent une arme redoutable : l'arc, qui ne servira pas qu'à chasser les animaux et sera employé durant des siècles.

Les Magdaléniens se sont révélés de remarquables artistes. Quatre-vingts pour cent de l'art paléolithique connu appartient à cette période. Lascaux (17 000 ans) en est le plus beau fleuron.

Vers 15 000 ans (phase moyenne du Magdalénien), l'art des grottes gagne les grandes profondeurs des cavités, dans les Pyrénées notamment. Les grands bas-reliefs reviennent « à la mode », comme celui du Cap-Blanc*, alors qu'il n'y en avait plus depuis le Solutréen. L'art mobilier est abondant : on possède de remarquables plaquettes calcaires incisées, des os et des bois de renne sculptés en bas relief ou en ronde bosse.

Grâce à la diffusion de la lampe à suif, les Magdaléniens ont pu gagner le fond des grottes et les transformer en sanctuaires aux parois peintes et gravées, où se déroulaient un culte et des cérémonies dont le sens nous échappe en grande partie. Les représentations féminines sont nombreuses, généralement gravées. Vers la fin du Magdalénien, les grottes profondes n'attirent plus les Magdaléniens. Les artistes préfèrent œuvrer à l'entrée des grottes, presque toujours à la lumière du jour. L'art animalier y est très réaliste (plaquettes de Limeuil*), même si l'on y trouve aussi des représentations schématisées. Il va disparaître presque complètement vers 11 000 ans.

Le Magdalénien clôt le Paléolithique. Lui succède une période intermédiaire, le Mésolithique, appelé aussi Épipaléolithique, entre 11 000 et 7 500 ans B.P. Il est marqué par le réchauffement du climat qui, naturellement, modifie sensiblement l'environnement. Les forêts se développent, une nouvelle faune apparaît tandis que l'ancienne gagne de nouvelles régions.

L'HABITAT AU NÉOLITHIQUE

Les grottes et abris seront utilisés durant l'époque préhistorique. La technique d'un habitat à l'air libre se propage vers 4 000 ans av. J.-C., en Alsace et dans le nord de la France. On a pu reconstituer, d'après les trous des poteaux qui apparaissent lors des fouilles, des habitations en bois de 10 à 30 m de long sur 6 à 8 m de large. Elles pouvaient abriter plusieurs familles. Les murs étaient faits de clayonnages, enduits à l'argile. Des poteaux centraux soutenaient le toit de chaume à double pente.

Dans le midi de la France existent des huttes circulaires, de taille modeste. Au Néolithique moyen, on verra se développer des villages (Aude) installés parfois sur des éperons barrés. Dans le Nord, le Centre et l'Ouest, on trouve des camps avec des remparts de pierres, ou protégés par des fossés et des palissades. Sur les bords des lacs alpins et jurassiens existaient des habitats lacustres ou palafittes, construits sur pilotis.

L'Azilien – du Mas-d'Azil* dans l'Ardèche – est l'une des cultures les plus représentatives du Mésolithique. Il est célèbre pour ses galets gravés ou mouchetés de taches d'ocre. E. Piette crut reconnaître en ces signes des lettres qui pouvaient ressembler à celles du grec – il était allé un peu vite en besogne. Mais cet art schématique est le gardien d'un code, donc d'une pensée symbolique que nous ne pouvons traduire.

Au Mésolithique succède le **Néolithique**, l'une des plus grandes périodes de la Préhistoire.
Ce mot fut inventé en 1865 par J. Lubbock. Il caractérise une période décisive de la Préhistoire et traduit de nouveaux rapports entre l'homme et le milieu naturel.
Jusqu'alors, l'homme était prédateur, chasseur-pêcheur-cueilleur, ce qui implique des déplacements incessants et aléatoires. Désormais il trouve le moyen de contrôler et de développer sa nourriture. Il sera pasteur, paysan, mineur, artisan, commerçant, bâtisseur. Grâce à l'élevage et à l'agriculture, il va se sédentariser, ce qui constitue une véritable révolution.
Les premiers habitats, précurseurs des premiers villages, apparaissent. Inventifs, les hommes du Néolithique fabriquent des récipients en céramique, pratiquent le tissage, la vannerie, le polissage de la pierre. Le peuplement du monde s'accélère.

LES STYLES SELON A. LEROI-GOURHAN

Dans nos descriptions de sites, nous évoquons souvent, pour désigner l'ancienneté d'un objet usuel, artistique ou d'une gravure, la chronologie établie par André Leroi-Gourhan. Cette présentation permettra au lecteur de mieux situer dans le temps les œuvres présentées et d'en saisir le style général et la forme.

ART PRÉFIGURATIF.
Ce style date du Châtelperronien (–30 000 –25 000 av. J.-C.) ; il comprend des incisions et des cupules.

STYLE I. AURIGNACIEN.
C'est l'époque des premières œuvres figuratives, abondantes en Dordogne. On y trouve des blocs et des plaquettes calcaires gravés de représentations sexuelles associées à des figures animales, à des points et à des bâtonnets (abri Cellier*, La Ferrassie*).

STYLE II. GRAVETTIEN.
(–25 000 –18 000 AV. J.-C.)
Les premières œuvres pariétales apparaissent, en général près de l'entrée des grottes, à la lumière du jour. Les animaux sont schématisés (Pair-non-Pair*, Chabot*, Oulen*, Le Figuier*, Gargas*). C'est aussi la période des Vénus.

STYLE III. SOLUTRÉEN.
MAGDALÉNIEN ANCIEN I, II
(–18 000 –13 000 AV. J.-C.)
Les artistes travaillent dans le fond des grottes, sans lumière naturelle.

Les corps des animaux apparaissent comme gonflés, avec des encolures fines, des petites têtes en bec de canard. Les membres sont courts, écartés et traduisent le mouvement. Le peintre recherche le modelé et le relief (Lascaux*, Gabillou*, Pech-Merle*, Cougnac*, etc.).

STYLE IV. MAGDALÉNIEN. (–13 000 –8 000 AV. J.-C.)

C'est le temps de la « photographie » ; le rendu des animaux est particulièrement réaliste avec une perspective très visuelle (Rouffignac*, Niaux*, les Combarelles*, Les Trois Frères*, etc.).

Ce style se divise en deux périodes : le style IV ancien (Magdalénien III-IV) et le style IV récent (Magdalénien récent).

Cette classification, dans la présentation notamment des sites, est partiellement remise en question avec la découverte des grottes Cosquer* et Chauvet*. Celles-ci datent respectivement de 30 000 et 27 000 ans et les peintures pariétales y atteignent déjà une certaine perfection qui relativise la graduation établie par Leroi-Gourhan. De même, la présence des animaux, et surtout leur association, ne cadrent pas exactement avec les théories du grand préhistorien, sans que celles-ci soient pour autant caduques. André Leroi-Gourhan savait combien la science préhistorique est mouvante et que les théories, par définition, peuvent être discutées ou enrichies par des connaissances nouvelles.

PÉRIODE		CHEVAUX
MAGDALÉNIEN RÉCENT 10 000	RÉCENT IV	
MAGDALÉNIEN MOYEN 13 000	ANCIEN	
MAGDALÉNIEN ANCIEN 15 000	RÉCENT II ANCIEN	
SOLUTRÉEN 20 000	II	
GRAVETTIEN 25 000	I	
AURIGNACIEN 30 000		
CHÂTELPER. 35 000	PRÉ-FIGURAT	

31

✳ Pour les spécialistes

✳✳ Pour les amateurs éclairés et curieux

✳✳✳ A ne pas manquer

✳✳✳✳ Mérite le voyage

Se renseigner pour le ✳ et le ✳✳
si ces sites sont ouverts au public.
Beaucoup sont malheureusement fermés.
Les sites ✳✳✳ et ✳✳✳✳ (sauf Lascaux I)
sont ouverts au public.
Peut intervenir une fermeture
momentanée pour travaux.
Enfin, les visites peuvent être
contingentées.

LES SITES
PRÉHISTORIQUES

AQUITAINE

DORDOGNE - GIRONDE - LANDES - LOT-ET-GARONNE
PYRÉNÉES-ATLANTIQUES

Terre promise de la Préhistoire, l'Aquitaine, et tout particulièrement la Dordogne, possède les principaux gisements préhistoriques de l'Europe, comme le prouve amplement le nombre de sites éponymes issus de cette région.

Toutes les grandes civilisations de la Préhistoire sont représentées, Neandertal et Cro-Magnon se manifestent partout. L'*Homo sapiens sapiens* nous révèle quelques-uns de ses chefs-d'œuvre, que ce soit les peintures pariétales ou les œuvres mobilières. Le Mésolithique et le Néolithique ont également laissé beaucoup de vestiges. On peut suivre facilement toutes les phases de ces deux civilisations, et nous possédons aussi des objets, exceptionnels par leur qualité, de l'âge du bronze et de l'âge du fer.

En Dordogne, les grottes se comptent par centaines et on en découvre de nouvelles chaque année dont certaines présentent un grand intérêt. Il nous a donc fallu faire un choix en privilégiant d'abord les sites que le public peut visiter.

Le Périgord aime s'annoncer dans ses campagnes promotionnelles comme le Pays de l'Homme. Au regard de cette très longue histoire, berceau de notre civilisation, ce slogan, loin d'être excessif, reflète au contraire l'exacte vérité.

DORDOGNE

ABRIS DE BADEGOULE ✳

♦ **BERSAC**

Cette station comprend 3 abris sous roche, dévastés par les fouilles anarchiques dès 1834. De nombreux archéologues l'ont étudiée depuis François Jouannet. Denis Peyrony en 1907 y fit les premiers travaux scientifiques. Ce gisement est intéressant pour la connaissance du Solutréen et du Magdalénien ancien. Un outillage lithique et osseux a été recueilli.

GROTTE DE BARA-BAHAU ✳✳

♦ **LE BUGUE**

A 11 km des Eyzies

Bien qu'elle fût connue, visitée et même habitée depuis longtemps, ce n'est qu'en avril 1951 que le célèbre spéléologue Norbert Casteret et sa fille entreprennent d'explorer la grotte de Bara-Bahau. Nom étrange qui « sent bon » les temps préhistoriques et qui signifie « grand chambardement ». Les Casteret découvrent les gravures que l'on peut voir aujourd'hui et que l'omniprésent et infatigable abbé Breuil authentifiera. Les parois de la grotte

– véritable « fromage blanc » selon l'abbé Glory qui étudia longuement Bara-Bahau – n'ont pas empêché les artistes d'utiliser les irrégularités de la roche et les reliefs des rognons de silex.

Bisons, chevaux, ours, les spécialistes ont repéré 18 sujets répartis sur 2 panneaux ; d'autres sujets, une douzaine, ont été répertoriés, mais sans que l'on puisse vraiment les authentifier.

Le style Bara-Bahau est assez fruste. Les animaux représentés sont incomplètement dessinés ou mal proportionnés. Ce qui laisse à penser que cette décoration est particulièrement ancienne. Nous sommes peut-être en présence de l'une des plus anciennes représentations de l'art pariétal.

Selon l'abbé Glory, Bara-Bahau « n'est pas à elle seule un chapitre de la Préhistoire de l'art, ce n'est qu'un paragraphe, mais on y trouve un document original, essentiel, nouveau, que tout préhistorien devra connaître et apprécier à sa juste valeur d'introduction ».

Bara-Bahau.
Le Bugue.
Relevé
de l'abbé Glory.

Amateurs de Préhistoire, vous ne devez donc pas manquer ce « paragraphe »...

BELCAYRE-HAUT

Entre Thonac et Saint-Léon-sur-Vézère

Découvert en 1875, le gisement de plein air de Belcayre-Haut fut occupé à l'Aurignacien. En dessous du château se trouvent plusieurs gisements : l'abri de La Rochette (Belcayre-Bas) fut occupé au Moustérien, au Châtelperronien, à l'Aurignacien et au Périgordien.

Un bouquetin (aurignacien) a été « retrouvé » dans l'abri du Renne. Dans l'abri voisin de La Métairie ont été recueillis des lames, des sagaies, des bijoux et des outils aurignaciens et magdaléniens.

GROTTE DE BERNIFAL ✳✳

A 5 km des Eyzies Ouvert de juin à septembre Tél. : 05 53 29 66 39

Explorée en 1902 par D. Peyrony qui entra dans la grotte par un trou dans la voûte, Bernifal est composée de 2 salles principales et de plusieurs petits diverticules. Sur plus d'une cinquantaine de représentations animales, datant du Magdalénien moyen (12 000 ans av. J.-C.), plus de la moitié sont des mammouths, dont l'un a été découvert il y a 20 ans. La plupart sont gravés, d'autres peints : 8 chevaux, 7 bisons et aurochs, 2 cerfs, ainsi que d'autres animaux indéterminés. Dans un diverticule, on peut voir difficilement une tête humaine de profil.

Bernifal est aussi connue pour ses 13 tectiformes, faits de ponctuations juxtaposées ; certains sont associés aux mammouths.

LE BLANC

On trouve près de 200 mégalithes dans le Périgord, notamment dans le sud, œuvres des hommes du Néolithique et de l'âge du bronze. L'un des plus beaux mégalithes de la Dordogne se trouve à 3 km au sud de Beaumont. Il comporte une table de pierre, haute de 1,50 m. On y a trouvé des haches de pierre polie.

GROTTE DE CAMPNIAC ✳

♦ COULOUNIEIX-CHAMIERS

Près de Périgueux

Cette grotte a livré des ossements humains, certains brûlés, avec des silex taillés, des haches polies, des flèches tranchantes, des éléments de parure (dents d'animaux perforées, perles en pierre et pendeloques en calcaire), et des poteries (musée du Périgord, Périgueux). Elle fut occupée du Néolithique moyen au Néolithique récent et final.

Des sépultures collectives ont été retrouvées dans d'autres grottes du bassin de l'Isle, non loin de Campniac.

LE CAP-BLANC ✳✳✳

♦ MARQUAY

A 16,5 km des Eyzies
Tél. :
05 53 59 21 74

L'abri du Cap-Blanc, qui se trouve en face du château de Commarque, fut sondé pour la première fois en septembre 1909 par une équipe d'ouvriers dirigés par un certain Raymond Peyrille pour le compte d'un médecin bordelais, le Dr Gaston Lalanne, propriétaire d'une clinique psychiatrique. Le Dr Lalanne était un amateur d'archéologie et cherchait à se constituer une collection personnelle. Raymond Peyrille avait remarqué, à plus d'un kilomètre de Laussel* où il travaillait, une petite falaise au pied de laquelle existait un creux.

Le sondage qu'il entreprit se révéla positif et il mit au jour 2 « foyers » contenant des industries préhistoriques qui seront attribuées au Magdalénien. Poursuivant leurs travaux de fouille, les ouvriers atteignirent la paroi. Ils remarquèrent des traits gravés, des traces de peintures, puis les premières sculptures. Un bloc éboulé portait un bison sculpté en relief. En décembre 1909, l'abri était complètement dégagé, révélant les premières sculptures pariétales connues. Dès le 4 février 1910, le Dr Lalanne fera une première publication illustrée de photographies. L'abbé Breuil en fera une description détaillée en 1911.

Autre découverte en 1911, celle d'un squelette humain, se trouvant à la base du dépôt magdalénien. Conservé par le propriétaire J. Grimaud, celui-ci le vendra en 1926 au Field Museum de Chicago. Un squelette authentique, mais d'époque historique, sera mis à sa place ! Ce squelette, celui d'une femme d'une vingtaine d'années, était couché sur le côté gauche, les bras repliés et relevés, les jambes pliées et serrées, le visage baissé vers la poitrine ; 3 pierres le recouvraient.

Le site sera fouillé à nouveau en 1930, en 1968-1969 et en 1992, avant que ses abords ne soient réaménagés. Les objets collectés se trouvent à Bordeaux au musée d'Aquitaine, au Musée national de Préhistoire (Les Eyzies) et au Field Museum de Chicago.

La célébrité du Cap-Blanc vient de ses 14 sculptures qui s'étalent sur une frise de 13 m. Cet ensemble monumental et unique en Périgord n'a d'équivalent pour la même période (Magdalénien III, –15 000 ans) que l'abri du Roc aux Sorciers* à Angles-sur-l'Anglin (Vienne). Sur les 14 représentations dénombrées, il y a 6 chevaux, tous tournés vers la droite, à l'exception d'un seul, long de plus de 2 m, situé au centre de l'abri. Ont également été repérés 3 bisons dont l'un a la tête taillée aux dépens de la tête d'un cheval. Un quatrième bison est sculpté sur le bloc éboulé qui se trouve au musée d'Aquitaine. Sont également présents d'autres animaux qu'il n'est guère possible de déterminer. Ces sculptures, si l'on en juge par les traces d'ocre encore visibles, devaient être peintes.

« Le Cap-Blanc – et nous citons Alain Roussot, auteur d'une monographie sur ce site – associe sous le même abri un rite funéraire et une splendide œuvre d'art sans doute en relation avec un rite ou une religion des hommes du Magdalénien. »

Abri du Cap-Blanc. Vue générale de la frise sculptée : chevaux en bas et haut relief.

♦ LES EYZIES-
DE-TAYAC

A 1,5 km
de Font-
de-Gaume
Ouvert
toute l'année
Tél. :
05 53 06 97 72

LES COMBARELLES ✳✳✳

C'est le 8 septembre 1901 que Louis Capitan, D. Peyrony et l'abbé Breuil découvrent la grotte des Combarelles que Rivière avait déjà fouillée entre 1891 et 1894. L'abbé Breuil écrivit à son ami l'abbé Jean Bouyssonie : « Ce sera un énorme pétard dans le monde préhistorique. » Au début du siècle, les grottes ornées étaient encore peu connues et certains beaux esprits doutaient de leur authenticité. La découverte des Combarelles, suivie dans la foulée par celle de Font-de-Gaume, allait rallier les sceptiques. Cartailhac, qui avait été à la pointe de ce combat d'arrière-garde, fit amende honorable et reconnut ses torts.

La grotte des Combarelles est un long couloir d'environ 300 m, qui occupe le lit d'une ancienne rivière souterraine. D'importants travaux ont été entrepris pour abaisser le niveau du sol d'au moins 1 m. Les passages n'en restent pas moins très étroits, 80 cm en moyenne. Les Combarelles ne durent jamais être un lieu de rassemblement pour les hommes de Cro-Magnon. Cela explique que les visites, aujourd'hui, sont limitées à des groupes de 6 personnes.

Les Combarelles.
Groupe
des rennes.

Le bestiaire représenté aux Combarelles est d'une grande diversité. Il est très représentatif de la faune existante au Magdalénien. C'est à 160 m de l'entrée que l'on rencontre les premières représentations pariétales ; on a dénombré plus de 600 figures ou signes, alors que l'abbé Breuil n'en avait relevé que 291. La faune a la densité d'un grand zoo : rennes, mammouths, rhinocéros, bisons, aurochs, ours, félins, bouquetins ; mais les chevaux sont les plus nombreux : une centaine. Certains animaux sont particulièrement célèbres, tel le « renne buvant », emblème de la grotte. On y voit également un ours en mouvement, mais aussi un âne, un poisson, une biche. Plusieurs figures humaines s'intercalent parmi les animaux. On remarque fréquemment une association de représentations humaines et de chevaux. Des signes tectiformes extrêmement nombreux, comme on peut en voir à Bernifal ou à Font-de-Gaume, sont associés aux représentations animales.
Toutes ces figurations, qui ont entre 12 000 et 10 000 ans, représentent une pensée organisé, dont la lecture reste encore balbutiante.
Une autre grotte, Combarelle II, jouxte Combarelle I mais elle est fermée au public. Elle renferme une trentaine de figures dont une

superbe antilope saïga et un bison vu de face. Une troisième grotte, la grotte Rey, se trouve également dans le secteur des Combarelles. Émile Rivière, qui l'a fouillée en 1894, y a retrouvé des ossements humains.

Les touristes qui visitent des grottes aujourd'hui oublient souvent qu'elles ont été aménagées à leur intention. Aux Combarelles par exemple, les hommes préhistoriques qui la fréquentaient devaient avancer dans le noir, « à quatre pattes », faute de pouvoir se tenir debout. Il a fallu abaisser le niveau du sol et aménager un circuit adapté à la station debout !

ABRI DU ROC DE COMBE-CAPELLE ✲

♦ SAINT-AVIT-SÉNIEUR

Ce site, dans la vallée de la Couze, non loin de Monpazier, est surtout connu pour avoir livré en 1909 un squelette humain qui a fait beaucoup jaser. Il s'agissait indiscutablement d'un *Homo sapiens sapiens*, mais il présentait des traits archaïques qui l'éloignaient du Cro-Magnon classique d'Europe occidentale. La thèse selon laquelle cet individu serait le résultat de l'évolution sur place de l'homme de Neandertal a été abandonnée.

Le gisement qui a été largement étudié par Peyrony, les abbés Breuil et Bouyssonie, a révélé plusieurs niveaux d'occupation allant du Périgord ancien au Périgord supérieur, en passant par l'Aurignacien et le Solutréen. Chaque période a laissé des traces caractéristiques : foyers, grattoirs, burins, lames, sagaies, racloirs, bifaces, pointes.

GROTTE DE COMBE-GRENAL ✲

Près de Domme

Cette grotte fut découverte en 1816 par F. Jouannet. Les fouilles ont permis d'y distinguer 28 niveaux de Moustérien de différents types.

GROTTE DE COMBE-SAUNIÈRE ✲

♦ SARLIAC

Cette grotte, qui s'ouvre dans la falaise calcaire surplombant la vallée de l'Isle, mesure environ 10 m de long sur 4 de large. Le plafond étant en partie effondré, la grotte est fouillée à ciel ouvert. Elle fut occupée il y a 18 000 ans par des *Homo sapiens sapiens*.

De nombreux vestiges d'un sol solutréen ont été recueillis, notamment diverses pointes à cran, caractéristiques de cette culture, des lamelles à dos retouché, des pointes de sagaies en bois de renne, en os ou en ivoire (souvent brisées). Ont également été trouvés des éléments de parure en os, en ivoire, en bois de renne, décorés, incisés, cochés ; ainsi que de nombreuses coquilles et des perles en ivoire.

GROTTE DE COMMARQUE ✳

♦ SIREUIL

Près des Eyzies-de-Tayac

L'abbé Breuil découvrit dans une petite grotte, au pied du célèbre château médiéval, des sculptures en bas relief, datant du Magdalénien moyen. L'une d'elles, un grand cheval dont la tête mesure environ 70 cm, est considérée comme l'une des plus belles œuvres de l'art paléolithique.

GISEMENTS DE CREYSSE ✳✳

♦ COMMUNE DE CREYSSE

Sur cette commune, où l'on déguste par ailleurs un excellent vin de Bergerac, plus d'une quinzaine de sites préhistoriques du Paléolithique au Néolithique ont été recensés et d'autres découvertes restent à venir.

C'est Jean Guichard, aujourd'hui décédé et qui fut conservateur en chef du Musée national des Eyzies, qui avec son épouse découvrit la grande majorité des sites du Bergeracois. Ils furent tous deux les premiers à fouiller le gisement de plein air de Barbas, situé sur la commune de Creysse. Interrompue en 1968, l'exploration du site a repris en 1987 sous la direction de M. Boëda.

Les recherches couvrent plus de 300 m², mais le gisement pourrait s'étendre sur plus de 1 ha.

La présence humaine à Creysse recouvre toutes les périodes de la Préhistoire, du Paléolithique ancien au Paléolithique supérieur, entre 500 000 et 40 000 ans. Des milliers de silex ont été mis au jour.

L'analyse des vestiges, leur nombre et leur répartition au sol montrent que l'on n'est pas en présence d'un simple atelier de taille ou de haltes d'approvisionnement, mais au contraire d'occupations humaines inscrites dans la durée, et véritablement installées.

La bonne conservation des différents éléments qui entrent en jeu dans la taille du silex a permis aux spécialistes de mieux comprendre, en les reproduisant, les différentes techniques utilisées par les hommes préhistoriques.

Nous vous recommandons vivement la plaquette écrite par Pascale Binant, *Creysse, 500 000 ans de Préhistoire* (Éditions de la mairie de Creysse), qui présente le site et la grande variété des outils fabriqués et utilisés par les hommes de Creysse durant des centaines de milliers d'années.

GROTTES DE DOMME ✳✳

♦ **DOMME**

A 12 km
de Sarlat
et 32 km
de Souillac

On va d'abord à Domme pour visiter la bastide (superbe) et jouir du point de vue sur la vallée de la Dordogne. On peut en profiter pour visiter les grottes, très concrétionnées, qui sont accessibles au centre de la cité.

La grotte du Jubilé a livré des ossements de bisons et de mammouths. Les hommes du Paléolithique y ont laissé quelques gravures, presque illisibles aujourd'hui.

Sous la ville de Domme, une grotte prénommée Martine a été découverte en 1963. On peut y voir des peintures et des gravures de l'époque magdalénienne.

ABRI DE CRO-MAGNON ✳✳✳

♦ **LES-EYZIES-DE-TAYAC**

L'intérêt vient de ce que cet endroit est un lieu quasi mythique, mais il n'y a « rien à voir ».

Juste à gauche de l'hôtel *Le Cro-Magnon* se trouve, après quelques mètres d'un chemin montant, le célèbre abri de Cro-Magnon. Ne vous attendez pas à être reçu par les 5 squelettes trouvés en ce lieu et qui ont acquis une réputation internationale puisqu'ils sont les premiers *Homo sapiens sapiens* connus : le musée de l'Homme à Paris a mis la main dessus. Mais vous pouvez toujours vous recueillir dans ce lieu de si grande renommée.

La découverte de Cro-Magnon en mars 1868 (une plaque rappelle l'événement) doit beaucoup au hasard et au chemin de fer. Le site fut mis au jour par 2 ouvriers, Bertoumeyrou et Delmares, qui travaillaient à la construction d'une route entre Les Eyzies et la gare du village qui venait d'être bâtie sur la ligne Périgueux-Agen, inaugurée en juillet 1863.

En voulant prendre des matériaux de remblai, ils mirent au jour des ossements humains et prévinrent les autorités de leur découverte. Louis Lartet, attaché au Muséum d'histoire naturelle de Paris et fils du paléontologue

*Cro-Magnon.
Vue de l'abri.*

Crâne du « vieillard » de Cro-Magnon, lithographie des Reliquiae Aquitanicae *de Lartet et Christy, 1865-1875. La découverte date de 1868.*

Édouard Lartet, fut chargé d'étudier ces squelettes qui furent aussitôt transportés à Paris.

Ces restes humains gisaient au fond de l'abri. Au sommet du dépôt archéologique qui remplissait une bonne partie de l'excavation, les crânes surtout étaient bien conservés. Au milieu des vestiges, de nombreuses coquilles marines percées furent trouvées, ainsi que des dents percées et un disque ovale en ivoire à double perforation. Ces objets devaient servir de parures aux morts, sous forme

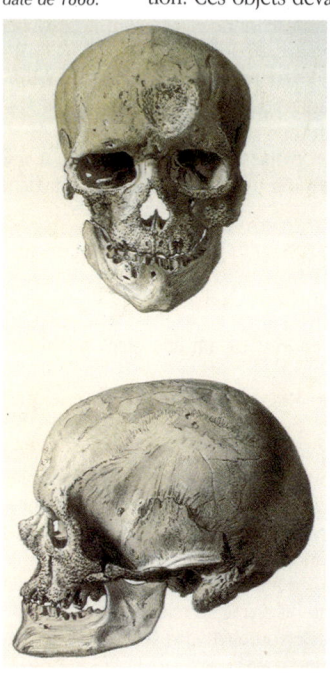

de colliers, de bracelets ou de résilles. Cinq personnes avaient été inhumées dans cet abri : parmi elles un homme de 50 ans, baptisé le « vieillard », un autre de 30 à 40 ans, et un enfant de quelques jours.

L'un des principaux anthropologues de l'époque, A. de Quatrefages, proposa qu'on rattachât ces restes à la race de Cro-Magnon. De nombreux squelettes retrouvés dans plusieurs pays européens seront assimilés par la suite au groupe de Cro-Magnon, premier *Homo sapiens sapiens* reconnu, et qui est notre ancêtre direct.

Les squelettes appartenaient à des êtres humains vivant durant l'Aurignacien (entre 32 000 et 25 000 av. J.-C.). La civilisation aurignacienne, qui est la première des civilisations importantes des Cro-Magnon, fut très répandue en Europe et jusqu'au Proche-Orient.

L'HOMME PRIMITIF DES EYZIES

Sur la terrasse du musée des Eyzies, on peut apercevoir une statue censée représenter l'homme de Neandertal. Cette sculpture est due au ciseau de P. Dardé, artiste natif de Lodève, où plusieurs de ses œuvres – dont une cheminée monumentale – sont visibles dans les anciennes halles. Cette statue (1930), que l'on présente parfois comme étant M.Cro-Magnon en personne, contribue à nourrir l'idée que Neandertal était un homme fruste et balourd.

Mais, après tout, qu'importe la fidélité au modèle, l'homme primitif des Eyzies fait partie du paysage, comme la tour Eiffel est inséparable de Paris...

CURIOSITÉS PRÉHISTORIQUES, PRÈS DES EYZIES

Plusieurs abris, autres que ceux que nous avons présentés, peuvent être visités près des Eyzies. Ils intéresseront surtout les « mordus » de la Préhistoire.

◆ **L'ABRI SOUS ROCHE DE LA MADELEINE** ✳✳ (site éponyme*), à Tursac, à 5 km des Eyzies. Tél. : 05 53 06 62 49.

Fouillé à partir de 1863 par Lartet puis par Peyrony, le site a livré un important outillage, de beaux spécimens d'art mobilier dont le fameux bison se léchant (aujourd'hui à Saint-Germain-en-Laye) et un squelette d'enfant. L'abri de La Madeleine a permis d'établir la chronologie du Magdalénien moyen et supérieur, l'occupation du site s'étant étendue de 12 000 à 8 000 av. J.-C.

◆ **LE FORT TROGLODYTIQUE DE LA ROQUE-SAINT-CHRISTOPHE** ✳✳✳.
Tél. : 05 53 06 92 49. Le site troglodytique domine la Vézère de 80 m. Il se développe en 5 étages, sur 500 m de long. Il fut occupé dès l'époque moustérienne, il y a 70 000

ans, jusqu'au XVIIe siècle. Ce lieu assurait une protection incomparable. Il pouvait abriter 1 500 personnes sans compter le bétail.

Une visite spectaculaire. A ne pas manquer.

◆ **GORGE D'ENFER.**
Dans ce vallon situé sur la rive droite de la Vézère, plusieurs gisements paléolithiques ont été fouillés à partir de 1863, notamment par É. Lartet : l'abri Lartet, l'abri Pasquet, l'abri du Poisson*.

◆ **L'ABRI VILLEPIN**, non loin de La Madeleine, découvert en 1917 par D. Peyrony. Il fut occupé entre la fin du Magdalénien et l'Azilien (10 000 à 8 000 ans av. J.-C.). Un outillage important a été trouvé dans les diverses couches, et son étude révèle une évolution intéressante des techniques.

◆ Il existe encore d'autres gisements : **BOULOU, LANGLE, LIVEYRE, ROQUE-BARBEL**, mais qui intéressent essentiellement les spécialistes.

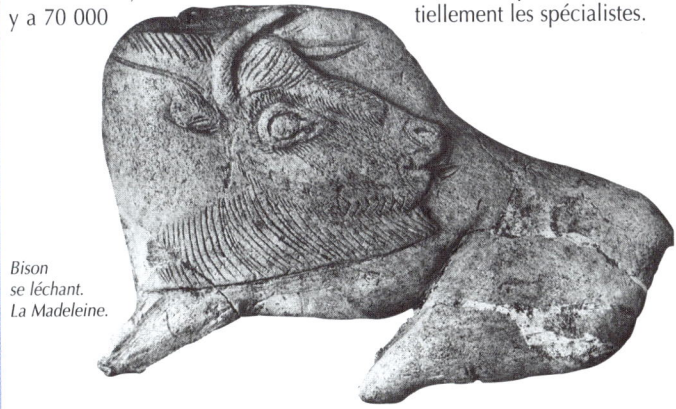

Bison se léchant. La Madeleine.

♦ **COUX-ET-BIGAROQUE**

Près du Buisson-de-Cadouin

GROTTE D'EYBRAL ✳

Cette grotte, qui ne se visite pas, contenant une sépulture collective remontant au Néolithique récent, était presque entièrement comblée. On y a retrouvé, en désordre, près de 80 squelettes d'hommes, de femmes et d'enfants, dont certains calcinés. C'est à Eybral que l'on a découvert le crâne d'un jeune adulte ayant subi deux trépanations, guéries, sans séquelles infectieuses.

♦ **SAVIGNAC-DE-MIREMONT**

3 km du Bugue
Tél. :
05 53 06 97 03

ABRI DE LA FERRASSIE ✳

Trouvé au début du siècle, c'est l'un des plus importants gisements paléolithiques périgordiens. Il a notamment livré 6 squelettes de Néandertaliens dont les sépultures aménagées intentionnellement datent d'environ 50 000 ans.

La Ferrassie. Vue générale de l'abri et des coupes stratigraphiques.

♦ **ROUFFIGNAC-DE-SIGOULÈS**

GROTTE DE FONTANGUILLÈRE ✳

Des ossements humains, mêlés à des tessons et à des objets métalliques, ont été retrouvés dans cette grotte au début du siècle. Ces vestiges datent de l'âge du bronze.

♦ **CHAMPEAUX-ET-LA-CHAPELLE-POMMIER**

GROTTE DE LA FONT-BARGEIX ✳

Cette grotte qui se développe sur 70 m, mais dont le parcours est délicat, a été fouillée, du moins sous son porche, entre 1976 et 1983 par C. Barrière. Ce n'est qu'en 1986 que l'on a découvert des gravures à plus de 40 m de l'entrée dans une zone surbaissée. On peut y voir un bovin, un cheval, des cervidés, une tête d'équidé, des vulves, un phallus, une figure féminine et des signes divers. Époque magdalénienne VI.

GROTTE DE FONT-DE-GAUME ✳✳✳✳

♦ **Les Eyzies-de-Tayac**

Le nombre des visites est limité quotidiennement

Sur rendez-vous

Tél. :

05 53 06 97 48

C'est le 12 septembre 1901 que Denis Peyrony, instituteur aux Eyzies, entre dans la cavité de Font-de-Gaume. L'endroit, déjà fréquenté depuis quelques dizaines d'années par des curieux qui ignoraient tout de la Préhistoire, se trouvait à mi-hauteur d'une falaise calcaire, orientée à l'ouest. D'accès facile, les enfants du voisinage venaient y jouer fréquemment. Denis Peyrony fut ébloui par sa découverte : « Des peintures de toute beauté », écrit-il à l'abbé Breuil, mais, ajoute-t-il, « malheureusement un peu dégradées par les inscriptions des visiteurs ».

A cette époque, l'art rupestre n'était pas encore vraiment accepté, certains doutant de son authenticité. Les découvertes ne manquaient pas, mais elles passaient inaperçues ou provoquaient des querelles qui n'avaient plus grand-chose à voir avec l'esprit scientifique. La plus fameuse concerna la grotte d'Altamira en Espagne, découverte en 1879 par Marcelino Santuola et sa fille, qui furent traînés dans la boue alors qu'ils venaient de mettre au jour l'un des plus beaux chefs-d'œuvre de la peinture du Paléolithique.

Au début du XXe siècle, les esprits commençaient à s'ouvrir à cette réalité de la décoration des grottes. Quelques jours avant d'entrer dans la grotte de Font-de-Gaume, le 8 septembre exactement, Denis Peyrony, le Dr Capitan, l'abbé Breuil et le propriétaire du lieu, M. Pomarel, « inventaient » les Combarelles*, riches de plus de 291 gravures. On devine l'excitation et la joie de Peyrony, décidément chanceux, lorsqu'il découvrit Font-de-Gaume, l'une des plus belles grottes ornées de toute la Préhistoire. L'abbé Breuil publiera en 1910, avec L. Capitan et D. Peyrony, une importante monographie que nous recommandons aux bibliophiles, s'ils la trouvent...

La moisson fut particulièrement riche. L'incontournable abbé Breuil et le Dr Capitan, qui effectuaient les relevés, dénombrèrent 80 bisons, 40 chevaux, 23 mammouths, 17 rennes et cervidés, 8 bœufs primitifs, 4 capridés, 2 rhinocéros, 1 ou 2 félins, 1 loup, 1 ours, 1 homme, 4 mains humaines, 19 tectiformes, 5 ou 6 signes

Figures de mammouths gravées dans la grotte de Font-de-Gaume. Relevé de H. Breuil.

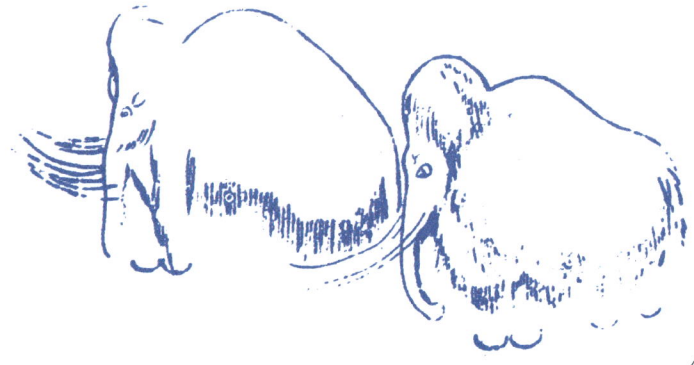

Quand des enfants « inventent » des grottes

Le préhistorien Louis-René Nougier, homme fort compétent en sa matière, avec en plus un grand sens de l'humour, est l'auteur, entre autres publications, d'un *Guide de la Préhistoire* qu'il a personnalisé avec bonheur (Éditions Hachette). Louis-René Nougier a remarqué que des enfants sont souvent à l'origine de la découverte d'une grotte. Cela tient sans doute à ce qu'ils sont capables de se glisser partout avec la plus grande témérité.

Et de citer quelques exemples que nous rapportons :

◆ Le 11 avril 1895, le jeune Gaston Bertoumeyrou découvre un bison gravé dans la grotte de la Mouthe* près des Eyzies*.

◆ Non loin de là, c'est un autre enfant, le jeune Pomarel, qui fouille dans une grotte également près des Eyzies, aux Combarelles*, et découvre des gravures semblables à celles de la Mouthe..

◆ Le 12 octobre 1912, les trois fils du comte Begoüen entreprennent de remonter un cours d'eau souterrain dans une grotte de leur propriété ariégeoise de Montesquieu-Avantès. Après 2 kilomètres de parcours sur un radeau de leur fabrication, ils rampent dans des galeries et découvrent les extraordinaires bisons du Tuc-d'Audoubert* modelés dans l'argile. Deux ans plus tard, le 21 juillet 1914, les jeunes Begoüen découvriront les gravures de la grotte qui porte leur nom : la grotte des Trois Frères*.

◆ Le 15 février 1920, c'est le jeune André David qui explore, sur 80 m, la grotte de Pech-Merle* à Cabrerets, en compagnie de l'abbé Lemozi qui a su passionner les jeunes de sa paroisse pour la Préhistoire. En 1922, André David, avec l'un de ses camarades, Henri Dutertre, poursuit l'exploration de la grotte. Tous deux atteignent la « salle blanche » aux riches concrétions. Quelque temps après, ils explorent de nombreuses salles et galeries. Sur les parois, un véritable zoo : des tortues, des serpents, des béliers, des mammouths (qu'ils prennent pour des éléphants), des bisons, des chevaux, des mains aussi. Une extraordinaire découverte qui depuis a fait la célébrité de la grotte de Pech-Merle à Cabrerets.

◆ Le 28 avril 1940, quatre lycéens de Nîmes explorent les cavités de la garrigue nîmoise, dans les environs de Russan. Leur curiosité est récompensée puisqu'ils découvrent les peintures primitives de la Baume Latrone* (la grotte des voleurs).

◆ Mais le plus spectaculaire reste à venir, quand, le 12 septembre 1940, quatre adolescents de Montignac-sur-Vézère, Jacques Marsal, Marcel Ravidat, 17 ans, Georges Agnel, 16 ans, et Simon Coencas, un Parisien en vacances, repèrent un trou dans la colline, provoqué par un orage ayant déraciné un arbre. Et ce sera la fabuleuse « invention » de Lascaux*, universellement connue.

◆ Enfin, en 1956, un garçon de 14 ans, Yves Martin, découvre avec son frère la grotte ornée de Gouy* en Normandie. Et c'est dans un devoir scolaire de 1957 que le jeune Yves en fera la narration... qui intéressera vivement son maître.

Font-de-Gaume.
Un bison
de la grande frise.

divers, soit 198 figures plus ou moins déchiffrables, plus d'autres vestiges non identifiés. Actuellement, c'est 230 figures qui sont recensées et le compte n'y est pas encore.

L'idée que les hommes peignaient les parois des cavernes pour se donner des émotions esthétiques a fait long feu, mais elle permit à certains « grands esprits » – il y a heureusement longtemps – d'écrire et de dire des inepties. Si les hommes préhistoriques n'habitaient pas les grottes, sauf sur quelques mètres près de l'entrée, ils les fréquentaient assidûment, pour des raisons, sans nul doute, cultuelles ou religieuses.

Les grottes ornées sont des sanctuaires, et les figures qui ornent les parois ne sont pas disposées au hasard. A Font-de-Gaume, certaines vont par deux, d'autres sont en file, ou forment des scènes composées. Quelques-unes occupent une position « stratégique ». Ainsi, un loup domine le carrefour de la galerie principale et du troisième diverticule ; un rhinocéros « garde » le diverticule final ; plus loin, un félin se trouve face à des chevaux.

le Rubicon

galerie principale

salle des petits bisons

0   25   50 m

La qualité des peintures est exceptionnelle, bichromes ou polychromes, l'animal étant au préalable gravé sur la paroi, partiellement ou totalement. Le relief naturel des parois est également utilisé avec beaucoup d'habileté, pour représenter certaines parties du corps. Les artistes ont totalement maîtrisé l'organisation spatiale de la grotte.

Comme cela est souvent le cas dans les grottes ornées, Font-de-Gaume ne s'est pas fait en une seule fois. Les peintures appartiennent à plusieurs styles et plusieurs superpositions montrent que les artistes se sont succédé, ajoutant leur propre création à celle de leurs prédécesseurs. Une partie de Font-de-gaume remonterait au Magdalénien ancien, comme à Lascaux ; une autre phase d'exécution serait d'un Magdalénien plus récent, se rattachant aux représentations des Combarelles*, de Bernifal* et de Rouffignac*.

Une visite à ne pas manquer. C'est la plus belle grotte après Lascaux, mais on ne peut plus la visiter que sur réservation, les groupes étant contingentés pour des raisons de pollution.

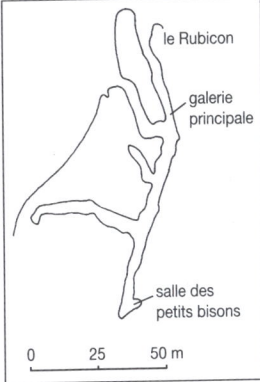

Font-de-Gaume.
Bison.
Relevé
de H. Breuil.

47

GROTTE DU GABILLOU ✳✳

♦ SOURZAC

Près de
Mussidan

Fermée
au public,
sauf spécialistes
et amateurs
avertis

Cette grotte-couloir de 30 m est aussi connue sous le nom de Las Agnelas. Classée monument historique, elle possède des gravures, découvertes en 1941 par un maçon. Connue depuis le Moyen Age, elle dut servir de carrière, ce qui amena la destruction de la paroi sur une dizaine de mètres. Elle fut ensuite habitée avant de servir d'étable, et abrita des moutons, d'où son nom de Las Agnelas.

La grotte du Gabillou est un boyau étroit où les Magdaléniens devaient ramper pour avancer. Elle est ornée d'une façon presque continue. Un relevé effectué par le Dr Gaussen, propriétaire de la grotte, a permis de chiffrer les animaux représentés : 59 chevaux, 28 rennes, 18 bovidés, 12 bisons, 8 bouquetins, 4 félins, 4 ours (dont 3 douteux), 2 lièvres, 1 biche, 1 canidé, 18 animaux indéterminés, 4 sorciers, 4 figures humaines, 72 signes, plus un certain nombre de graffiti. L'une des figures les plus étranges de cette grotte est « la femme à l'anorak » : il s'agit d'un personnage vu de profil dont un vêtement enveloppe la partie supérieure du corps.

La datation de la décoration de la grotte du Gabillou a fait longtemps l'objet de débats. Aujourd'hui elle est attribuée au Magdalénien ancien (style III selon la classification de Leroi-Gourhan). Les gravures seraient l'œuvre d'une même main, ou pour le moins d'une même école. Le style est à rapprocher de celui de Lascaux. « On y retrouve les mêmes signes géométriques, les mêmes sabots d'équidés, la même perspective semi-tordue et le même dynamisme » (Dr J. Gaussen).

La fouille du gisement à l'entrée a permis de retrouver un matériel lithique et osseux important. Les outils sont des silex dont de nombreuses lamelles à dos. L'industrie osseuse comprend des sagaies étroites à rainures longitudinales. Ont également été recueillies des lampes, dont certaines ont été soigneusement façonnées. Quant à la faune, elle se compose surtout d'os de chevaux, de rennes, d'antilopes saïga, d'oiseaux et d'une vertèbre de poisson. Si la grotte du Gabillou ne peut malheureusement être visitée, cela lui permet au moins de rester dans l'état où elle se trouvait lorsque les derniers Magdaléniens l'abandonnèrent.

GROTTE DE LA GRÈZE ✳

♦ MARQUAY

A 5 km des
Eyzies-de-Tayac
Tél. :
05 53 06 97 03

Visite sur autorisation spéciale. Petite grotte fouillée en 1904 par le Dr Ampoulange et son fils. Elle est surtout connue pour son superbe bison gravé que l'abbé Breuil étudia attentivement, et dont il admirait « la perspective tordue ».

La Grèze. Un bison vieux de 20 000 ans.

LA GROTTE DE LASCAUX ✳✳✳✳

◆ MONTIGNAC

Fermée
à la visite
Réservée aux
spécialistes
par groupes
de 5, 2 fois
par semaine
Tél. :
05 53 51 82 60

Sacrifions d'abord à l'histoire devenue quasi légendaire. Le 12 septembre 1940, dans la région de Montignac, quatre adolescents, M. Ravidat, J. Marsal, G. Agnel, tous de Montignac, et un Parisien en vacances, S. Coencas, descendent dans une crevasse apparue à la suite d'un violent orage ayant déraciné un arbre. Ils finissent par atteindre une grande salle, la Rotonde, y aperçoivent des peintures puis parviennent, avec difficulté, jusqu'au fond d'un trou (le puits). Poussés par la curiosité, les adolescents explorent à plusieurs reprises la grotte, mais leur découverte est bientôt connue et les spécialistes, à leur tour, vont visiter le site. Le 21 septembre, ce sont les abbés Breuil et Bouyssonie, le Dr Cheynier et D. Peyrony : ils découvrent des peintures pariétales qu'ils authentifient. Le public ne tarde pas à affluer, ce qui risque d'endommager la grotte

Lascaux.

et de faire disparaître maintes traces, notamment celles du sol. Un aménagement se révèle nécessaire qui ne sera achevé qu'en 1949, tandis que se poursuit l'étude scientifique du lieu par les plus grands spécialistes. La grotte de Lascaux devra être fermée le 20 avril 1963 ; l'atmosphère de la cavité était polluée par les visiteurs, ce qui avait pour effet de développer de multiples algues vertes sur les parois et d'altérer le support rocheux et la calcite qui le recouvre.

La grotte a donc été fermée par un sas comportant deux portes étanches. La température (13 °C), le degré hygrométrique (98 %) et la quantité de gaz carbonique (1 %) demeurent constants. Des mesures prophylactiques doivent empêcher l'apparition des mousses et des bactéries et éviter ainsi que ne disparaissent ces peintures qui pendant 17 000 ans sont restées intactes.

La grotte de Lascaux ne mesure que 150 m, mais ses galeries sont particulièrement larges et hautes. C'est une grotte à couloir avec un diverticule et un puits.

La Rotonde, ou salle des Taureaux, à laquelle on accède après l'entrée, ainsi que le diverticule axial, sont décorés de peintures reposant sur la calcite blanche des parois. Les teintes sont à dominante noire mêlée de rouge ; les autres parties de la grotte, le Passage, la Nef, l'Abside, le Puits, le Cabinet des Félins, présentent des gravures dessinées sur les parois calcaires.

André Leroi-Gourhan s'est livré à une étude très détaillée de la disposition des animaux à Lascaux et sur la datation de ces peintures pariétales. Plusieurs de ses hypothèses, bien qu'aujourd'hui remises en cause – et notamment sa chronologie des styles – rendent compte du rôle fondamental joué par le grand préhistorien qui a renouvelé les méthodes de la recherche. Les connaissances en matière de Préhistoire s'enrichissent régulièrement et provoquent des remises en question parfois spectaculaires.

Le sol de Lascaux, qui fut malheureusement mis à mal par les premiers visiteurs et les travaux d'assainissement, ne comporte qu'une seule couche archéologique. On y a retrouvé l'outillage des artistes, des outils de silex, des sagaies, des objets de parure, des lampes. Sans oublier les bijoux : c'est ainsi que 16 coquillages, dont plusieurs pouvaient être suspendus à un lien, ont été découverts. Les coquillages venaient de loin, certains des plages de l'Atlantique, d'autres de la Méditerranée, d'autres encore de terrains tertiaires d'Aquitaine ou de Touraine. On a même retrouvé à Lascaux l'ancêtre des bijoux en toc, comme l'attestent les auteurs de *La Préhistoire en Périgord* (Éd. Sud-Ouest) : c'était un caillou de forme ovale, imitant un coquillage par la gravure de quelques stries !

Lascaux.
Lampe en grès.

Une étude très poussée du sol de la grotte, malgré les dégradations des premières années, a permis de mieux comprendre le travail des artistes de Lascaux, il y a 17 000 ans. On a retrouvé des silex qui portaient encore du mastic, fait de résine et de poudre d'ocre, lequel avait servi à les emmancher. Au fond du puits, c'est une très belle lampe ciselée qui a été dénichée : elle contenait encore des restes de genévrier et fonctionnait au suif.

Des dizaines de lampes, de différents modèles, ont été ramassées à Lascaux. Les unes sont façonnées dans un bloc calcaire, d'autres plus nombreuses sont fabriquées avec des pierres plates ou à peine creusées. Sur ces pierres étaient posées des brindilles de genévrier qui faisaient fondre le suif. La graisse fondue venait imbiber des charbons qui jouaient alors le rôle de mèche.

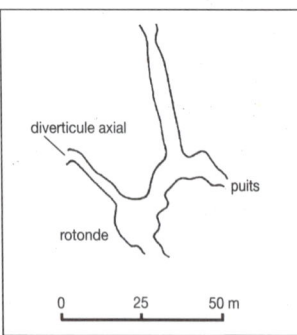

diverticule axial

puits

rotonde

0   25   50 m

Comme d'autres grottes peintes, Lascaux dut jouer le rôle d'un sanctuaire. Nous ignorons, bien sûr, pour quelles manifestations religieuses. Nous sommes comme des Martiens qui entreraient dans une église, ignorant tout du christianisme. Les hommes qui jadis fréquentaient ces lieux éprouvaient le besoin de rendre un culte dont le sens nous échappe à jamais.

LASCAUX II

Lascaux ayant fermé ses portes, sauf pour quelques privilégiés, un fac-similé a été ouvert en 1983, qui permet aux touristes de découvrir une bonne partie de la grotte originale, mais cette fois sans danger de pollution pour les peintures pariétales.

Lascaux II, un faux impressionnant.

réalisées selon les techniques et les procédés des premiers peintres de la grotte. Ceux-ci utilisaient comme colorant du bioxyde de manganèse pour le noir, et des ocres naturelles pour les autres couleurs. Ils appliquaient ces pigments en se servant de leurs doigts ou de pinceaux en fibres animales ou végétales. Ils pouvaient aussi utiliser un tampon de fourrure ou de fibres. Les contours, souvent très nets, étaient obtenus avec des caches en peau.

Tout près de Lascaux I, on peut donc visiter Lascaux II. On déambule notamment dans la salle des Taureaux et le diverticule axial. Cette réplique, fort impressionnante et magnifiquement réalisée, est constituée d'une coque de ferrociment, modelée aux 3 dimensions de la grotte originale ; sur les parois ont été peints avec une scrupuleuse exactitude les figures et les signes de Lascaux I.

Les peintures de Lascaux II ont été

De l'avis général, il s'agit d'une réussite exemplaire et l'on peut imaginer qu'elle servira ailleurs lorsque l'heure viendra, malheureusement, où d'autres grottes devront être fermées.

LAUGERIE-HAUTE ✻✻

♦ **Les Eyzies-de-Tayac**

**Ouvert tlj en juillet-août Les autres mois, sur rendez-vous Tél. :
05 53 06 92 90 et
05 53 53 22 24**

Il y eut à cet endroit un habitat fort important. Long de 180 m, large d'une dizaine de mètres, du moins pour la partie qui a été fouillée, l'abri de Laugerie-Haute est l'un des plus vastes sites magdaléniens du Périgord. Il est divisé en 2 sections : Laugerie-Haute-Est et Laugerie-Haute-Ouest, séparées par un talus que surmonte une habitation du XVIIe siècle.

Lartet et Christy le découvrirent en 1863. Des « archéologues », des collectionneurs et des chasseurs de silex viendront à plusieurs reprises fouiller, bouleverser et piller ce site particulièrement riche.

Didier Peyrony et son fils Élie, François Bordes, Philippe Smith, Gérard Guichard, ont pu heureusement procéder à des fouilles méthodiques.

Laugerie-Haute, qui appartient à l'État depuis 1921, sauf la partie où ont été retrouvés des ossements humains (l'abri du Squelette), est considérée par les spécialistes comme un site fort important pour la connaissance du Paléolithique supérieur. Il succède en quelque sorte à La Ferrassie* et à l'abri Pataud*.

Quarante-deux couches et niveaux ont été étudiés, qui couvrent les différentes phases du Périgord final, c'est-à-dire une période d'environ 10 000 ans, correspondant à plusieurs phases climatiques.

Laugerie-Haute, malgré le pillage et l'anarchie de certaines fouilles, est célèbre pour ses pièces solutréennes, notamment des « feuilles de laurier » d'une qualité remarquable.

LAUGERIE-BASSE ✳✳

♦ LES EYZIES-DE-TAYAC

Pour amateurs éclairés
Tél. :
05 53 06 97 12

Située au pied d'une falaise de 150 m de long qui domine la Vézère, Laugerie-Basse fut fouillée à partir de 1863, du moins l'abri principal qui était occupé par une ferme et des bâtiments agricoles. Les premières explorations se firent, comme ce fut souvent le cas à cette époque, de façon anarchique. Le gisement s'était révélé fort riche : ce fut la curée pendant 50 ans, du moins pour la partie que l'on appelle l'Abri classique.

Il faudra attendre les années 1912-1913 pour que des études sérieuses soient entreprises. Le site racheté par le chimiste J.A. Le Bel put alors échapper au vandalisme et aux fouilleurs intempestifs et incompétents. Heureusement, une partie de l'abri, nommée les Marseilles, avait échappé au pillage. L'archéologue J. Maury fut chargé par Le Bel de la fouiller, ce qu'il fit pendant 5 ans avant d'en arrêter volontairement l'exploration afin de laisser du « grain à moudre » aux futurs chercheurs...

L'abri des Marseilles fut occupé par des Magdaléniens il y a 14 000 ans, jusqu'à ce que la voûte s'effondre au Magdalénien VI, recouvrant le sol de dalles calcaires impressionnantes. Des Magdaléniens reviendront par la suite et s'installeront sur les éboulis. L'abri sera ensuite abandonné avant d'être à nouveau occupé au Néolithique, vers 2 000 ans avant notre ère.

Laugerie-Basse est riche en œuvres d'art de l'époque magdalénienne :

Laugerie-Basse. Abri classique.

Bouquetin gravé sur palme de renne. Dessin A. Roussot.

« la Vénus impudique », « la Femme au renne » (découvertes en 1867 par l'abbé Landesque), comptent parmi les plus connues. Toutes ces merveilles sont dispersées dans différents musées : musée des Antiquités (Saint-Germain-en-Laye), musée du Périgord (Périgueux), British Museum.

ABRI DE LAUSSEL

♦ MARQUAY

L'abri de Laussel, exploré dès la fin du XIXᵉ siècle, fut intensément « prospecté » entre 1908 et 1914 pour le compte du Dr Lalanne de Bordeaux, grand amateur de pièces archéologiques. Il s'agissait surtout de récolter des objets, sans trop se soucier de leur positionnement. Le gisement de Laussel devait se révéler très riche : il comprenait 11 couches archéologiques allant du Moustérien au Solutréen supérieur. Ces couches superposées sur 5 m d'épaisseur ont été fouillées sur 80 m environ.

Laussel. Vénus à la corne, bas-relief ocré. Musée d'Aquitaine.

Laussel doit sa célébrité aux découvertes effectuées entre 1911 et 1912 : 5 représentations humaines provenant de la couche du Périgord supérieur (plus de 20 000 ans). La plus célèbre de ces représentations est la fameuse « Vénus à la corne », véritable superstar de la Préhistoire. Elle a été taillée sur un gros bloc rocheux, qui s'est détaché de la paroi. Les autres sculptures étaient des œuvres mobilières.

« La Vénus à la corne » représente une femme assez plantureuse et qui semble enceinte comme le laisse supposer sa main posée sur le ventre.

Elle se trouve maintenant exposée au musée d'Aquitaine avec 3 autres bas-reliefs de Laussel. Le cinquième a été vendu discrètement au musée de Berlin où il a terminé son existence sous les bombes. On en possède quelques moulages.

L'un des bas-reliefs récupérés à Laussel représente un personnage de profil, dénommé « le chasseur ». On a longtemps dit qu'il s'agissait d'un homme, mais rien ne le prouve, si ce n'est qu'il est dépourvu de seins, ou de sexe visible ; il lui manque la tête, les bras et une jambe.

Un autre bloc représente 2 personnages tête-bêche dont l'un semble féminin. On a évoqué une scène d'accouchement.

♦ **SOULALÈVE**

**A 3 km
de Limeuil**

GROTTE DE LESTRUQUE ✳

Cette grotte a été découverte en 1929. Une belle industrie lithique y a été recueillie, datant du Magdalénien supérieur.

**Au confluent
de la Vézère
et de
la Dordogne**

LIMEUIL ✳

Le village de Limeuil, dont nous vous recommandons la visite, est fort pittoresque avec ses maisons du vieux bourg s'étageant sur la pente raide du coteau. Des artisans et artistes de talent, un souffleur de verre, une femme potier, un ferronnier, quelques bons restaurants, dont l'un à l'accueil particulièrement chaleureux, porte l'enseigne d'*Isabeau de Limeuil*, celle-là même qui fit partie du fameux « Escadron volant » de Catherine de Médicis : tous redonnent vie à ce petit village qui fut jadis une place forte importante dotée d'un port fluvial très actif.

Mais Limeuil a aussi un passé préhistorique très riche, même si l'on n'en voit plus aucune trace, les maisons, les jardins et les ruelles ayant recouvert le gisement découvert en 1909 par le

Limeuil.
Renne gravé
sur bloc de
calcaire gréseux.
Musée
du Périgord.

Dr J. Rivière, à l'occasion – comme c'est souvent le cas – de travaux de terrassement. Des fouilles furent organisées entre 1909 et 1913 par J. Bouyssonie et L. Capitan, financées par le ministère des Beaux-Arts. L'entreprise se révéla particulièrement délicate : il fallut creuser des galeries souterraines, passant sous des maisons, pour retrouver les couches archéologiques. Le gisement s'étendait sur une trentaine de mètres et correspondait à un habitat de plein air.

La « moisson », particulièrement abondante, est datée du Magdalénien VI : harpons en bois de renne à double rang de barbelures, burins bec-de-perroquet, gravures sur os et sur bois figurant des rennes, des chevaux, des bisons et même un renard.

Mais l'originalité de Limeuil tient au nombre important de pierres gravées qui ont été trouvées. Ces plaquettes, en calcaire jaunâtre, sont de toutes dimensions et portent des gravures animales caractéristiques du Magdalénien : rennes, chevaux, cervidés, bouquetins, ours, bovidés, félins, rhinocéros, horde de cerfs (particulièrement remarquable). Plus d'une centaine ont été relevées par J. Bouyssonie.

Les gravures de Limeuil sont de qualités très variables. Pour la plupart, elles se trouvent au musée de Saint-Germain-en-Laye, au musée du Périgord à Périgueux, à Lyon et aux États-Unis. Les unes sont d'un réalisme saisissant, quasi photographique, a-t-on dit, et d'une grande qualité picturale ; d'autres sont de facture médiocre avec des traits grossiers, comme s'il s'agissait de brouillons ou d'esquisses.

Les spécialistes se sont beaucoup interrogés sur la présence de ces plaquettes : certains ont évoqué l'existence d'un « atelier d'art ».

GROTTE DE ROC DE MARSAL ✳

♦ CAMPAGNE

Près du Bugue

Dans cette grotte, J. Lafille a découvert en 1961 le squelette quasi complet d'un jeune Néandertalien âgé de 3 ans ayant été enseveli intentionnellement.

ABRI DU MOUSTIER ✳

♦ PEYZAC-LE-MOUSTIER

A 10 km des Eyzies

Non loin de la longue falaise de La Roque-Saint-Christophe, qui servit de refuge du Moustérien au Moyen Age, se trouve le petit village du Moustier à la belle église romane. Plusieurs sites préhistoriques importants y ont été découverts et étudiés. Citons les gisements de Jardel, Fongal, Longueroche, Roc du Bardeau, Combe du Banc. Le gisement le plus célèbre est l'abri du Moustier qui a donné son nom au Moustérien. Il comprend 2 abris : le premier, l'abri classique ou abri supérieur, a été exploré dès 1863-1864 par É. Lartet et M. Christy. Les industries reconnues ont permis de caractériser le Moustérien. Lartet et Christy y ont recueilli de nombreux silex qui furent qualifiés en 1869 de « Moustérien » par G. de Mortillet. D. Peyrony et M. Bourlon poursuivront les recherches entreprises. Les différents types de Moustérien seront répertoriés et classés par Denis Peyrony, puis par François Bordes.

Le Moustier.
Abri supérieur.

On rencontre ainsi, dans l'abri supérieur, du Moustérien de tradition acheuléenne, du Moustérien de type la Quina, et du Moustérien typique (100 000 à 35 000 av. J.-C.).

Un second abri, situé à 14 m plus bas que le précédent, fut fouillé en 1907 par O. Hauser qui cherchait surtout à ramasser des objets pour les revendre.

Didier Peyrony reprendra les fouilles en 1910 quand le site sera racheté par l'État.

En 1908, O. Hauser exhuma un squelette d'adolescent néandertalien qu'il s'empressa de baptiser *Homo mousteriensis hauseri* ! Hauser, « antiquaire suisse », n'était pas étouffé par les scrupules : il n'hésita pas à organiser pour des chercheurs plusieurs séances de découverte du squelette, les persuadant qu'ils étaient les premiers témoins ! Le squelette fut ensuite vendu, fort cher, au Musée anthropologique de Berlin. Le crâne, par deux fois, sera reconstitué de façon erronée. Les bombardements que subit la capitale du Reich pendant la Seconde Guerre mondiale firent « mourir » une seconde fois ce pauvre Néandertalien. Le crâne, qui avait été mis de côté, échappa au désastre, et réapparut il y a quelques années à Iéna, où il attend que l'on s'occupe enfin sérieusement de son sort...

Le Moustier. Coupe stratigraphique de l'abri inférieur, actuellement muré.

GROTTE DE LA MOUTHE ✳✳✳

◆ LES EYZIES-DE-TAYAC

Fermée au public

Sa découverte date de 1895. A une époque où sévissait la guerre entre préhistoriens sur la nature exacte des grottes ornées, certains, comme Cartailhac, qui fera amende honorable par la suite, ne pouvaient admettre l'existence d'un art pariétal. La découverte de la Mouthe apportera des arguments en faveur de l'authenticité des grottes décorées.

La grotte de la Mouthe est précédée d'un vaste porche d'entrée qui fut occupé pendant des millénaires, du Moustérien au Magdalénien. Une longue galerie conduit ensuite à plusieurs salles ornées : salle des Taureaux, des Bisons, de la Hutte, des Rennes ; avec, en fin de parcours, une nouvelle salle des Bisons.

Plusieurs périodes sont distinguées pour la décoration de ces salles. Les plus anciennes dateraient du Gravettien, d'autres du Magdalénien ancien (comme Lascaux*), d'autres seraient plus récentes.

La grotte de la Mouthe a été fermée au public en 1982. Des études sont en cours pour examiner dans quelles conditions elle pourrait à nouveau être ouverte.

ABRI PATAUD ✳✳✳

♦ LES EYZIES-
DE-TAYAC

Ouvert
toute l'année
Pour
les horaires,
tél. :
05 53 06 92 46

L'exploration de l'abri Pataud remonte à la fin du siècle dernier, mais c'est l'Américain H.L. Movius qui, de 1953 à 1963, organisa des fouilles de grande ampleur. Il fit creuser une tranchée qui permet de distinguer les différentes périodes d'occupation des sols. En peu d'endroits, on voit aussi nettement la présence des hommes sur plusieurs milliers d'années : entre 32 000 et 29 000 ans av. J.-C., 14 niveaux ont été repérés.

L'abri Pataud fut occupé pendant tout le Paléolithique supérieur par Cro-Magnon qui a laissé maintes preuves de sa présence (grattoirs, burins, pointes en silex, différents selon les périodes). Une petite sculpture de femme sur une plaque de calcaire, aujourd'hui au musée de l'Homme, a également été trouvée dans la couche

Périgordien VI. Des restes humains, notamment le crâne et le maxillaire inférieur d'une adolescente morte il y a 20 000 ans, reposaient dans la couche Périgordien VII.

Un musée, fort bien aménagé et présenté, est installé sous un abri juste à côté du site Pataud. Il rassemble les objets découverts au cours des fouilles et montre les différents modes de vie des hommes du Paléolithique supérieur.

Une statue, fort gracieuse, évoque la présence de la jeune fille inhumée en ce lieu. Enfin, grâce à un miroir judicieusement placé, vous découvrez dans le rocher l'une

Reconstitution de la femme de l'abri Pataud.

des plus anciennes sculptures du monde, un bas-relief représentant un bouquetin, vieux de 18 000 ans.

*Abri Pataud.
Bouquetin
sculpté solutréen.*

Proche de l'abri Pataud se trouve l'abri Vignaud, étudié par D. Peyrony en 1919, puis par d'autres chercheurs dont Movius. Cet abri, classé monument historique depuis 1981, n'est pas ouvert au public. Plusieurs niveaux d'occupation y ont été étudiés. Les couches les plus intéressantes remontent à 30 000 ans av. J.-C.

GISEMENT DU PECH-DE-L'AZE ✳

♦ ENTRE SARLAT
ET CARSAC

Ce nom désigne 4 gisements préhistoriques au pied d'un affleurement calcaire qui couronne la colline du Pech-de-l'Aze.

Le Pech I et le Pech II sont situés aux deux extrémités d'une grotte qui traverse le massif calcaire. La première entrée est le premier site préhistorique exploré en Périgord en 1815 par F. Jouannet étonné par « ces ossements amoncelés » et « qui portent le caractère de la plus haute antiquité ».

En 1951, F. Bordes et M. Bourgon découvrent la deuxième entrée

de la grotte, Pech II, qu'ils étudient longuement ainsi qu'une autre petite grotte à côté, Pech III, avant de découvrir un vaste abri effondré, Pech IV ; F. Bordes a reconnu à Pech IV plus d'une vingtaine de couches archéologiques.

Les parties les plus anciennes de ces différents abris contiennent une industrie acheuléenne. Les couches postérieures vont de

*Le Pech-de-l'Aze.
Fouille du
professeur Bordes
en 1976.*

l'Acheuléen au Moustérien. Des structures de foyers ont été retrouvées à Pech II (période acheuléenne) ; ces foyers, qui prouvent la maîtrise du feu, sont creusés dans le sol, parfois entourés de pierres, et contiennent des terres brûlées et des cendres.

À PÉRIGUEUX, UN CENTRE DE PRÉHISTOIRE

Un Centre européen de recherche préhistorique existe depuis peu à Périgueux (Dordogne). Il réunit plusieurs universités : Bordeaux I, Michel-de-Montaigne (Bordeaux III), Pierre-et-Marie-Curie (Paris VI) et le Muséum national d'histoire naturelle.

Ce centre a une vocation universitaire de recherche, de conservation par des banques de données, de diffusion des connaissances et d'animation auprès d'un large public.

ABRI DU POISSON ✳✳

♦ LES EYZIES-
DE-TAYAC

L'abri du Poisson, petite cavité large de 8 m, profonde de 7 m, et haute de 2,50 m, est creusé dans un banc rocheux qui avance au pied d'une haute falaise calcaire sur la rive gauche du vallon de Gorge d'Enfer. Découvert en 1892 par Paul Girod, il fit l'objet de plusieurs fouilles et c'est en 1912 que Jean Marsan découvrit le

*Abri du Poisson.
Saumon sculpté et
colorié en rouge.*

**Ouvert en
juillet-août
Sur rendez-vous
du 1er
septembre
au 30 juin
Tél. :
05 53 06 92 30**

fameux poisson, sculpté sur la partie gauche du plafond de l'abri.

Peu de temps après sa découverte, la sculpture faillit partir pour le Musée anthropologique de Berlin. D. Peyrony, averti, fit arrêter les travaux le 11 décembre 1912 ; l'État se porta acquéreur de l'abri et le classa monument historique en mars 1913. Il eût été dommage que ce poisson, un superbe saumon de 1,05 m, quittât son Périgord natal et la Vézère toute proche, où les salmonidés étaient nombreux à cette époque.

Les représentations pariétales de poissons ne sont pas fréquentes. On en connaît une vingtaine dans une dizaine de sites. A 1,40 m devant le poisson, on peut distinguer – seulement en lumière frontale – une main cernée de couleur noire. Des lignes et des ponctuations noires et rouges, des traits gravés, sont visibles sur la surface de la voûte.

La sculpture du poisson remonterait au Périgordien supérieur (25 000 à 17 000 ans av. J.-C.). C'est, avec la Vénus à la corne de Laussel, la plus ancienne sculpture pariétale découverte à ce jour.

LE REGOURDOU ✷✷

♦ MONTIGNAC

**A 500 m
de Lascaux,
Montignac
Tél. :
05 53 51 81 23**

En septembre 1957, R. Constant, propriétaire d'une modeste ferme à proximité de Lascaux, était à la recherche d'une autre entrée de la célèbre grotte. A défaut de la trouver, il découvrit un gisement moustérien avec une sépulture humaine. Ce gisement était un abri dont la voûte s'était effondrée sur le remplissage archéologique. Deux archéologues, E Bonifay et B. Vandermeersch, entreprirent de fouiller l'abri en 1961 et 1965 ; ils trouvèrent plusieurs niveaux d'occupation remontant à l'homme de Néandertal.

Dans une fosse peu profonde, ils découvrirent la sépulture d'un Néandertalien. Le corps était couché sur le côté gauche, la tête vers le nord, les genoux repliés sous le menton, les mains ramenées vers la tête. Une dalle calcaire recouvrait le tronc. Le squelette était loin d'être complet : le crâne, notamment, manquait, mais il restait une superbe mâchoire, impressionnante par sa taille et la bonne

*Le Regourdou. Mâchoire néandertalienne.
Musée du Périgord.*

conservation de la denture. Non loin de cette sépulture, se trouvaient des fosses qui contenaient des crânes et des ossements d'ours bruns. Dans une autre fosse, formée de murettes et couverte d'une dalle, gisait le squelette d'un ours.

Cette association homme-ours a fait couler beaucoup d'encre et provoqué de nombreux débats. Neandertal pratiquait-il le culte de l'ours ? A. Leroi-Gourhan récusait vivement toute interprétation de ce genre évoquée à propos d'autres découvertes. Le mystère demeure...

ABRI DE REIGNAC ✳

♦ TURSAC

Le site, connu depuis 1949, a été étudié par A. Roussot. Il fut occupé à plusieurs époques et jusqu'au Moyen Age, mais les vestiges les plus importants datent du Magdalénien supérieur, avec une belle industrie osseuse et une faune riche en rennes et en antilopes saïga. Des pièces d'art mobilier ont été trouvées dont une tête de cheval exécutée sur os, ainsi que des éléments de parure (dents animales percées, pendeloques).

GROTTE ROCHEREIL ✳

♦ GRAND-
BRASSAC

Vallée
de la Dronne,
à côté
du Moulin
de Rochereil

Le site fut fouillé au début du siècle par M. Feaux et le marquis de Fayolle, qui ramassèrent de nombreux objets lithiques et osseux. Mais c'est le Dr Jude qui l'explora méthodiquement de 1935 à 1939 (résultats publiés en 1960).

L'étude stratigraphique a permis de repérer deux ensembles distincts. L'un date du Magdalénien supérieur VI à l'industrie lithique et osseuse bien caractéristique : 1 829 objets lithiques ont été trou-

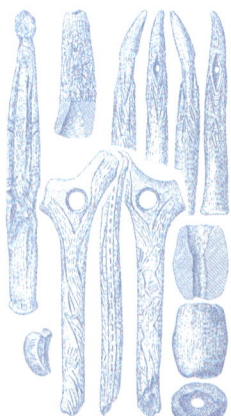

vés dont 1 200 burins, 236 grattoirs, des lamelles à dos. L'industrie osseuse est fort bien conservée, notamment des sagaies à double biseau, des harpons, des bâtons percés, des poinçons (certains sont gravés d'un décor géométrique très fin), des plaquettes d'os, gravées de thèmes animaliers.

L'autre ensemble, situé en avant de la grotte, correspond à l'Azilien, et a livré des foyers structurés et de nombreux objets lithiques. L'industrie osseuse (harpons, poinçons, lissoirs) n'est plus en bois de renne, lequel a disparu en raison d'un changement de climat, mais en bois de cerf.

GROTTE DE ROUFFIGNAC ✳✳✳✳

Tél. :
05 53 05 41 71

Cette grotte de très vaste dimension – elle compte plus de 8 km de galeries – reçoit des visiteurs depuis le XVIe siècle. François de Belleforest, dans son ouvrage *Cosmographie universelle* paru en 1575, parle ainsi de la « grottesque de Miramont » : « Près de Miramont aussi, qui est une petite ville en Périgord, se voit une caverne ou grottesque, que les naturels du pays appellent cluzeau, de la quelle ceux qui y sont entrés racomptent grandes merveilles... et là on voit quelques autels et des paintures en plusieurs endroits, et la trace ou marque des pas de plusieurs sortes de bestes grandes et petites... »

Rouffignac ne sera jamais fermée, ce qui aura pour conséquence, vice qui n'a pas d'âge, une floraison de graffiti et d'inscriptions sur les parois, sans parler de la fumée des chandelles qui mettront à mal parfois les gravures pariétales. Il est vrai que les touristes n'apercevaient peut-être pas ces dessins qui font aujourd'hui notre admiration et qui ne surgiront de la nuit et du silence que le 26 juin 1956...

Ce jour-là, deux préhistoriens, L.R. Nougier et R. Robert, visitèrent la caverne à la demande de son propriétaire, M. Plassard, et reconnurent les premiers dessins.

La grotte de Rouffignac, dite aussi du Cluzeau, ou Cro de Grandville,

ou grotte de Miramont, est encore appelée « grotte des Cent Mammouths ». Son occupation est récente ; les peintures datent du Magdalénien moyen et final, soit 11 000 ans av. J.-C. L'entrée du site, comme l'ont révélé les fouilles, fut habitée au Néolithique et à l'âge du fer.

Le visiteur de Rouffignac ne parcourt (en petit train électrique) qu'une partie de la grotte, sinon il devrait y passer une dizaine d'heures.

Avant que les hommes ne viennent occuper la grotte, les ours la fréquentèrent longuement. Les bauges et les très nombreuses traces de griffes attestent leur passage. Les premiers dessins se trouvent à 800 m de l'entrée et sont présents jusqu'au fond de la galerie.

Actuellement, 219 représentations animales ont été relevées, et 4 figures humaines. Le nom de grotte « des Cent Mammouths » n'est pas usurpé : en fait on en a dénombré 154, soit près de 70 % des animaux figurés. On compte également 28 chevaux, 15 bisons, 12 bouquetins, 10 rhinocéros et un seul ours.

Dessinés au trait noir, ou incisés sur la paroi, les mammouths sont parfois isolés, mais ils vont aussi par 2, par 10, souvent affrontés en deux groupes opposés.

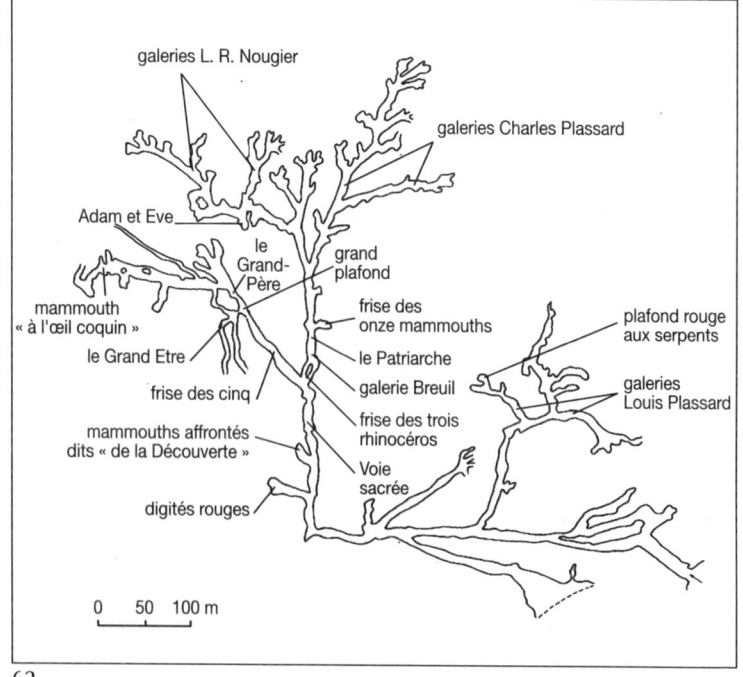

Rouffignac, contrairement à de nombreux sites préhistoriques du Périgord, n'a pas livré beaucoup de vestiges matériels. A croire que les occupants étaient des maniaques du rangement et ne laissaient rien traîner ! Un seul silex a été recueilli...

« Rouffignac est la grotte de l'*unité*. Le trait, qu'il soit dessiné – car ce sont de vrais dessins et non des peintures – ou qu'il soit gravé, a toujours les mêmes grandes qualités de force et de précision pour former les contours animaliers, de finesse et d'habileté pour donner le détail vivant, le regard – ou mieux les mille regards des 150 mammouths – pour ajouter un modelé réaliste par ces hachures, donner une présence à chaque espèce. Même lorsqu'il ne s'agit que d'une esquisse, parfois tracée au doigt sur la paroi ou sur le plafond à 4 m de haut avec un bâton brandi à bout de bras, le tracé cervico-dorsal a toute sa force et le mammouth « compte » véritablement... La grotte se prêtait à toutes les virtualités possibles, à condition d'être orchestrée par un artiste de génie doublé d'un penseur. Ce fut le cas ! »

Louis-René Nougier, *L'Art de la Préhistoire*, La Pochothèque, Le Livre de Poche.

GROTTE DE SAINT-CIRQ-DU-BUGUE ✳✳

♦ SAINT-CIRQ-DU-BUGUE

Près du Bugue
Ouvert tlj,
sauf samedi
Tél. :
05 53 07 14 37

Le village de Saint-Cirq-du-Bugue s'étage sur un talus surmonté d'une barre rocheuse. C'est au pied de celle-ci, dans une anfractuosité, que se trouve la grotte de Saint-Cirq ou Sous-le-Roc.

A l'entrée, puis au fond de la grotte, le site contient 14 éléments gravés, pas toujours très reconnaissables (sauf avec un guide...), par suite de la dégradation des lieux. C'est en 1950 que ces vestiges préhistoriques ont été mis au jour.

On peut y voir un bison partiellement représenté, des équidés plus ou moins achevés, un bouquetin. Mais l'originalité de Saint-Cirq vient de 2 figures humaines : l'une limitée à la tête ; l'autre, prénommée « le sorcier », représente un homme debout, aux membres inférieurs légèrement fléchis, au sexe développé. Le relevé qu'en a fait l'excellent archéologue Alain Roussot est plus explicite que la gravure elle-même, que l'on déchiffre assez difficilement.

Un petit musée, quelque peu bric-à-brac, jouxte la grotte.

ABRIS DU SECTEUR DE SERGEAC-CASTELMERLE ✳

A 9 km de Montignac

Le village de Sergeac, siège d'une ancienne commanderie templière dont il reste plusieurs bâtiments et une belle église, est également un centre préhistorique important. Le vallon de Castelmerle compte 9 abris visitables qui furent occupés de 30 000 à 10 000 ans av. J.-C. Ces gisements furent fouillés entre 1878 et 1914 et ont livré des œuvres d'art et des outils en quantité.

◆ LES ABRIS BLANCHARD I ET II, découverts en 1882 par M. Reverdit, furent fouillés en 1911 par L. Didon et M. Castanet. Outre l'existence de foyers cendreux et de cuvettes remplies de cendres et d'os calcaires, l'industrie de l'os, du bois de renne et de l'ivoire y est particulièrement abondante (sagaies, bâtons percés, poinçons, hameçons, coins, aiguilles). Des éléments de parure très variés, en os, en pierre, en ivoire, des coquillages utilisés comme pendeloques, ont également été retrouvés (époque aurignacienne, –32 000 à –25 000 ans).

Les Aurignaciens avaient décoré la voûte de leur abri qui malheureusement s'effondra sous l'effet du gel. On peut voir des fragments de cette voûte au musée du Périgord à Périgueux.

L'ENLÈVEMENT DES GRAFFITI À ROUFFIGNAC

De nombreux graffiti recouvraient les gravures pariétales au point de cacher plusieurs d'entre elles. L'idée de procéder à un nettoyage des surfaces polluées fut lancée dans les années 60, mais il faudra attendre 1989 pour que l'opération soit entamée avec l'aide d'ingénieurs et de techniciens du laboratoire des Monuments historiques.

L'intervention ne concerna que les graffiti qui se superposaient aux figures préhistoriques. Plusieurs campagnes seront nécessaires pour restaurer la frise des 10 mammouths et le Grand Plafond dont plusieurs dessins étaient devenus quasi invisibles.

C'est à l'aide de coton-tige, de compresses, d'eau déminéralisée, que purent être éliminés les ajouts intempestifs. Les résultats sont particulièrement spectaculaires.

◆ L'ABRI DE LA SOUQUETTE

Abri Labattut à Sergeac. Cheval en bas relief sur bloc. Gravettien. American Museum of Natural History, New York.

Bien qu'il ait été en partie dévalisé et saccagé, l'abri de la Souquette étudié par D. Peyrony en 1909, puis par M. Castanet, D. de Sonneville-Bordes, et plus récemment par Alain Roussot, a permis de découvrir une importante industrie lithique, ainsi que du matériel osseux. Cet abri a été occupé à plusieurs époques (aurignacienne, la plus importante, mais aussi magdalénienne).

◆ L'ABRI REVERDIT

C'est Alain Reverdit, employé de la Régie des Tabacs, qui explora cet abri en 1875, alors qu'il servait d'étable. Le site sera fouillé par

François Delage entre 1911 et 1914, devant l'abri notamment. En 1923, le propriétaire du lieu, M. Castanet, reconnut des restes de sculptures sur la voûte de l'abri. On y peut voir 1 cheval et 2 bisons, et la ligne dorsale d'un troisième. Plusieurs foyers ont été dégagés (époque magdalénienne III, −16 000 à −13 000 ans).

Citons encore l'abri Castanet, qui présente les mêmes caractéristiques que l'abri Blanchard I, l'abri du Roc d'Acier (Gravettien), l'abri Labattut fouillé en 1912 (Gravettien et Solutréen), l'abri des Merveilles (Moustérien et Gravettien).

◆ **TEYJAT**

**Tél. :
05 53 56 30 29**

Moulage d'un bloc gravé de la grotte de Teyjat. Relevé de l'abbé Breuil.

GROTTE DE TEYJAT ✳✳✳

Découverte à la fin du siècle dernier par D. Peyrony, puis étudiée par l'abbé Breuil, la grotte de Teyjat, qui porte aussi le nom d'abri Mège et de grotte de la Mairie, a livré d'importantes œuvres pariétales d'une très grande qualité, datées du Magdalénien supérieur. On peut y voir une cinquantaine de représentations animales (rennes, chevaux, vaches, taureaux, cerfs, ours, bisons). Les gravures ne sont pas toujours facilement déchiffrables, mais la grotte de Teyjat mérite d'être visitée...

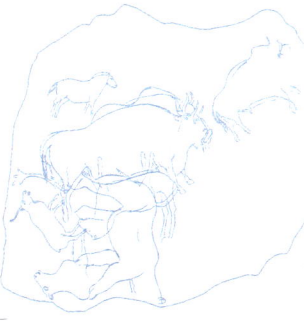

GROTTES DE THONAC

◆ THONAC

Dans ce village se trouve le site préhistorique de Maillol, la grotte de La Croze de Salvetou, portant des griffades et des inscriptions, celle de La Batusserie (gravures étudiées par l'abbé Glory).
Des haches de l'âge du bronze ont été découvertes à Thonac et à Vanxains.

TURSAC

Dans les environs de Tursac, la Préhistoire est omniprésente

◆ L'ABRI CELLIER, fouillé en 1927 pour le compte du Logan Museum de Beloit (USA) a livré de·belles pièces lithiques et un outillage osseux. Deux blocs à gravures profondes représentent une tête de bouquetin, et une autre non identifiable. Des pièces gravées de vulves et de cupules ont également été découvertes. Période aurignacienne.

◆ L'ABRI DU FACTEUR (aussi appelé « abri de la Forêt »). Étudié en 1933 par E. Peyrony, mais l'endroit avait déjà été « visité » auparavant. Lors de nouvelles fouilles de 1955 à 1960, on a repéré des structures d'habitat datées de l'Aurignacien et du Gravettien ainsi qu'une figure féminine en ronde bosse, dite « Vénus de Tursac ». La grotte de la Forêt, découverte en 1952, contient sur une paroi très abîmée des figures animales (rennes, chevaux, félin), et des signes, qui furent relevés par l'abbé Glory. Époque magdalénienne.

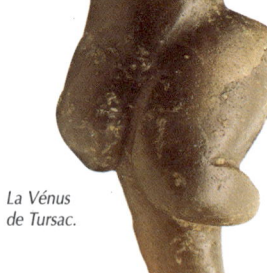

La Vénus de Tursac.

◆ LE RUTH, hameau de la commune de Tursac.
Près de ce hameau, ont été découverts 2 gisements du Paléolithique supérieur. Le premier est l'abri Cellier. Le deuxième, l'abri Pagès ou abri du Ruth, intéresse vivement les spécialistes car il a fourni une importante séquence stratigraphique : à la base, un niveau aurignacien, puis du Gravettien, puis du Solutréen sur plusieurs niveaux, le tout se terminant par du Magdalénien. A chaque niveau correspondent des outils lithiques spécialisés.

GROTTE DE VILLARS (OU DU CLUZEAU) ✳✳

◆ VILLARS

A 12 km de Brantôme

Cette cavité, explorée en 1953 par le Spéléo-Club de Périgueux, comporte sur plusieurs niveaux un réseau d'environ 10 km avec d'exceptionnelles concrétions. En 1958, on y a découvert de très intéressantes peintures et gravures pariétales, vieilles de 15 000 à

Ouvert tlj,
du 15 juin
au 15
septembre
Tél. :
05 53 54 82 36

17 000 ans. Plusieurs paléontologues l'ont étudiée : les abbés Breuil et Glory, F. Bordes, puis A. Leroi-Gourhan et Brigitte Delluc. Le trajet d'accès est marqué d'un pointillé d'ocre rouge et noir. Parmi les représentations qui retiennent le plus l'attention, citons le « cheval bleu ». À l'extrémité de la grotte on peut voir le dessin d'un homme attaqué par un bison, comme à Lascaux. Une cinquantaine de figures ont été relevées.

ABRI DE VILLEPIN ✳

♦ TURSAC

Cet abri, près de La Madeleine*, fut occupé au Paléolithique supérieur (fin du Magdalénien et début de l'Azilien). Il a notamment livré un matériel lithique abondant : burins, grattoirs, lames et lamelles, dont certaines à bord abattu courbe, appelées pointes aziliennes. Une industrie osseuse était également présente : sagaies, hameçons, bâtons percés, lissoirs. Les outils, en matière osseuse, portent souvent des incisions régulières, des chevrons, des figures géométriques ou animalières. Sur un galet sont gravés des cervidés. Ont également été retrouvés des éléments de parure, coquillages et dents animales.

LES GRANDES INVENTIONS PRÉHISTORIQUES

Les premiers outils :	2,4 millions d'années
Structures d'habitat :	1,8 millions d'années
Foyer aménagé :	400 000 ans
Sépulture :	250 000 ans
Navigation :	100 000 ans
Parure :	40 000 ans
Gravure, peinture :	35 000 ans
Aiguille à chas :	30 000 ans
Lampe :	18 000 ans
Corde :	16 000 ans
Propulseur :	15 000 ans
Harpon, hameçon :	15 000 ans
Arc :	15 000 ans
Bijou or :	6 000 ans
Poterie :	6 000 ans
Four :	5 000 ans

Source CRDP / Montpellier

GIRONDE

GISEMENT DE CAMIAC ✳

◆ **CAMIAC**

Ce gisement a fait l'objet d'une fouille de sauvetage en 1974. Il était formé d'une cavité, aujourd'hui disparue, et qui eut successivement comme « locataires » des hommes et des hyènes.

Les silex que l'on y a recueillis indiquent une occupation moustérienne très tardive (35 100 ± 2 000 avant le présent). La gravure comprend des herbivores qui ont servi de repas aux hyènes. Mais on trouve aussi des chevaux, des rhinocéros, des cervidés, des mammouths, des ours, des lions des cavernes, des rongeurs, des insectivores, des oiseaux, etc.

Ce site est très intéressant pour les spécialistes par les informations qu'il apporte sur le passage du Paléolithique moyen au Paléolithique supérieur.

GROTTE DE CRAMAILS ✳

◆ **MARGUERON**

Mise au jour en 1988, cette grotte est une cavité longue de 160 m, haute de 2 à 3 m, large de 2 à 3 m également.

Elle a été utilisée comme dépôt sépulcral. On y a retrouvé les restes de 17 adultes et de 6 enfants, en plus d'un abondant matériel (poteries, objets en pierre ou en os).

Cette grotte a servi entre le Néolithique final et le Bronze ancien.

GROTTE DES FÉES ET ROC DE MARCAMPS ✳

Près de Pair-non-Pair

Ces gisements ont été occupés à divers stades du Magdalénien.

La grotte des Fées, fouillée par F. Daleau, a livré une abondante industrie lithique et osseuse.

Le Roc de Marcamps, découvert en 1929 par P. David et G. Malvesin-Fabre, a fait l'objet de plusieurs fouilles postérieures. Son occupation la plus ancienne remonte à l'Aurignacien. On a aussi recueilli une industrie lithique et osseuse du Magdalénien moyen.

GROTTE DE FONTARNAUD ✳

◆ **LUGASSON**

Cette grotte a livré quelques œuvres datant du Magdalénien supérieur ; notamment une belle (mais toute petite) tête de cerf (Magdalénien final) que l'on peut voir au musée d'Aquitaine.

Microlithes du Magdalénien final.

GISEMENT DU GRAND-MOULIN ✳

♦ **Lugasson**

Ce gisement fut découvert et étudié par l'abbé Labrie au début du siècle. Il se trouve au pied d'une falaise de calcaire à Astéries qui domine la vallée de l'Engranne dans l'Entre-deux-Mers.

Le Grand-Moulin a surtout livré des vestiges datant du Solutréen et du Magdalénien, mais aussi d'époques plus récentes (Néolithique, Protohistoire, époque gallo-romaine). Plusieurs pièces foliacées bifaciales d'une grande beauté (Solutréen) ont été retrouvées ; outre une importante industrie lithique, de nombreux ossements de chevaux y ont également été découverts.

ABRI DU MORIN ✳✳

♦ **Pessac-sur-Dordogne**

Cet abri a été découvert en 1956 par R. Deffarge. L'industrie lithique (burins, pointes à cran, grattoirs, outils divers) appartient au Magdalénien supérieur final. L'industrie osseuse est très abondante (harpons, ciseaux, lissoirs, sagaies). L'art mobilier est de grande qualité ; 74 objets gravés sur os ou bois de cervidé ont été trouvés : figurations animales, chevaux, cervidés, poissons, serpents, oiseaux, bisons ; peu de rennes.

Dans ce gisement se trouve également une quantité extraordinaire de harfangs qui portent des traces d'intervention humaine : brûlures, stries de décarnisation, traces de sciage. Les Magdaléniens ont surtout utilisé les griffes et les avant-dernières phalanges dans un but que nous ignorons. La faune dans cet abri était particulièrement abondante. Outre les harfangs, on a retrouvé des lagopèdes, des saumons, des truites, des brochets, des lieus, des lapins, des loups, des renards polaires, signes d'un froid assez vif, mais aussi des rennes et des bisons. Période Magdalénien supérieur (10 480 ± 200 avant le présent).

De nombreux restes d'oiseaux se rencontrent fréquemment sur les sites préhistoriques. Le problème est de savoir s'ils ont été apportés par l'homme ou par les rapaces. Il semble que ces derniers soient le plus souvent « responsables » de ces accumulations de volatiles.

« Le site de l'abri Morin est remarquable par l'abondance de ses œuvres d'art et la qualité de ses industries lithique et osseuse recueillies dans les meilleures conditions par R. Deffarge », lequel a eu la bonne idée en 1988 d'offrir ses inestimables trouvailles au musée d'Aquitaine de Bordeaux.

GROTTE DE PAIR-NON-PAIR ✳✳✳

◆ **PRIGNAC-ET-MARCAMPS**

Près de Bourg-sur-Gironde

La Gironde n'est pas riche en sites ornés, seulement 4 contre une cinquantaine en Périgord, mais elle en possède un d'une très grande richesse, avec la grotte de Pair-non-Pair.

Celle-ci est exceptionnelle à bien des égards. C'est la quatrième grotte ornée découverte en Europe au siècle dernier, à une époque où l'art pariétal n'était pas encore reconnu de tous les spécialistes. Les gravures pariétales de Pair-non-Pair apportèrent la preuve que de belles œuvres pouvaient remonter à plusieurs milliers d'années. En effet, les dessins étaient recouverts de dépôts remplis de vestiges préhistoriques.

A Pair-non-Pair, les gravures furent exécutées pendant le Périgordien supérieur et comptent parmi les plus anciennes manifestations d'art pariétal connues en Europe occidentale.

On doit la découverte de cette grotte à François Daleau, arboriculteur et préhistorien amateur (sérieux) qui fouilla de 1881 à 1913 ce

Pair-non-Pair. Panneau gravé de l'« agnus Dei ».

site d'une extraordinaire richesse. En effet la grotte de Pair-non-Pair n'a pas seulement livré des peintures pariétales, mais son « inventeur » y a collecté des milliers d'ossements d'animaux.

La grotte fut tout d'abord occupée par des Néandertaliens qui laissèrent de nombreux outils lithiques. Longtemps après cette occupation, la voûte s'effondra, et au Châtelperronien* de nouveaux occupants, sans parler des hyènes, vinrent se fixer sur les blocs effondrés où ils installèrent leurs foyers. Puis ce fut le tour d'Aurignaciens et de Périgordiens à qui l'on doit une très belle industrie lithique et osseuse.

C'est en août 1896 que F. Daleau, après 2 ans de travail, aperçut les premières gravures pariétales au carrefour de la galerie principale. La grotte se compose d'une galerie longue de 12 m et d'une galerie latérale qui débouchait sur l'extérieur par 2 ouvertures, actuellement fermées. Quarante gravures ont été recensées par B. et G. Delluc. Elles se répartissent sur 4 panneaux principaux, plus quelques figures isolées. Le bouquetin est largement représenté, ce qui est quelque peu étonnant car, parmi les milliers d'os d'animaux retrouvés sur le site, cet animal est absent. On peut voir également 5 ou 6 chevaux, 3 ou 4 aurochs et bisons, et 1 cerf mégacéros.

Pair-non-Pair n'est pas seulement riche de ses gravures. François

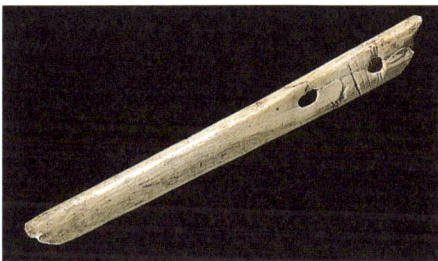

*Pair-non-Pair.
Flûte
en os d'oiseau.
Gravettien.
Musée
d'Aquitaine.*

Daleau y a repéré près de 60 espèces animales différentes dûment identifiées à partir de 6 000 ossements... On est saisi d'admiration devant la compétence et la patience de Daleau qui reconstitua le puzzle de cette ménagerie préhistorique ! La liste est éloquente : des chevaux, des aurochs, des bisons, des cervidés, des cerfs et des cerfs mégacéros, des mammouths, des rhinocéros laineux, des hyènes, des ours, des lions, des renards roux et polaires, des blaireaux, des putois, des souris, des spermophiles, des oies et des canards, des passereaux, des goélands, des pluviers, des corbeaux, des vautours, des aigles, des pygargues et des faucons, des hiboux, des lièvres et des lapins, ainsi que 28 espèces d'oiseaux ! Un superbe garde-manger pour festin rabelaisien...

Si l'on n'a pas retrouvé d'art mobilier à Pair-non-Pair, la grotte n'en a pas moins livré un objet assez rare : une flûte en os d'oiseau à 3 perforations datant du Périgordien supérieur. Quelques autres gisements girondins ont livré des flûtes en os (une vingtaine pour le Paléolithique supérieur) et des sifflets.

Peut-être ces derniers étaient-ils utilisés pour attirer les oiseaux en imitant leur chant ; peut-être servaient-ils de jouet pour les enfants ! Il semble peu probable qu'ils aient été utilisés pour régler la circulation...

SITE PALUSTRE LE PEUILH-VERTHEUIL

Situé au bord du marais de Reysson, il est aussi connu sous le nom de site du Peuilh à Vertheuil, le Pey de Peterland, la Butte d'Estac ou tout simplement la Butte.

Les fouilles ont permis de retrouver la trace d'une population qui occupa le bord du marais au Néolithique moyen (5 000 av. J.-C.). De nombreux vestiges ont été mis au jour : des ossements d'animaux notamment. Grâce à eux, nous savons que les occupants du Peuilh vivaient essentiellement d'élevage, surtout des bovins, des moutons et des chèvres. L'homme n'est plus seulement un prédateur : il sait pratiquer l'élevage, il gère ses troupeaux efficacement, ce qui ne l'empêche pas d'être toujours un chasseur, comme le prouve la présence d'ossements de cerfs, de chevreuils et de sangliers.

Le site du Peuilh a livré par ailleurs de nombreuses informations sur les habitations des hommes du Néolithique et sur leur vie quotidienne.

MENHIR DE PIERREFITTE

♦ SAINT-
SULPICE-DE-
FALEYRENS

Une soixantaine de mégalithes ont été recensés en Gironde, dont quelques menhirs. Il en existe de tout petits de 1 m de haut, tandis que d'autres dépassent les 5 m. Celui de Pierrefitte à Saint-Sulpice-de-Faleyrens, dans la vallée de la Dordogne, est un monolithe déjà décrit au XIIIe siècle ; c'est le plus grand menhir du Sud-Ouest français. Il est formé d'un bloc de calcaire massif qui proviendrait des coteaux de Saint-Émilion distants de plus de 2 km. Il pourrait dater du Néolithique récent. Sur la face sud du menhir, on aperçoit un trou à offrandes qui pourrait dater du Moyen Age. Selon la tradition, une petite obole versée dans ce trou permettait de guérir de ses rhumatismes...

ÉPERON BARRÉ DE ROQUEFORT ✸✸

♦ LUGASSON

Le plateau de Roquefort, près de Lugasson, forme un éperon triangulaire, taillé dans le calcaire à Astéries de l'Entre-deux-Mers par les 2 vallées confluentes de la Petite-Engranne et de l'Engranne. Un château féodal, démantelé aujourd'hui, s'élevait à la pointe du promontoire, mais le site fut occupé dès le Néolithique. Celui-ci étant protégé des deux côtés, il suffisait de construire un rempart sur le troisième pour éviter toute agression surprise. On peut voir encore aujourd'hui de nombreux vestiges de ce rempart qui peuvent atteindre, en certains endroits, 1,70 m. D'après Mme Julia Roussot-Larroque, qui a étudié le site, ce rempart n'est pas totalement préhistorique.

Il y a plus de 6 000 ans, une population paysanne vivait là, s'occupant surtout d'élevage bovin. Bien qu'il n'y apparaisse aucune trace d'agriculture, des meules ont été retrouvées. Parmi les autres vestiges, des céramiques, dont la forme est représentative de ce que l'on nomme « le groupe de Roquefort ».

Le site fut occupé pendant plusieurs milliers d'années jusqu'à l'âge du

Allée couverte de Roquefort à Lugasson.

fer, chaque époque ayant laissé des traces. Il a malheureusement été très endommagé à la suite de travaux entrepris à la fin du siècle dernier.

Autre intérêt : la présence d'un mégalithe, une allée couverte que le rempart englobait. D'autres allées couvertes se trouvent dans la vallée de l'Engranne : Sabatey et Le Maine du Prieur à Bellefond,

Curton à Jugazan, ainsi que le menhir de Pontarret. Cet ensemble mégalithique était certainement associé à l'habitat néolithique de Roquefort.

L'allée couverte de Roquefort fut découverte au début du siècle par l'abbé Labrie. J. Roussot-Larroque en a repris la fouille. Le monument devait avoir 13 m de long environ. Il était recouvert d'une série de dalles dont 3 étaient restées en place. Il a malheureusement été complètement vidé par les terrassiers. Seules 2 calottes crâniennes, quelques dents et des perles en os, ont été récupérées. Le mobilier qu'il pouvait contenir a disparu.

Source : « Préhistoire Gironde ». Article de J. Roussot-Larroque.

ABRI DE SAINT-GERMAIN-LA-RIVIÈRE ✳✳

♦ SAINT-
GERMAIN-
LA-RIVIÈRE

Appelé aussi Pille-Bourses, cet abri situé sur la rive droite de la Dordogne fut découvert en 1928 par H. Mirande et R. Lépront qui y trouvèrent un premier squelette. De nouvelles fouilles furent entreprises en 1933 par R. Blanchard qui mit au jour une sépulture particulièrement spectaculaire d'époque magdalénienne et qui est restée célèbre. En effet, celle-ci révélait une recherche architecturale exceptionnelle. Deux dalles calcaires portées par 4 piliers abritaient le squelette d'une femme de 20 à 25 ans. Le corps reposait sur le côté gauche, la tête à l'est, les jambes repliées ainsi que le bras droit, et une main posée sur le crâne. Une parure composée de croches de cerfs gravées de signes géométriques était dispersée au niveau du cou et de la poitrine. Des coquillages, des canines de cerf et de renne ornaient la région des hanches. Une couche d'ocre recouvrait l'ensemble.

Cette sépulture est particulièrement intéressante pour toutes les informations qu'elle apporte sur le rituel de la mort au temps des Magdaléniens. Une reconstitution de cette sépulture se trouve au Musée national de Préhistoire aux Eyzies-de-Tayac.

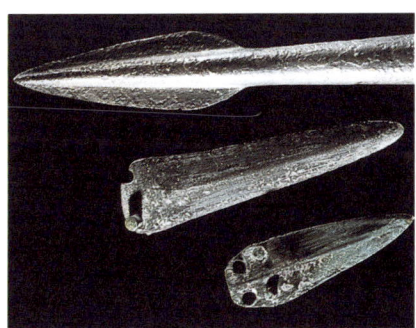

*Poignards
et pointes de
lance en bronze
de Barsac
en Gironde.
Age du bronze
moyen.*

LANDES

GISEMENTS DE BRASSEMPOUY

♦ BRASSEMPOUY

La galerie des Hyènes et la grotte du Pape sont séparées d'une centaine de mètres. La grotte du Pape fut explorée dès 1881. La galerie des Hyènes a livré un matériel aurignacien (sagaies, grattoirs, lames).

La grotte du Pape a été fréquentée à toutes les époques. C'est là que l'on a découvert la célèbre Dame à la capuche.

Brassempouy.
Tête sculptée
en ivoire.
Lithographie
de Piette, 1907.

ABRI DURUTHY

♦ SORDE-
L'ABBAYE

Connu depuis 1872. La découverte la plus intéressante est celle d'une cinquantaine de canines de lion et d'ours perforées, dont certaines ornées de poissons, de phoques et de signes abstraits, regroupées près d'un crâne humain associé à un harpon.

Ce gisement a connu plusieurs occupations intermittentes qui ont laissé un important matériel lithique et osseux, datant du Paléolithique supérieur ; de nombreux ossements, très intéressants pour la connaissance de la faune.

Duruthy.
Tête de cheval.
Pendeloque.

GISEMENT DE MONTAUT

♦ MONTAUT

Situé près de Brassempouy, ce gisement fouillé en 1889 est connu des spécialistes pour ses curieuses pointes foliacées asymétriques.

LOT-ET-GARONNE

GROTTE DE CASSEGROS

♦ TRENTELS

Cette grotte, d'une centaine de mètres de longueur, non ouverte au public, est connue depuis longtemps. Elle a été décrite pour la première fois en 1902 par E. Malbec. En 1973, Jean-Marie Le Tensorer a entrepris le sauvetage de ce gisement qui faisait l'objet de visites clandestines. Quelques peintures préhistoriques se sont conservées dans les parties obscures de la grotte.

Une première peinture à l'ocre rouge semble représenter un animal en position statique, la tête penchée en avant. Peut-être s'agit-il d'un bouquetin.

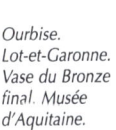

La deuxième peinture est une tête de cheval en teinte plate noire de style magdalénien. Elle est en mauvais état et recouverte de calcite. La troisième figuration est un panneau décoré de gravures enchevêtrées, effectuées sans doute à l'aide d'un instrument à 2 pointes. De nombreux outils sur éclats ont été recueillis (grattoirs, burins, racloirs, perçoirs, raclettes, lamelles à dos). Un petit bâton percé en os a été retrouvé près d'un foyer.

Ourbise. Lot-et-Garonne. Vase du Bronze final. Musée d'Aquitaine.

PYRÉNÉES-ATLANTIQUES

GROTTE D'ESPALUNGUE

♦ **SAINT-MICHEL-D'ARUDY**

Cette grotte, appelée aussi grotte d'Izeste, a été explorée en 1864 et fouillée par Piette en 1873. Elle contenait un art mobilier exceptionnel : propulseurs* ornés de tête animale, bâtons percés* à décors en relief, baguettes à spirales. Le propulseur au Cervidé broutant est particulièrement célèbre.
Période Magdalénien moyen pour l'art mobilier.

GROTTES DE HURIOLO-HARRIA

♦ **SARE**

Tél. :
05 59 54 26 95

Ouverture de Pâques à novembre.
On peut voir, dans cet ensemble de grottes, des peintures magdaléniennes.

GROTTE DE SAINTE-COLOME

♦ **SAINTE-COLOME**

Découverte au XIXe siècle, c'est la première grotte ornée en Béarn. Une équipe du groupe archéologique des Pyrénées occidentales y a effectué un premier relevé en 1980. Cette grotte de dimensions modestes est d'une longueur inférieure à 30 m. L'entrée, large de

1,70 m, haute de 0,50 m, conduit à une petite salle où se trouve la paroi gravée. Cette salle se poursuit par une galerie au plafond bas qui aboutit à 3 boyaux. Les gravures, d'une facture très fine, sont recouvertes d'une mince couche de calcite. Ont été identifiés : un cheval (tête, crinière, encolure, arrière-train), un bison (partiel), et peut-être une tête d'équidé dirigée vers la croupe du cheval principal. Aucun des 3 animaux n'est représenté totalement.

GROTTES D'OXOCELHAYA ET D'ISTURITZ

Entre Saint-Martin d'Arberoue et Isturitz
Ouverture :
15 mars-
15 novembre
Tél. :
05 59 29 64 72

Le réseau souterrain de l'Arberoue a donné naissance à un ensemble de 3 grottes superposées. L'étage supérieur est la grotte d'Isturitz, l'étage intermédiaire, la grotte d'Oxocelhaya-Hariztoya ; le niveau inférieur forme la grotte d'Erberua, peu accessible et qui ne se visite pas.

La grotte d'Isturitz est la plus intéressante et la plus riche. Elle fut répertoriée dès 1913 par E. Passemard. Exploitants de phosphates et archéologues l'ont passablement malmenée, mais les fouilles, dues notamment, outre Passemard, à R. et S. de Saint-Perrier, à Georges Laplace et à l'abbé Glory, ont révélé d'étonnantes richesses.

La grande salle d'Isturitz, longue de 120 m environ, a été durablement occupée depuis le Moustérien jusqu'au Magdalénien. Un véritable trésor a été découvert : des plaquettes gravées, des statuettes d'animaux, des pendeloques, des baguettes demi-rondes*, des milliers de rondelles, qui se trouvent aujourd'hui pour la plupart au musée des Antiquités nationales de Saint-Germain-en-Laye et dans quelques collections privées. Cette abondance d'œuvres mobilières laisse supposer qu'Isturitz était un centre de production très important.

Autre curiosité d'Isturitz : les gravures pariétales. En 1913, E. Passemard découvrit, en grande partie enfoui, un vaste panneau de 5 m, représentant un renne surchargé de 2 cervidés (certains parlent de bouquetins) ; 1 ours leur fait face avec, au-dessus de lui, les traces d'1 renne et de 2 chevaux. D'autres figures, abîmées par la corrosion, ont été repérées, mais sont difficiles à interpréter. L'âge de ces gravures se situerait entre le Magdalénien moyen et le Magdalénien supérieur.

Arthez-de-Béarn.
Hache polie
en éclogite.
Longueur : 34 cm.

La grotte d'Oxocelhaya a été découverte en 1929 par J.-P. Etchegaray et fouillée en 1955, 1956 et 1982. Elle comprend plusieurs représentations pariétales d'animaux, chevaux et bisons notamment, mais aussi d'autres figures difficilement reconnaissables. Ces sculptures, qui en leur temps furent réalisées à la lumière du jour, sont attribuées au Magdalénien moyen.

MUSÉES

DORDOGNE

BERGERAC (24100). Musée d'Histoire urbaine. Maison Peyrarède, place du Feu.
Tél. : 05 53 63 04 13. Collection d'archéologie préhistorique en provenance de la
région.

BEYNAC-ET-CAZENAC (24220). Parc archéologique, chemin du Château.
Tél. : 05 53 29 51 28. Un musée de plein air, bien conçu, que l'on visitera avec plai-
sir. Il est consacré à la vie quotidienne des hommes préhistoriques, notamment des
premiers paysans et métallurgistes du Périgord noir. Reconstitution dans le parc
d'un habitat néolithique avec un atelier de taille du silex, d'un dolmen sous son
tumulus, d'une maison de l'âge du fer, d'un temple en bois ; ateliers de travail du
bois et du bronze ; un potier, une forge, un métier à tisser ; et, en réel, du bétail et
des volailles : ce musée est une halte fort instructive aussi bien pour les adultes que
pour leur progéniture.

BRANTÔME (24310). Musée Fernand-Desmoulin. Tél. : 05 53 05 80 63.
Collections préhistoriques régionales.

LE BUGUE (24260). Musée de Paléontologie, 2, rue de Paris. Tél. : 05 53 04 24 34.
Trois mille fossiles terrestres et marins, provenant en majorité de la région.
Quelques très belles pièces.

LES EYZIES-DE-TAYAC-SIREUIL (24620). Musée national de Préhistoire.
Tél. : 05 53 06 45 45. L'un des plus riches musées de France pour la Préhistoire, ce
qui est bien normal. Il ne faut pas hésiter à y consacrer le temps nécessaire pour
bien s'imprégner, avant la visite des grottes, des différentes cultures et de la vie des
hommes préhistoriques. Les objets présentés proviennent de la région exceptionnellement riche en grottes et en abris parmi les plus intéressants. Des panneaux
explicatifs guident le visiteur, les vitrines montrant l'évolution de l'outil depuis ses
origines, avec les présentations propres à chaque civilisation.
L'art paléolithique est particulièrement bien représenté avec des blocs de plaques
calcaires gravés et sculptés entre 30 000 et 12 000 ans avant J.-C., mais aussi des
centaines d'objets, qui révèlent toute l'habileté et la maîtrise de nos ancêtres. Des
pièces de parure, de très beaux bracelets notamment, des armes de pêche et de
chasse sont exposées avec des notices.
Spectaculaire, la sépulture de Saint-Germain-la-Rivière* en Gironde (12 000 ans
av. J.-C.) : il s'agit d'une jeune femme, en position fléchie, recouverte d'ocre. Le
corps était placé sous un monument de pierre en forme de dolmen, avec un riche

mobilier, une parure de dents perforées et de coquillages, des outils en silex et en os. L'accès au musée des Eyzies est actuellement rendu assez difficile par la présence d'un chantier. Il s'agit du futur Musée national de Préhistoire : les premières salles devaient être ouvertes en 1998... Pour l'instant, les ouvriers s'affairent. Il est vrai qu'en matière de Préhistoire le temps est relatif. Donc patience ! et bien du courage à ceux et celles qui sont chargés de faire fonctionner et d'administrer le musée

à partir de « cabanes » type Algeco ; il faudrait peut-être garder celles-ci comme témoignages de notre civilisation !

Mais surtout, n'allez pas vous priver de visiter le musée tel qu'il est. C'est superbe. Le prochain – et il verra forcément le jour – devrait, si l'on en juge par les plans, répondre à toutes les exigences d'un musée moderne à vocation internationale.

La grotte Richard aux Eyzies fut fouillée dès 1862. Elle fut occupée du Solutréen à l'Azilien.

LIMEUIL (24510). Jardin-Musée. Tél. : 05 53 63 32 06.
Un jardin préhistorique en Périgord. A Limeuil, au confluent de la Dordogne et de la Vézère, on peut, l'été, visiter ce lieu original. Les fondateurs, Michel et Véronique Guignard, ont d'abord beaucoup lu avant de planter. Ils ont puisé leurs informations chez les paléontologues les plus sérieux et les palynologues, spécialistes incontournables pour connaître la flore d'une époque grâce au pollen.
Ce jardin rassemble des plantes et des arbres que les chasseurs-cueilleurs magdaléniens trouvaient sur leur route et qu'ils utilisaient pour leur nourriture. On y trouve cerisiers, cornouiller, alisier, prunellier, sorbier, noisetiers, carottes sauvages, panais, bardanes, ravenelles...
Une façon intelligente de remonter le temps et de scruter les papilles de nos ancêtres.

PÉRIGUEUX (24000). Musée du Périgord. 22, cours Tourny. Tél. : 05 53 53 16 42.
Ce musée contient de belles collections archéologiques et préhistoriques : la sépulture de l'homme de Regourdou, un Néandertalien ; celle de l'homme de Combe-

Capelle (il s'agit d'un moulage, l'original, « déporté » à Berlin, a été détruit en 1945). Celle de l'homme de Chancelade, un Magdalénien, trouvé en 1886 et qui est présenté dans l'état où il fut découvert : recroquevillé et couvert d'ocre rouge.

Beaucoup d'autres objets

Raymonden. Plaquette en os avec représentations humaines schématiques, tête et pattes de bison.

sont offerts à la curiosité du visiteur : des parures, des bijoux, des outils, des polissoirs, des broches, des silex, des tessons de céramique. On peut également voir une très belle plaquette en os dite « Défilé au bison », découverte à Laugerie-Basse* (Dordogne).

PEYZAC-LE-MOUSTIER (24620). Musée géologique de Dordogne.
Tél. : 05 53 50 81 12. Une exposition de 3 000 fossiles, de l'ère primaire au début du Quaternaire, et d'outils préhistoriques, du Moustérien au Néolithique.

SAINT-AVIT-SÉNIEUR (24440). Musée géologique. Tél. : 05 53 22 32 27.
Installé dans l'un des batiments de l'ancienne abbaye, ce musée s'est spécialisé dans les minéraux et roches du bassin de la Dordogne. On y voit également des cristaux venus de tous les continents.

SAINT-LÉON-SUR-VÉZÈRE (24290). Parc naturel du Conquil. Tél. : 05 53 51 29 03.
A Saint-Léon, le site du Conquil montre un habitat naturel troglodytique occupé à l'époque préhistorique, gallo-romaine et médiévale.
Le visiteur fera une belle promenade sur le site et pourra s'initier à la taille du silex, au tir à l'arc préhistorique et au propulseur.

THONAC (24290). Le Thot. Espace Cro-Magnon. Tél. : 05 53 50 70 44.
Fax : 05 53 06 30 94. Le musée du Thot, couvert et de plein air, a pour ambition d'initier le visiteur à l'art préhistorique, grâce à une présentation moderne (montage audiovisuel, films, diapositives géantes, moulages et fac-similés d'œuvres pariétales et mobilières. Le parc donne un aperçu de la faune au milieu de laquelle Cro-Magnon évoluait : animaux vivants (bisons d'Europe, chevaux de Prjevalski) ; reproductions d'espèces disparues (animation plus ou moins réussie) : mammouths et rhinocéros laineux. Des campements préhistoriques et des scènes de la vie quotidienne ont été reconstitués.
La visite du Thot est jumelée avec celle de Lascaux II (billeterie de Montignac).

TURSAC (24620). Préhisto-Parc.
Tél. : 05 53 50 73 19.

Un musée de plein air, sous forme de circuit pédestre, dans un bois où sont reconstituées des scènes préhistoriques avec des personnages grandeur nature. C'est une agréable promenade quand il fait beau. Succès garanti auprès des enfants, mais ce n'est pas Jurassic Park !

Préhisto-Parc. Chasse au mammouth.

GIRONDE

BORDEAUX (33000). Musée d'Aquitaine. 20, cours Pasteur. Tél. : 05 56 01 51 00.
La Préhistoire occupe une place très importante dans ce grand musée installé dans une ancienne faculté des lettres et des sciences du XIXe siècle. Certains objets exposés sont universellement connus.
La visite débute par le Paléolithique avec la reconstitution d'un abri sous roche, habité il y a 300 000 ans et qui nous montre la vie quotidienne des chasseurs et pêcheurs au Paléolithique supérieur.
Des bas-reliefs, provenant de la donation Lalanne, constituent un des points forts de ce musée. On peut y voir la célèbre Vénus à la corne (Gravettien), et la scène à 2 personnages provenant de l'abri sous roche de Laussel* en Dordogne. Du Cap-Blanc*, le musée a recueilli un bison de 32 cm de haut qui était sculpté sur la voûte de l'abri. D'autres sites régionaux sont présentés, notamment la grotte de Pair-non-Pair, où l'on a retrouvé une flûte aurignacienne fabriquée avec un os d'oiseau.
De la grotte de Lascaux, on peut voir une copie en résumé de la frise des Cerfs. Originales sont les œuvres d'art, magdaléniennes, gravées sur os, provenant de la donation Deffarge (1988), riche de 85 œuvres superbes (vers 10 000 av. J.-C.).
Les rites de la mort au Néolithique sont représentés par des parures et des vases retirés de dolmens, et par la reconstitution de la grotte sépulcrale d'Eybral* (2 800 av. J.-C.) où 80 squelettes furent retrouvés.

Pauillac.
Trois haches en bronze,
de l'âge du bronze moyen,
de type médocien,
coulées dans le même moule.
Musée d'Aquitaine.

Des armes, haches, épées, poignards, pointes de lance, montrent l'importance de la métallurgie en Gironde et le grand savoir-faire de ceux qui les fabriquèrent.
L'âge du bronze est également présenté avec la céramique de Reignac*, de La Roque-Saint-Christophe*, de Roquefort, et de nombreux objets métallurgiques, provenant d'anciennes fouilles de nécropoles.

BORDEAUX (33000). Muséum d'histoire naturelle. 5, place Bardineau.
Tél. : 05 56 48 26 37. Une salle est consacrée à la faune qui côtoya les occupants de la grotte de Pair-non-Pair* à Marcamps. Près de 800 pièces sont présentées.

LANDES

BRASSEMPOUY (40330). Musée archéologique. Tél. : 05 58 89 04 60.
C'est ici que l'on peut voir et admirer la reproduction de la fameuse « Dame à la capuche », « la Dame de Brassempouy » (–24 000 à –23 000 ans). L'original, centralisation oblige, se trouve au musée des Antiquités de Saint-Germain-en-Laye. Sont également exposées des reproductions de statuettes féminines, que l'on appelle parfois les Vénus (malgré leur apparence disgracieuse !), découvertes dans le monde entier, ainsi que des objets provenant des fouilles de la grotte du Pape, dont des figures en ivoire.

HASTINGUES (40300). Musée archéologique départemental des Landes.
Abbaye d'Arthous. Tél. : 05 58 73 03 89.
Cette ancienne abbaye du xIIᵉ siècle présente de nombreux objets provenant des fouilles de sites préhistoriques de la région, notamment de l'abri Duruthy* à Sorde-l'Abbaye.

LOT-ET-GARONNE

DURAS (47120). Musée du Château. Tél. : 05 53 83 70 18.
Beaux objets préhistoriques du Paléolithique.

NÉRAC (47600). Musée du château d'Henri IV. Rue Henri-IV. Tél. : 05 53 61 21 11.

SAINTE-BAZEILLE (47200). Musée archéologique André-Larroderie.
Route des Landes. Tél. : 05 53 94 40 28.
Les nombreuses fouilles engagées dans la région depuis plus de 25 ans ont permis de collecter de belles pièces en métal de l'âge du fer.

VILLENEUVE-SUR-LOT (47300). Musée de Gajac. Le musée a été complètement réaménagé. On peut y voir plusieurs collections préhistoriques : industries lithique et osseuse.

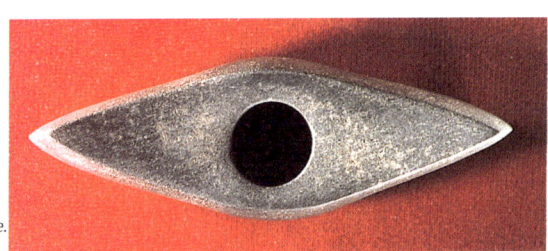

Puymirol.
Lot-et-Garonne.
Hache bipenne naviforme.
Musée d'Aquitaine.

PYRÉNÉES-ATLANTIQUES

ARUDY (64260). Maison d'Ossay. Tél. : 05 59 05 61 71.
Collections préhistoriques de provenance régionale.

GUÉTHARY (64230). Musée municipal. « Villa Saraleguinéa ». Tél. : 05 59 54 86 37.
Belles pièces d'outillage paléolithique et néolithique.

LESCAR (64210). Musée Art et Culture. Place de l'Évêché. Tél. : 05 59 81 03 12.
Nombreuses collections archéologiques, dont des outils préhistoriques et des poteries protohistoriques.

PAU (64000). Musée béarnais. Château. Tél. : 05 59 27 07 36.
Parmi ses nombreuses collections consacrées à l'histoire du Béarn, plusieurs intéressent la Préhistoire et présentent des objets trouvés dans les grottes de la région.

SAINT-PALAIS (64120). Musée de Basse-Navarre et des chemins de Saint-Jacques. Mairie. Tél. : 05 59 65 73 06.
Outre l'histoire du royaume de Basse-Navarre et des routes du pèlerinage à Compostelle, le musée présente des collections préhistoriques qui intéresseront surtout les amateurs éclairés.

SALIES-DE-BÉARN (64270). Musée du Sel. Place des Puits-Salants.
Tél. : 05 59 38 00 33.
Toute l'histoire du sel, depuis les temps préhistoriques et protohistoriques.

AUVERGNE-LIMOUSIN

ALLIER - CANTAL - CORRÈZE - CREUSE - HAUTE-LOIRE

C'est en Auvergne que l'on trouve plusieurs des plus anciennes occupations humaines connues en France. Les sites de Rochelambert, de Saint-Paulien, de Chilhac, dateraient de plus de 1 500 000 ans. Le gisement de Soleilhac à Blauzac correspondrait à un campement se situant entre 730 000 et 900 000 ans avant notre ère. L'établissement de ces dates pose quelques questions aux archéologues car elles mettent en doute certaines notions sur le peuplement de notre pays.

A une époque plus récente, au Paléolithique moyen, les informations sont plus sûres. L'amélioration du climat favorise l'accroissement de la population dans les montagnes peu élevées. Des sites attestent cette présence comme Saint-Arcous Mirefleur. Cet accroissement démographique se poursuit au Paléolithique supérieur dans la région des vallées et dans les zones calcaires riches en abris sous roche et en grottes. Toute l'Auvergne sera peuplée au Néolithique avec les débuts de l'agriculture et de l'élevage, marqués aussi par la présence de très nombreux mégalithes.

Dans le Limousin en revanche, région de petite et moyenne montagne, l'homme ne s'installera que vers la fin du Paléolithique et au Néolithique, dans le Bassin de Brive par exemple.

CORRÈZE

♦ **ARRONDIS-SEMENT DE BRIVE-LA-GAILLARDE**

LA CHAPELLE-AUX-SAINTS ✻✻

Une belle découverte due à deux ecclésiastiques – il fut un temps où l'on voyait décidément beaucoup de soutanes... dans les grottes ! –,

De gauche à droite, trois « soutanes » célèbres : les abbés Breuil et Bouysonnie.

tels les abbés Bardon et Bouyssonie. En 1908, ils mirent au jour en cet endroit la sépulture d'un homme de Neandertal âgé d'une cinquantaine d'années. C'est un très bel « échantillon », en tout cas l'un des plus complets. Un outillage moustérien entourait la fosse.

LE SQUELETTE DE LA CHAPELLE-AUX-SAINTS

« Le squelette gisait au fond d'une fosse rectangulaire creusée dans le sol de la grotte. La tête était calée par quelques pierres et recouverte de larges plaques d'os. La fosse renfermait des silex remarquablement taillés, des éclats de cristal de roche, des fragments de grès ferrugineux. Non loin des pieds du squelette, d'autres objets avaient été enfouis. On trouva également au voisinage de la main une patte de bovidé avec ses éléments en connexion, preuve évidente qu'elle avait été déposée avec la chair adhérente à l'os et qu'il s'agirait d'une nourriture mise à la portée du mort insuffisamment dégagé de l'humanité pour se passer d'aliments. »

Jean Piveteau, *L'Origine de l'homme*, Hachette, 1962.

♦ **LISSAC**

GROTTE D'ESCLAUZUR ✳

Cette grotte a été explorée par les abbés Bardon et Bouyssonie en 1920, puis par A. Cheynier en 1939. L'industrie osseuse qui a été retrouvée comprend des sagaies, des lissoirs, des poinçons, des aiguilles à chas et des objets de parure. Période solutréenne, magdalénienne ancienne et moyenne.

Les différents niveaux archéologiques ont servi d'engrais... ce qu'il ne faut jamais faire !

♦ **VILLAGE DE SOULIER-DE-CHASTEAUX**

Commune de Chasteaux Fermée au public

GROTTE MOULIN DE LAGUENAY ✳

Cette grotte, dont l'entrée est obstruée, est la première grotte ornée paléolithique découverte en Limousin à être explorée à partir de 1975. Quelques peintures y ont été trouvées : 2 mains négatives cernées de noir, une série de ponctuations rouges obtenues par soufflage.

GROTTE DE PUY JARRIGE II ✳

◆ **BRIVE**

**Fermée
au public**

Située sur la commune de Brive au lieu-dit « Les Rebières », cette grotte de petite dimension comprend un abri sous roche et un diverticule. Occupée au Moyen Age où elle fut passablement abîmée, elle a été fouillée à partir de 1865. Des gravures pariétales ont été découvertes en 1976 par P.-Y. Demars et J.-P. Raynal. On y distingue un animal acéphale, probablement un cheval si l'on en juge par les autres traits encore visibles : queue, croupe, dos, amorce du garrot, ligne de ventre. D'autres peintures devaient orner les parois, mais les intempéries les ont effacées. Période : style III.

HAUTE-LOIRE

CHILHAC ✳

Le village de Chilhac est réputé pour ses gisements paléontologiques et archéologiques. Le premier site, Chilhac I, a été découvert au siècle dernier par le comte de Morteuil qui y avait trouvé quelques ossements fossiles. En 1974, Christian Guth découvrit Chilhac II, non loin du premier site, et récolta des crânes et de nombreux ossements de proboscidiens et de cervidés.
A Chilhac III, face à Chilhac II, les chercheurs ont mis au jour des outils en pierre, des galets, taillés intentionnellement et qui pourraient révéler une occupation humaine se situant entre 1 et 2 millions d'années.

LA TRÈS VIEILLE FRANCE

« Le Massif central est considéré comme la région la plus riche en sites du Très Ancien Paléolithique, que l'on arrive à dater correctement grâce à l'environnement volcanique et aux faunes villafranchiennes qui firent la transition entre les ères tertiaire et quaternaire. Les plus anciens outils, d'origine humaine incontestable, ont un âge de l'ordre de 2,2 à 2,5 millions d'années (site de Saint-Éblé, Haute-Loire).

Plusieurs sites ont livré des outils isolés ou des ensembles lithiques ayant environ 2 millions d'années :

Le Coupet à Mazeyrat-d'Allier, La Rochelambert à Saint-Paulien, et peut-être Blassac (tous en Haute-Loire). D'autres ont un âge situé entre 1 et 2 millions d'années : Chilhac*, Nolhac, Sainzelles (Haute-Loire).

Le dernier site du Très Ancien Paléolithique du Velay, Soleilhac*, date de 900 000 ans. Il contient un assemblage lithique varié relativement abondant ainsi que des structures d'habitat. »

Source : *Les Premiers Européens*, Éd. CTHS.

SOLEILHAC ET NOLHAC

♦ **Bassin du Puy-en-Velay**

Le Velay, au sud-est du Massif central, s'affirme comme une région prometteuse pour l'étude des premiers peuplements de l'Europe. Près d'une dizaine de lieux ont été recensés.

Soleilhac et Nolhac sont 2 sites de plein air. Leur datation est de 930 000 ans pour Soleilhac et entre 1,2 et 1,8 million d'années pour Nolhac.

Soleilhac, fouillé depuis 1974, a livré 446 pièces lithiques. A Nolhac, une trentaine de pièces ont été reconnues comme ayant été taillées intentionnellement.

Outre les silex, Soleilhac a livré des déchets culinaires de grands herbivores, des débris et des éclats de taille d'aspect très archaïque.

La fouille de tels sites se révèle très délicate dans la mesure où il faut d'abord s'assurer que telle ou telle pièce lithique a été vraiment travaillée par la main de l'homme ; il n'est pas toujours évident de reconnaître un galet aménagé d'un nucléus. Ensuite il convient de chercher des traces d'occupation humaine, d'habitat par exemple, en étant, là aussi, extrêmement prudent. Mais il apparaît maintenant certain qu'il y eut dans cette région une présence humaine très ancienne qui amène à s'interroger sur l'arrivée en Europe des *Homo erectus*. Peut-être même est-elle encore plus ancienne qu'on ne le croit généralement.

MUSÉES

ALLIER

MOULINS (03000). Musée d'Art et d'Archéologie. Place du Colonel-Laussedat. Tél. : 04 70 20 48 47. Importantes collections préhistoriques provenant de sites régionaux : La Ferté-Hauterive, Charroux, Saint-Gérand-de-Vaux.

CANTAL

AURILLAC (15000). Musée d'Art et d'Archéologie. 37, rue des Carmes. Tél. : 04 71 45 46 10.
Nombreux outils en silex (Paléolithique inférieur et supérieur, Néolithique). Belles haches polies en serpentine, haches avec gaines en bois de cerf, haches en bronze, céramiques, outillage en fer (provenant du tumulus de Celles).

CORRÈZE

BRIVE-LA-GAILLARDE (19100). Musée Labenche. 26, boulevard Jules-Ferry.
Tél. : 05 55 24 19 05. Le musée municipal, installé dans un bâtiment Renaissance,
présente des collections provenant de la région : site de La Chassagne, dolmen de
Noailles. On peut y voir la sépulture néandertalienne de La Chapelle-aux-Saints*.
Intéressantes collections de haches polies et céramiques campaniformes (Néo-
lithique).

CREUSE

GUÉRET (23000). Musée d'Art et d'Archéologie. 22, avenue de la Sénatorerie.
Tél. : 05 55 52 07 20. Collections préhistoriques de la période néolithique. Haches
de l'âge du bronze venant des gisements de Laman, Forges et Banize. Mobilier funéraire hallstattien venant d'Augères et de Bazelat.

HAUTE-LOIRE

LE PUY-EN-VELAY (43000). Musée Crozatier, jardin Henri-Vinay.
Tél. : 04 71 09 38 90. Ce musée fondé en 1820 possède de belles pièces de paléontologie provenant des fouilles de Soleilhac, Ronzon, Vialette, ainsi que des collections de Préhistoire régionale.

BOURGOGNE - FRANCHE-COMTÉ

CÔTE-D'OR - DOUBS - JURA - HAUTE-SAÔNE
NIÈVRE - SAÔNE-ET-LOIRE - YONNE

Les grottes bourguignonnes, peu nombreuses, furent occupées durant de longues périodes. Les études et fouilles menées par André Leroi-Gourhan et ses collaborateurs ont permis d'affirmer qu'elles attirèrent aussi bien les Néandertaliens que les Magdaléniens, dont on a retrouvé par ailleurs comme à Solutré quelques-uns des campements de plein air.

En Franche-Comté, à partir du Néolithique, les lacs ont fixé des agriculteurs et nous ont livré des vestiges de leurs habitations et les nombreux objets de leur vie quotidienne.

Solutré. Vue du site.

CÔTE-D'OR

A 12 km de Dijon

LE CHÂTELET - ÉTAULES

Un éperon rocheux surplombant la vallée du Suzon. Le lieu stratégique, comme celui proche de la Fontaine-au-chat, fut occupé dès le Néolithique. Les parties non protégées furent barrées par des remparts. Ceux du Châtelet étaient particulièrement importants. Ils furent dressés à différentes époques ; au moins 5 périodes de construction, du Néolithique au début de l'âge du fer.

JURA

A l'est de Lons-le-Saunier (Franche-Comté)

LAC DE CHALAIN

Des palafittes (2 pieux fichés en terre) datant du Néolithique et de l'âge du bronze ont été découvertes au début du siècle. Des instruments en os, en bois de cerf et en pierre, des récipients en bois et en céramique, des fragments de textiles ont également été recueillis, ainsi qu'une pirogue, longue de plus de 9 m, qui a été extraite de la vase et déposée au musée de Lons-le-Saunier.

DÉPÔT DE LARNAUD

♦ LARNAUD

En 1865, un important dépôt datant de l'âge du bronze a été découvert à Larnaud. L'inventaire est particulièrement intéressant : des haches de différentes sortes, des épées, des poignards, des couteaux, des pointes de flèches et de lances, des objets de parure, des pendeloques. Le tout se trouve aujourd'hui au musée des Antiquités nationales de Saint-Germain-en-Laye. Ces objets appartiennent à la seconde époque de la période du bronze que G. de Mortillet, en 1875, a baptisée période du « chaudronnier ou marteleur » et « Larnaudien ».

HAUTE-SAÔNE

MÉGALITHE D'AILLEVANS ✳

♦ AILLEVANS

Cette nécropole mégalithique comprend 3 monuments distants de 300 à 600 m. Chacun est bâti selon le même plan : une chambre faite de dalles disposées selon un plan quadrangulaire. La dalle d'entrée du caveau débouche sur un vestibule de même largeur que la chambre et orienté à l'est. D'autres structures dont il reste des traces compléteront par la suite les monuments. La chambre I abritait une vingtaine de morts, la chambre II plus d'une centaine. Les corps étaient allongés la tête à l'ouest, le long de la paroi. Les offrandes étaient regroupées dans la chambre de chaque côté de l'entrée. On a retrouvé des pointes de flèches à ailerons et pédoncule en silex, une lame de poignard, des ossements d'animaux. L'ensemble d'Aillevans date de la fin du Néolithique final. Il fut utilisé à plusieurs reprises par une population sédentaire.

SAÔNE-ET-LOIRE

CHASSEY-LE-CAMP ✳✳

♦ Près
de Chagny

Le site, découvert en 1864, fut un habitat préhistorique fortifié. Il se trouvait au sommet d'un étroit plateau rocheux. La partie la plus accessible était protégée par un puissant retranchement creusé. Il fut occupé du Néolithique au début de l'âge du fer et a livré un important matériel. Malheureusement les fouilleurs ont manqué de méthode et mélangé les différentes couches : véritable sacrilège ! Le nom de ce site sert cependant à désigner l'une des plus importantes cultures néolithiques, le « chasséen », caractérisé en France par des vases en céramique de couleur rouge foncé ou noire. On trouve aussi des bouteilles à col et panse globulaire, des jattes, des assiettes, des coupelles et une forme particulière de récipient qui bénéficie de plusieurs appellations : brûle-parfum, coupe à socle, vase-support. Les uns sont de forme cylindrique, d'autres sont cubiques, mais presque tous portent des décorations géométriques.

Des différences apparaissent dans le style chasséen. Les spécialistes distinguent d'après les formes, la décoration et la qualité de la céramique, le chasséen méridional, le chasséen septentrional et le chasséen de l'Ouest. La civilisation chasséenne a joué un grand rôle en France en introduisant une économie agropastorale.

GISEMENT DU CROT DU CHARNIER ✳✳✳

♦ SOLUTRÉ-
POUILLY

Ce gisement, situé en contrebas d'un éperon de la côte mâconnaise, fut découvert en 1866. G. de Mortillet le choisira comme station éponyme du Solutréen, caractérisée par des pointes foliacées. Le site appartient aujourd'hui à l'État, mais souvent, par le passé, il fut fouillé d'une manière sauvage et incohérente. Les vestiges préhistoriques s'étendent sur au moins 1 ha et plusieurs mètres

d'épaisseur. Base moustérienne, puis couche aurignacienne, périgordienne finale, solutréenne, pour se terminer par du Magdalénien supérieur.

Solutré apparaît comme un site de chasse spécialisé dans la capture des chevaux sauvages depuis l'Aurignacien jusqu'au Magdalénien.

LES MENHIRS D'ÉPOIGNY ✳✳

♦ COUCHES

Non loin de Chassey*, sur le plateau d'Époigny, se trouvent 6 menhirs dont 3 ont été redressés. Le plus grand est une dalle de granit longue de 7,30 m, lourde de près de 27 t. Il émerge de la surface du sol à 5,60 m. Il présente plusieurs gravures. Période fin du Néolithique.

On dénombre en Saône-et-Loire une vingtaine de sites à menhirs et de sépultures mégalithiques. Citons notamment le menhir de Massy (hameau des Ublaies, D 980) haut de 2,50 m. Le menhir de Saint-Micaud long de 6,50 m, marqué de signes, et d'une gravure serpentiforme à son sommet. Le menhir de La Chapelle-sous-Brancion, haut de 4,50 m, surmonté d'une croix (ce qui l'a sans doute sauvé). Le menhir de Tazilly (à la limite de la Nièvre et de la Saône-et-Loire).

GROTTE DE GONVILLARS ✳

♦ GONVILLARS

Sous le porche de cette grotte, 3 foyers de 1 m de diamètre datant de 4 000 ans ont été retrouvés.

On suppose que le site fut occupé par plusieurs familles qui séjournèrent quelque temps en ce lieu. On sait que les hommes y chassaient le sanglier, le cerf, l'ours, le chevreuil et du petit gibier. Ils consommaient du mouton, signe qu'ils pratiquaient l'élevage. D'autres trouvailles apportent des informations très intéressantes. Les hommes de Gonvillars avaient amené avec eux des meules, des graines de céréales, d'orge et de diverses variétés de blé ; l'une de ces espèces de blé (*Triticum aestivo compactum*) était en principe inconnue des agriculteurs danubiens (v. Cuiry-lès-Chaudardes). Les agriculteurs de Gonvillars auraient-ils été en contact avec des Méditerranéens par le couloir rhodanien, par exemple ? La grotte de Gonvillars montre que les premiers paysans de l'est de la France, vers la fin du Ve millénaire, pouvaient à certaines époques de l'année quitter leur village temporairement, et retrouver l'habitat « traditionnel » des grottes et des abris. Ce cas ne semble pas isolé et l'on connaît d'autres sites de la même époque où des individus se sont installés pendant quelque temps (grotte de La Tuilerie à Gondevrans-Monthy, abri de Châtillon à Voujeaucourt dans le Doubs).

Source : Jean Guilaine, *La France d'avant la France,* Éd. Hachette.

YONNE

GROTTES D'ARCY-SUR-CURE ✳✳✳

♦ ARCY-SUR-CURE

Une partie des grottes d'Arcy-sur-Cure est visitable

Les grottes creusées par la Cure, à la sortie du Morvan, ont connu une occupation qui remonterait au Paléolithique ancien et nous conduit jusqu'aux Gaulois. Les premières à être fouillées par le marquis de Vibraye et l'abbé Parat à la fin du siècle dernier sont celles de l'Ours, des Fées, du Trilobite. Cette dernière fut occupée durant tout le Paléolithique supérieur, de l'Aurignacien au Magdalénien. La grotte du Cheval, découverte en 1946, a gardé une décoration pariétale importante. Les figures gravées dans la pellicule argileuse forment 3 groupes qui diffèrent d'une salle à l'autre ; avec chaque fois cependant des mammouths qui se retrouvent avec d'autres animaux plus ou moins complets : tête de bison, cervidés, cheval. On peut également voir des vulves, des bâtonnets de différentes formes. En 1990, dans la dernière salle, une lampe a été retrouvée qui présente des traces de combustion. La grotte du Renne, découverte en 1949 par M. Emperaire, et ensuite étudiée par A. Leroi-Gourhan jusqu'en 1963, comprend plusieurs salles, avec des diverticules. C'est dans l'un d'eux, la galerie

Schoepflin, que l'on a retrouvé un sol d'habitat moustérien, vierge avec de nombreux silex, outils, déchets et ossements. L'industrie osseuse récoltée dans les différentes couches est exceptionnelle en quantité et en qualité. Outre le Moustérien, le matériel recueilli appartient au Châtelperronien, à l'Aurignacien et au Gravettien. Des dents humaines néandertaliennes ont été « récoltées » dans les niveaux châtelperroniens.

Ainsi Magdaléniens (Cro-Magnon) et Néandertaliens occupèrent cette grotte qui, à ce titre, constitue un remarquable laboratoire archéologique.

Découverte en 1889 par l'abbé Parat, la grotte de l'Hyène – étudiée par André Leroi-Gourhan entre 1946 et 1958 – a livré 2 ensembles d'industrie. Le premier contenait des éclats datant du Paléolithique inférieur. Le niveau supérieur était constitué de couches moustériennes datant du Würm. Des ossements néandertaliens ont été exhumés.

Arcy-sur-Cure, qui a notamment été étudié par André Leroi-Gourhan, appartient au Magdalénien moyen ou récent.

LE MOUSTÉRIEN

L'industrie du Paléolithique moyen, que l'on attribue en Europe à l'homme de Néandertal, a été dénommée moustérienne d'après la petite grotte de Moustier en Dordogne, où elle fut étudiée pour la première fois en 1865 par Édouard Lartet. Ce terme de Moustérien a été « inventé » par Gabriel de Mortillet, en 1872. Il couvre pratiquement tout le Paléolithique moyen, entre 100 000 et 35 000 ans avant notre ère.

Le Moustérien est considéré aujourd'hui comme un complexe de cultures aux traditions techniques diverses. En France, on connaît :

- le Moustérien typique, utilisant la technique de Levallois ;
- le Moustérien de tradition acheuléenne, avec bifaces typiques et couteaux à dos courbe ;
- le Moustérien à denticulés ;
- le Moustérien de type la Quina, à racloirs épais ;
- le Moustérien de type la Ferrassie, proche du précédent.

Ces différents types peuvent se retrouver dans un même gisement.

D'après *99 réponses sur la Préhistoire*, CRDP-CDPP de Montpellier.

MUSÉES

CÔTE-D'OR

CHÂTILLON-SUR-SEINE (21400). Musée du Châtillonnais. Tél. : 03 80 91 24 67. Collections archéologiques d'origine locale. La pièce la plus importante est le vase de Vix provenant de la tombe d'une jeune princesse, retrouvée en 1953 sur le mont Lassois. Ce lieu fut occupé par les Celtes aux VIIIe et VIe siècles av. J.-C. La sépulture a été reconstituée au musée.

DIJON (21000). Musée archéologique. 5, rue du Docteur-Maret.
Tél. : 03 80 30 88 54. Collections préhistoriques du Paléolithique inférieur, moyen et supérieur. Reconstitution d'un crâne néandertalien retrouvé à Gency, et vieux de 70 000 ans. Outillage et parures de l'âge du bronze. Nombreux objets provenant de tombes de l'âge du fer.

MEURSAULT (21190). Archéodrome de Bourgogne. Tél. : 03 80 26 87 00.
Reconstitution en vraie grandeur de lieux qui symbolisent les grandes étapes de

l'évolution humaine en Bourgogne de la Préhistoire à la fin de l'Antiquité romaine : huttes néolithiques, campement de l'époque magdalénienne (15 000 av. J.-C.), ateliers de taille, sépultures protohistoriques, etc.
A ne pas manquer sur l'autoroute de vos vacances. Passionnera adultes et enfants.

Une hutte néolithique reconstituée.

DOUBS

BESANÇON (25000). Musée des Beaux-Arts et d'Archéologie. 1, place de la Révolution. Tél. : 03 81 81 44 47 - 03 81 82 39 89 - 03 81 82 39 92 (groupe).
Belles collections d'archéologie à partir de pièces recueillies dans la région, du Paléolithique à l'âge du fer.

JURA

LONS-LE-SAUNIER (39000). Musée d'Archéologie. Tél. : 03 84 47 12 13.
Collections constituées à partir des objets retirés des sites lacustres néolithiques de

Chalain* et de Clairvaux. Reconstitution du plus vieux dinosaure « français », le *Plateosaurus* (210 millions d'années), et d'une pirogue retrouvée dans le lac de Chalain (959 av. J.-C.).

NIÈVRE

LA CHARITÉ-SUR-LOIRE (58400). Musée municipal. Tél. : 03 86 70 34 83.
Collections archéologiques concernant le tumulus de Vielmanay (750 - 450 av. J.-C.).

SAÔNE-ET-LOIRE

AUTUN (71400). Musée Rolin.
Tél. : 03 85 52 09 76.
Très intéressant musée qui mériterait un espace plus vaste. Nombreuses pièces préhistoriques : mobilier lithique du Néolithique et du Chalcolithique. Pièces provenant de Chassey*. Objets de l'âge du bronze et de l'âge du fer.

AZÉ (71260). Musée des Grottes. Tél. : 03 85 33 32 23.
Un bâtiment abrite de belles collections récoltées dans la grotte d'Azé* et dans la région. Par ailleurs une exposition est installée tout au long du réseau de la grotte (ossements d'ours). Reconstitution d'un habitat d'*Homo erectus*.

CHALON-SUR-SAÔNE (71100). Musée Denon. Place de l'Hôtel-de-Ville.
Tél. : 03 85 48 01 70.
Belles pièces solutréennes (pointes de flèches dites de Volgu), mais aussi des outils d'industrie moustérienne. Armes du Néolithique : poignards en silex d'importation, anneau-disque d'Oslon. Armes de la période protohistorique. Documents issus de fouilles à Épervans, Ouroux (Bronze final), Bragny, Saint-Marcel (civilisation du Hallstatt) et Verdun-sur-le-Doubs (La Tène).

MÂCON (71000). Musée des Ursulines. Tél. : 03 85 38 18 84.
Importante collection de silex et d'os travaillés, du Paléolithique supérieur : Solutréen provenant des fouilles anciennes de Solutré* et d'autres sites du Mâconnais (Charbonnières, Verchizeuil, La Senétrière). Pour la période néolithique : objets (os et silex) provenant du lac de Chalain* et des rives mâconnaises de la Saône. Reconstitution d'une sépulture de la nécropole de la Bergère à Verzé (âge du bronze).

MONT-SAINT-VINCENT (71300). Musée archéologique Jean-Régnier.
Ce petit musée, installé dans un grenier à sel, offre un aperçu des découvertes archéologiques effectuées dans la région. Outils provenant du camp de Chassey*.
Poteries et outils du Paléolithique au Néolithique.

SOLUTRÉ-POUILLY (71960). Musée départemental de la Préhistoire.
Tél. : 03 85 35 85 24.
Musée récent (1986) qui présente les produits des fouilles anciennes et récentes du site de Solutré* que les hommes du Paléolithique supérieur occupèrent, sous forme de campement de chasse, pendant 20 000 ans avant notre ère. Trois salles sont consacrées à la Préhistoire du Mâconnais, au site de Solutré, à la civilisation solutréenne en Europe, célèbre par ses « feuilles de laurier* ».
Reconstitution de la paroi peinte de la grotte de la Tête du Lion à Bidon* (Ardèche), seule fresque solutréenne datée.

YONNE

AUXERRE (89000). Musée-abbaye Saint-Germain. Tél. : 03 86 51 09 74.
Très intéressantes collections archéologiques. Reconstitution d'habitats préhistoriques de différentes périodes. Mobilier de la nécropole de Gurgy (âge du fer , période de Hallstatt).

AVALLON (89200). Musée de l'Avallonnais. Place de la Collégiale.
Tél. : 03 86 34 03 19.
Très belles collections illustrant en particulier le Paléolithique moyen et supérieur des sites de la vallée de la Cure (grottes de l'Hyène* et du Renne* à Arcy-sur-Cure). Mobilier funéraire de tumulus de la région.

BRETAGNE

CÔTES-D'ARMOR - FINISTÈRE - ILLE-ET-VILAINE - MORBIHAN

Il y a 15 000 ans, une partie du plateau continental armoricain accueillait les hommes du Paléolithique. Il se trouve aujourd'hui sous les eaux. La Bretagne préhistorique a une très longue histoire. Les premières « traces » sont des campements de chasseurs sur le littoral sud et sur la côte nord. Certains sont datés entre – 600 000 et – 300 000 ans. La présence de l'homme au Paléolithique supérieur, si elle est certaine, est moins repérable du fait de l'érosion. Au Mésolithique, 2 sites dans les îles de Téviec et Hœdic contiennent des sépultures qui ont livré de nombreux objets. Mais c'est la période suivante, le Néolithique, qui est la plus célèbre et la plus exploitée.

Tous les mégalithes* ne se trouvent pas en Bretagne, loin de là, mais la civilisation mégalithique bretonne, caractérisée par des dolmens* et des menhirs*, est sur le plan architectural la plus ancienne du monde occidental. Les toutes premières sépultures ont été édifiées il y a environ 7 000 ans et ont été utilisées jusque vers 3 800 et 4 000 ans.

Les mégalithes ne sont pas de simples pierres ; leurs piliers et leurs dalles peuvent être sculptés et gravés. Gavrinis* en reste l'exemple le plus riche. Pierres et menhirs ont toujours excité les imaginations.

Locmariaquer. Les Pierres Plates. Gravures.

Bien des « spécialistes » plus ou moins patentés ont expliqué le pourquoi des alignements en avançant les théories les plus extravagantes ! Il est vrai qu'il n'y a plus de témoins pour les démentir...

CÔTES-D'ARMOR

ENSEMBLE MÉGALITHIQUE DE TRÉBEURDEN ✳✳✳

♦ TRÉBEURDEN   De nombreux vestiges du Néolithique subsistent dans cette région, répartis entre Lannion, Perros-Guirec, Trégastel-Plage, Trébeurden.

◆ Dolmen de Crec'h-Quillé à Saint-Quay-Perros, à entrée latérale, avec 2 seins en relief et un collier sculpté.

◆ Dolmen de Kergüntuil à Trégastel. Deux dalles sont gravées en ronde bosse de 4 paires de seins alignés avec colliers.

◆ Menhir de Saint-Uzec à Pleumeur-Bodou. Dalle de granit de 8 m, sculptée de motifs chrétiens du XVIIe siècle et surmontée d'une croix.

◆ Allée couverte de l'Île Grande à Pleumeur-Bodou : 9 m sur 1,5 m.

◆ Allée couverte de Prajou-Menhir à Trébeurden : une chambre et une pièce en triangle aux dalles décorées : idoles, poignards, seins.

FINISTÈRE

BARNENEZ ✳✳✳

◆ Plouezoch

Ce double tumulus qui domina la baie de Morlaix revient de loin. Il faillit être détruit en 1960 lorsqu'un entrepreneur l'utilisa comme carrière, éventrant 5 de ses dolmens. Il a été restauré de façon spectaculaire en « écorché » où l'on voit en coupe ses chambres en tholos (mot d'origine grecque désignant une coupole) constituées de petites dalles. Le monument d'une longueur de 70 m renferme 11 dolmens parallèles ouverts au sud. Deux de ces dolmens sont de type classique à grosses dalles. L'ensemble est construit avec de grands murets de parements disposés en gradins et sa forme allongée rappelle celle d'un vaisseau funéraire. La porte occidentale a été datée (on le sait par le radiocarbone), de 5 040 à 4 400 av. J.-C. ; l'autre, l'orientale, de 4 320 à 3 650 av. J.-C. Les poteries qui ont été retrouvées ainsi qu'un petit poignard en cuivre prouvent qu'il était encore utilisé 2 000 ans avant notre ère. Le site de Barnenez est l'un des plus beaux monuments du mégalithisme occidental. On retrouve d'autres exemples proches dans le Finistère à l'île Carn*, à l'île Guennoc* à Landéda, mais aussi en Normandie à Fontenay-le-Marmion*, à Ernes dans le Calvados, à Dissignac en Loire-Atlantique, aux Cous* en Vendée, à Bougon* dans les Deux-Sèvres.

DOLMEN DE BRENNILIS ✳✳

◆ Brennilis

25 km au sud de Morlaix

Le dolmen en V de Ty-Ar-Boudiged, enfermé dans un tumulus* de forme ovale, est imposant : par ses dimensions (13,50 m de long) ; par son architecture : il représente une transition entre les dolmens à couloir et les allées couvertes, à tumulus souvent oval.

ALLÉE COUVERTE DE MOUGAU-BIHAN ✳✳

♦ COMMANA

A 20 km de Morlaix, cette allée couverte longue de 14 m comprend 2 parties : l'allée proprement dite sans antichambre, haute de 1 m à 1,50 m, couverte par de grosses dalles, et la cellule terminale également couverte par une dalle.
Le site mérite une halte pour la qualité de ses gravures (hache emmanchée, poignards, 2 paires de seins superposés).

ÎLE DE CARN ✳

♦ PLOUDALMÉZEAU

Sur cette île, on peut voir un tumulus circulaire de 30 m de diamètre et de 4 m de haut recouvrant 3 dolmens. Au centre du tumulus se trouve un monument rectangulaire abritant une sépulture de plan circulaire, construite en pierres sèches et couverte d'un encorbellement. Le mobilier funéraire qui a été trouvé date du IVe millénaire av. J.-C.

TUMULUS DE GUENNOC ✳✳

♦ LANDÉDA

L'île de Guennoc possède 4 tumulus avec plusieurs chambres circulaires surmontées d'un encorbellement de pierres sèches avec des couloirs d'accès couverts de dalles. Dans l'un des tumulus, des dalles dressées sont taillées selon un profil anthropomorphe.

ROC'H TOUL ✳

♦ GUICLAN

Cette grotte, située sur la rive ouest de la Penzé, a été fouillée en 1868-1869. Elle a livré un important outillage dont de nombreux burins dièdres et des pointes aziliennes* (période mésolithique).

ILLE-ET-VILAINE

FORÊT DE BROCÉLIANDE ✳✳✳

♦ PAIMPONT

On y voit de nombreux alignements, allées couvertes et tertres dont L'Hotié de Viviane.
Le jardin aux Moines : tertre trapézoïdal, bordé sur 2 côtés de blocs de quartzite.
Le tombeau des Géants à Campeneac : caveau de schiste rouge du début de l'âge du bronze.

GISEMENT DU MONT-DOL ✷✷

Ce gisement est formé d'un grand rocher granitique et domine une zone de marais entre Saint-Malo et Rennes. Au xixe siècle, des carriers y ont découvert des os qu'ils attribuèrent à des baleines. En fait, il s'agissait d'une fosse fossile avec des mammouths, des rhinocéros laineux, des rennes, des loups. L'abondance des ossements laisse supposer que le site était une station de chasse où les animaux étaient piégés. Il daterait de la dernière glaciation (110 000 ans).

Reconstitution d'un dolmen, gravure de 1887.

DOLMEN DE LA ROCHE-AUX-FÉES ✷✷✷

Près d'Essé

Par ses dimensions et son état de conservation, le dolmen de la Roche-aux-Fées est l'un des plus impressionnants sites mégalithiques français. Il fut construit, en schiste rouge, par les fées, selon la légende. Sa chambre est compartimentée (14 m de long, 4 m de large et 2 m de haut).
L'absence de tumulus évoque un sanctuaire plutôt qu'une tombe.

ABRI DE SAINT-SULIAC ✷

Cet abri sous roche, sur les bords de la Rance, a livré un intéressant matériel lithique. Le silex, assez rare en cette région, a été remplacé par des grès lustrés, débités dans de grands ateliers de surface comme ceux de Bois-du-Rocher près de Dinan ou de Guengat dans le Finistère.

MORBIHAN

ENSEMBLE MÉGALITHIQUE D'ARZON ✳✳✳

◆ **ARZON**

**Presqu'île
de Rhuys
A 32 km au sud
de Vannes**

On peut y voir le tumulus Tumiac également appelé la butte de César. Du haut de ce monticule de 15 m de haut et 50 m de diamètre, on découvre la baie de Quiberon et les îles. Ce tumulus renferme un tombeau mégalithique d'un personnage important du IVe millénaire av. J.-C.

Autre tumulus, celui du Petit-Mont, datant du Néolithique moyen et dont la construction s'étale du Ve au IVe millénaire av. J.-C.

CARNAC ✳✳✳✳

**(56340)
Tél. :
02 97 52 22 04**

*Galet taillé de
Saint-Colomban ;
Carnac
(paléolithique
ancien).
Musée de Carnac.*

Un site mondialement connu qui revient de loin. Quatre mille pierres sont encore en place. Il dut y en avoir jusqu'à 6 000. Beaucoup ont été utilisées pour clôturer des champs ou construire des maisons. Autre fléau, le touriste. A force d'être piétinés, les sols des alignements ont été érodés. Il a donc fallu, pour éviter le désastre, clôturer l'ensemble, le temps de procéder aux restaurations nécessaires.

Bien des livres ont été écrits sur la signification des alignements de Carnac. « On a fait tellement d'hypothèses sur eux, a dit un spécialiste, que l'on pourrait remplir une brouette avec la littérature sérieuse et un camion avec la littérature oiseuse… » Nous nous garderons bien d'en ajouter une pelletée.

Il est certain que ces alignements ne furent pas dressés au hasard et leur mise en place est bien le fruit d'une intention délibérée. Ainsi, la taille des pierres s'accroît à l'approche des enceintes situées aux extrémités. Les orientations des files de menhirs, nord-est/sud-ouest, suivent les trajectoires apparentes du soleil et de la lune.

Ces alignements comprennent 3 ensembles au nord de Carnac et occupent toute la largeur du territoire communal :

◆ le Champ de pierres du Ménec,
◆ l'Ensemble de Kermario,
◆ le Champ de menhirs de Kerlescan.

Notre description part du musée de la Préhistoire de Carnac.

◆ DOLMEN DE CRUZ MOQUEN. Monument historique.

Dans le bourg de Carnac, prendre la route de Courdiec pendant 1 km. Le monument, pris entre plusieurs maisons, est un dolmen à couloir ruiné puis christianisé.

◆ TUMULUS SAINT-MICHEL. Monument historique, propriété de l'État.

Il s'agit d'une très importante butte de 125 m de long, 60 m de large et 12 m de haut, située sur une hauteur naturelle. On a découvert au centre un caveau principal fermé entouré de caissons annexes avec, en plus, quelques sépultures éparses et un dolmen à couloir à l'est. La surface du tumulus est recouverte d'une couche d'argile qui imperméabilise le monument.

Le matériel trouvé dans le caveau central constitue un véritable trésor : haches polies, en roches rares pour l'apparat, perles et pendeloques en variscite. Cette sépulture abritait sans doute un personnage important.

◆ Géant de Kerderf. Monument historique. Propriété de l'État.

Sur la D 781 après la sortie de Carnac, prendre la 3e route à droite. Au bout d'une propriété, on peut voir dans un champ 2 menhirs de 3,45 m et 5,35 m de haut.

Carnac.
Les alignements
de Ménec.

◆ Alignement et dolmen de Kermario. Monument historique. Propriété de l'État.

Au nord de Carnac, prendre la D 119. Cet ensemble est privé de son « cromlech » occidental dont il ne subsiste que l'emplacement. Au sud-ouest, se trouve un dolmen à couloir avec les restes de son cairn, qui est beaucoup plus ancien que les alignements. Ceux-ci se composent de 10 lignes parallèles sur 1 120 m de long, 100 m de large. On compte encore 1 029 menhirs. Au niveau de la « Petite Métairie », on peut voir les traces d'une ligne de menhirs orientés nord-sud. Plus loin, les alignements enjambent un tertre tumulaire au lieu-dit « Le Manio ».

◆ Alignements du Ménec. Monument historique. Propriété de l'État. C'est un ensemble très complet avec un cromlech à chaque extrémité.

Ces alignements se trouvent à l'ouest de la route qui mène d'Auray à Carnac. Ils sont particulièrement spectaculaires : 1 150 m de long sur 10 m de large, groupant 1 099 menhirs disposés sur 12 files

Le Manio, Carnac : poterie à fond rond (néolithique), découverte dans un tertre tumulaire. Musée de Carnac.

plus ou moins parallèles et de taille décroissante. Leur orientation est sud-ouest/nord-est. Comme à Kerlescan, ces alignements se terminent par un cromlech.

◆ Tertre tumulaire du Manio. Monument historique.

En suivant la route des alignements de Kermario, on arrive au tertre. Il mesure 35 m de long et de 11 à 16 m de large. Il est signalé par un menhir orienté nord-sud de 3 m de haut. Ce tertre, fouillé en 1922, contenait de nombreux caissons et foyers funéraires. Les poteries découvertes se trouvent au musée de Carnac et le placent au Néolithique moyen vers 3 500 av. J.-C. Cinq serpents gravés ornent la base du menhir. Lors des fouilles, on découvrit au pied du menhir 5 haches polies plantées, le tranchant en l'air ; elles se trouvent au musée.

◆ Le Géant du Manio.

Ce menhir, situé non loin du tertre de Manio et du dolmen de Kercado, se trouve dans les bois. On ne peut y accéder qu'à pied. Il s'agit du plus grand menhir actuellement debout dans la région de Carnac : 6,65 m de haut. Il a été redressé par Z. Le Rouzic.

◆ Quadrilatère du Manio. Monument historique.

Propriété de l'État. Tout près du Géant du Manio subsiste une enceinte quadrangulaire, formée de petits menhirs et se terminant à l'est par un arrondi. Il s'agit peut-être des restes d'une sépulture.

◆ Dolmen de Kerrioval. Monument historique. Propriété de l'État.

Ce dolmen situé en direction de Plouharnel, juste avant le carrefour qui conduit à Quelvezin, comprend 4 chambres latérales greffées sur le couloir. C'est un monument à double transept (4 000 - 3 500 ans av. J.-C). Les fouilles ont permis d'extraire des poteries, des perles en callaïs*, des outils en silex.

◆ Dolmen de La Madeleine. Monument historique.

On y accède à partir du hameau de Kergarec (D 186). Un petit sentier vous y conduit au milieu des champs. Il s'agit d'un dolmen à couloir à grand dallage. L'ensemble est ruiné.

◆ Tumulus du Moustoir. Monument historique. Propriété de l'État.

Ce monument de forme ovale date de 3 500 ans av. J.-C. Un dolmen difficile d'accès est situé à l'ouest. Deux sépultures en caveau fermé se trouvent à l'est. Le tumulus mesure 85 m de long, 35 m de large et 5 m de haut. Son centre est composé de petites pierres qui découvrent 2 chambres en encorbellement.

Moulage d'une dalle gravée : hypothèse d'une représentation d'une idole (néolithique). Dolmen de l'Île Longue. Musée de Carnac.

◆ Dolmen de Roch Feutet. Monument historique.

Propriété de l'État. Ce dolmen à couloir est couvert de grosses dalles. Sur la première table de couverture, on peut voir une croix gravée.

◆ Dolmens de Roch en Tallec.

Deux dolmens à couloir dont la base du cairn est encore visible.

◆ Dolmens de Mane-Kerioned. Monument historique. Propriété de l'État. Trois dolmens à couloir entourés d'une ligne arrondie de petits menhirs.

◆ ALIGNEMENT DE KERLESCAN. Monument historique.

Propriété de l'État. Les menhirs sont répartis en 13 lignes convergentes parallèles. L'ensemble a 880 m de long, 139 de large et comporte encore 594 pierres dont 39 dans le cromlech. Il commence à l'ouest par une enceinte presque quadrangulaire et, un peu plus à l'est, une sépulture mégalithique du type « à entrée latérale ». L'alignement de Kerlescan se prolonge par ceux du « Petit Menec » situés sur la commune de La Trinité-sur-Mer.

CONGUEL

Grand menhir et petit dolmen à couloir. Dans ce dernier, des squelettes ont été retrouvés, à 2 niveaux différents.

L'acidité des sols en Bretagne fait que ce genre de découverte est très rare.

ENSEMBLE MÉGALITHIQUE D'ERDEVEN ✳✳

◆ ERDEVEN

◆ CRUCUNO : curieux monument de forme rectangulaire (33 m x 25) aux rapports métriques très élaborés, qui laissent supposer que les hommes du Néolithique avaient des connaissances géométriques très poussées. Les côtés sont parfaitement orientés sur les points cardinaux et les diagonales correspondent aux levers et couchers solsticiaux du soleil.

◆ MANE-GROCH : tumulus avec dolmen à chambre divisée en 4 compartiments. Ce dolmen est daté d'environ 4 000 av. J.-C.

◆ KERZERHO : long alignement de menhirs, qui s'étend sur 2 km. Pour y arriver, prendre la D 781 en direction d'Erdeven. Les alignements sont visibles à gauche et à droite de la route, juste avant d'arriver à Erdeven.

DOLMEN DE GAVRINIS ✳✳✳

◆ ÎLE DE GAVRINIS

LARMOR-BADEN

Dans la partie sud de l'îlot – à peine 15 ha – se dresse un tumulus de pierres recouvrant un dolmen à chambre et couloir. C'est l'un des plus vastes et des mieux conservés. Il mesure 100 m de circonférence à la base, et 8 m de haut. Les 29 piliers de son couloir long de 14 m présentent des sculptures et gravures : « idoles, serpent, hache, joug, crosse, sont insérés dans une orne-

Gavrinis.
Orthostat gravé.

mentation exubérante où prédominent les arceaux emboîtés et les arêtes de poisson. Les panneaux sont divisés en registres verticaux ou horizontaux, avec parfois un évident souci de la symétrie » (*Histoire de la Bretagne*, Éd. Privat).

DOLMEN DE GUËREM ✳

♦ **PRESQU'ÎLE DE GÂVRES**

Il doit son originalité à sa forme en équerre (4 000 ans av. J.-C.). Il possède des gravures dans 3 des 4 compartiments de la chambre de 17 m.

ENSEMBLE MÉGALITHIQUE DE L'ÎLE-AUX-MOINES ✳✳✳

Une dizaine de dolmens subsistent dont celui de Pen-Hap au lieu-dit « Boglieux », situé sur une hauteur. Les piliers de remploi sont gravés (hache en pierre dans sa gaine et hache-charrue).

Ensemble mégalithique de l'Île-aux-Moines.

DOLMEN DE KERCADO ✳✳

Monument historique. Propriété de l'État. Ce dolmen constitue l'un des plus anciens exemples connus d'architecture dans le monde occidental. Il a été bâti 4 670 ans av. J.-C. (selon la datation au carbone 14), soit 2 000 ans avant les grandes Pyramides d'Égypte.
Proche du château de Kercado, il se trouve encore sous une butte de terre arrondie, avec un menhir au sommet, et une enceinte circulaire (partielle) de petits menhirs. Les parois du couloir et de la chambre mégalithique sont faites de grands blocs granitiques. Plusieurs dalles du plafond portent des gravures. Une stèle à la silhouette humaine est insérée dans la paroi de la chambre, à droite, en entrant.

MENHIR DE KERMAILLARD-LE-NET ✳✳

♦ **SARZEAU**

Presqu'île de Rhuys

A 22 km de Vannes.
Ce menhir, surnommé « La motte de beurre », a été redressé en 1988.
Il a révélé d'intéressantes gravures.

MENHIR DE KERMAQUER ✳✳

♦ **MOUSTOIR-AC,**
au sud
de Locminé

Bloc granitique gravé de 6,50 m. Ses arêtes marquent les points cardinaux. C'est l'un des plus beaux menhirs de la région. Trois de ses faces portent des sculptures (des crosses).

ENSEMBLE MÉGALITHIQUE DE LOCMARIAQUER ✳✳✳✳

♦ **LOCMARIAQUER**

A 40 km
au sud-ouest
de Vannes

Locmariaquer est, avec Gavrinis* et Carnac*, l'un des plus importants lieux mégalithiques.

Du nord au sud, en venant d'Auray, on verra d'abord le tumulus de Mané-Lud. Le tumulus carnacéen ovalaire couvre un dolmen avec une chambre très décorée (bateaux, U, cornes, haches) et une dalle de couverture de remploi.

Plus au sud, à droite à hauteur du cimetière, on arrive au Grand Menhir d'Er Grah : vous le voyez en 4 morceaux. Du temps de sa splendeur, il culminait à 20 m et pesait 348 t. Une hache est gravée sur l'une de ses faces. Plusieurs milliers de personnes durent participer au « levage » de ce gigantesque monument abattu dès l'époque néolithique.

Locmariaquer.
Les Pierres Plates.

Enfin, à 1,5 km à l'ouest, signalé par une pierre levée, apparaît le dolmen des Pierres-Plates (3 000 ans avant notre ère) : dolmen à couloir coudé, avec cellule latérale. L'ensemble du monument atteint 24 m de largeur. Très belles gravures. Près du Grand Menhir se trouve le dolmen de la Table des Marchands. A l'intérieur de la chambre, à laquelle on accède par un couloir, la dalle du fond est considérée comme l'un des chefs-d'œuvre de l'art mégalithique. Taillée dans le grès, en forme d'écusson, sa face visible présente 2 panneaux de crosses avec une cupule centrale. D'autres signes se trouvent entre la partie inférieure plantée dans le sol et la partie postérieure. Cette dalle est un remploi ; elle devait jadis être un élément d'une stèle installée à l'extérieur.

Plus au sud se trouve le dolmen de Mane-Rutual, dolmen à couloir avec une chambre dédoublée par 2 piliers transversaux. Sur la dalle de couverture – à l'origine une stèle –, l'on aperçoit une gravure en écusson.

Vers la pointe de Kerpenhir, on peut voir le tumulus de Mane-Er-Hroëc'h, de 12 m de haut. Son mobilier archéologique est conservé au musée de Vannes.

Le Grand Menhir de Locmariaquer.

ENSEMBLE MÉGALITHIQUE DE PLOUHARNEL ✳

◆ PLOUHARNEL

◆ LE TUMULUS DE RONDOSSEC, à la sortie de Plouharnel, comprend 3 dolmens à couloirs parallèles, englobés dans un cairn* circulaire. Datation : 4 500 - 4 000 av. J.-C.

◆ LE VIEUX-MOULIN : alignement de 6 menhirs.

◆ SAINTE-BARBE : il ne reste que 37 pierres dressées.

◆ CRUCUNO : il ne reste que la chambre mégalithique. L'ensemble chambre-couloir devait atteindre 24 ou 27 m de longueur.

ENSEMBLE PRÉHISTORIQUE DE QUIBERON ✳✳

◆ PRESQU'ÎLE DE QUIBERON

De nombreux mégalithes témoignent de la présence de l'ancienne civilisation celtique.

◆ LES ALIGNEMENTS DE SAINT-PIERRE de Quiberon sont réduits aujourd'hui à 23 menhirs disposés sur 5 files parallèles et à côté d'une enceinte en fer à cheval ouverte vers l'est.

◆ LES MENHIRS DU MOULIN (5 rangées de menhirs en éventail et une enceinte de pierres dressées).

◆ KERVIHAN : habitat néolithique qui a fourni de nombreux vestiges que l'on peut voir au musée de Vannes.

ENSEMBLE MÉGALITHIQUE DE LA TRINITÉ-SUR-MER ✳✳

Monument historique. A voir : le dolmen à couloir de Kermaquer. L'entrée du couloir se trouve à l'est. Le dolmen comporte une chambre latérale séparée de la chambre principale par une « porte » en pierres. Le sol est dallé de grosses pierres plates. Ce type de dolmen est daté d'environ 4 000 av. J.-C. On y a découvert des poteries, des pointes de flèches du Néolithique, des pièces de monnaie romaine, une pépite d'or du Chalcolithique (musée de Carnac).

Repères

◆ ALIGNEMENT. Menhirs groupés en lignes ou en rangées parallèles. Celui de Carnac, en Bretagne, s'étend sur environ 4 km de longueur et comprend près de 3 000 blocs dressés.

◆ ALLÉE COUVERTE. Monument mégalithique à usage de sépulture collective, qui ne diffère des dolmens que par sa forme allongée, d'une ou plusieurs tables de pierre que supportent des blocs dressés, ou un muret de pierres sèches. Certaines allées sont très importantes, comme celle des Pierres-Plates à Locmariaquer*, longue de 28 m. On trouve également des allées couvertes coudées. Le couloir peut comprendre plusieurs salles séparées par des cloisons, mais un passage permet la circulation d'un bout à l'autre du monument.

◆ CAIRN. Amas de pierres couvrant une chambre funéraire.

◆ CROMLECH. Du breton : *crom*, courbe et *lech*, pierre. Monument mégalithique comprenant des blocs dressés (menhirs) disposés en cercle. Ces structures, dont on connaît plusieurs exemples en France, Er Lanic (Morbihan), Puy de Pauliac (Corrèze), sont souvent orientées en fonction de la position du soleil levant au moment du solstice. Le plus célèbre est celui de Stonehenge en Angleterre.

◆ DOLMEN. Dérivé du breton, ce terme désigne une chambre funéraire destinée à abriter une sépulture collective. Cette chambre est en général couverte d'une table unique. Le dolmen est pourvu d'un accès et il est recouvert le plus souvent d'un cairn ou tumulus.

◆ ENCEINTE. Menhirs disposés en cercle non fermé, en ellipse, ou en quadrilatère. L'enceinte est souvent associée à un alignement.

◆ HYPOGÉE. Du grec : *hupogeion*, souterrain. Monument généralement creusé dans la roche pour servir de sépulture collective. Période néolithique. A la fin du Néolithique, il tenait dans le nord-est de la France la même fonction que les dolmens.

◆ MENHIR. Mot breton : *men*, pierre, et *hir*, longue. Il s'agit d'un monument mégalithique formé d'un seul bloc, brut, ou grossièrement aménagé, fiché verticalement dans le sol. Celui de Locmariaquer*, aujourd'hui brisé, mesurait plus de 20 m et pesait plus de 300 t.

◆ STÈLE. Dalle dressée et taillée, portant souvent des signes gravés ou sculptés.

◆ TERTRE. Structure en terre recouvrant une tombe, comme un cairn, sans en condamner l'entrée.

◆ TUMULUS. Mot latin. Désigne un monument de terre ou de pierre qui recouvre une ou plusieurs sépultures. Les dolmens étaient généralement enfouis sous un tumulus. Les tumulus sont apparus vers le milieu du Ve millénaire. Ils peuvent atteindre des dimensions importantes, comme ceux de la région de Carnac, mais on en trouve en de nombreux points du monde. En France, ils se multiplieront avec le développement de la tombe individuelle à l'âge du bronze. Ils resteront en marge jusqu'aux temps historiques.

MUSÉES

CÔTES-D'ARMOR

CORSEUL (22130). Musée de la Société archéologique. Tél. : 02 96 27 90 18.
Nombreuses pièces du Paléolithique au Néolithique. Haches de la Protohistoire.
Urnes funéraires de la source Saint-Uriac. Période de La Tène.

FINISTÈRE

LESNEVEN (29260). 12, rue de la Marne.
Tél. : 02 98 21 17 18.
Collections préhistoriques provenant du
pays de Léon. Belle stèle de granit hémi-
sphérique. Stèles phalliques de l'âge du fer.

MORLAIX (29600). Musée des Jacobins.
Tél. : 02 98 88 68 88.
Collections du Néolithique à la période
gallo-romaine.

PENMARCH (29760). Musée préhistorique
finistérien. Tél. : 02 98 58 60 35.
Collections préhistoriques et protohistoriques régionales.

Locmariaquer Mane-Er-Hroëc'h, gravure.

QUIMPER (29000). Musée départemental breton. Tél. : 02 98 95 21 60.
Salle consacrée à la Protohistoire : objets de la nécropole de Graenoc à Saint-
Vougay. Objets et bijoux du site de Tréglonou.

ILLE-ET-VILAINE

RENNES (35000). Musée de Bretagne. 20, quai Émile-Zola. Tél. : 02 99 28 55 84.
Importantes collections de Préhistoire et de Protohistoire.

MORBIHAN

CARNAC (56340). Musée de Préhistoire. 10, place de la Chapelle.
Tél. : 02 97 52 22 04.
Ce musée, créé en 1882 par un archéologue écossais, doit beaucoup aux donations

du préhistorien carnacois Le Rouzic. Les collections préhistoriques s'étalent de 450 000 ans au Moyen Age. Elles réunissent 500 000 objets provenant de 130 sites, en très grande majorité du Néolithique ; ce qui en fait l'un des plus importants musées de Préhistoire de France, le premier au monde pour les mégalithes.

MALANSAC (56220). Parc de Préhistoire de Bretagne. Tél. : 02 97 43 34 17.
Parcours balisé, des dinosaures jusqu'au Néolithique.

VANNES (56000). Musée d'Archéologie du Morbihan. Tél.: 02 97 42 59 80.
Important mobilier funéraire provenant des tombes mégalithiques du Morbihan. Nombreuses parures, bijoux exceptionnels en callaïs, anneaux-disques, armes diverses, poteries.

Sépulture double, Hoëdic. Environ 4 600 ans avant J.-C. (Mésolithique).
Une femme et un enfant enterrés avec des bijoux en coquillages.

CENTRE

CHER - EURE-ET-LOIR - INDRE - INDRE-ET-LOIRE

S'étendant sur 6 départements, la région Centre possède plus de 50 cavités qui sont loin d'avoir été toutes étudiées à fond. Nombre d'entre elles ont été malheureusement fouillées, c'est-à-dire pillées au siècle dernier.

Les hommes préhistoriques occupèrent cette région de façon continue depuis le Moustérien jusqu'au Magdalénien. Le gisement le plus célèbre reste celui du Grand-Pressigny, sorte de complexe industriel avant la lettre où l'on débitait, à partir d'un superbe silex blond (« les livres de beurre »), des lames que les « amateurs » s'arrachaient...

*Fort-Harrouard,
statuette féminine.*

CHER

DÉPÔT DE CHÉRY ✳

Ce dépôt de Chéry a été découvert en 1966. Il comprenait, rangées dans un vase, 250 pièces différentes : des haches, des morceaux de faucilles et d'épée, des bracelets. La culture de Chéry, dont on connaît une vingtaine de dépôts dans le Bassin parisien, a été définie en 1981 par G. Gaucher. Elle s'est développée du Bronze moyen jusqu'au Bronze final. Les objets les plus remarquables de cette culture sont des haches à talon, des torques, des bracelets torsadés et des bracelets ciselés.

EURE-ET-LOIR

FORT-HARROUARD ✳

♦ Sorel-Moussel

Près de Dreux

Cet habitat préhistorique, établi sur un éperon*, a été fouillé à partir de 1921. Il s'étend sur près de 7 ha. Il a livré un mobilier important correspondant à 3 périodes d'occupation : Néolithique, Bronze ancien et Bronze moyen.

De très nombreuses poteries, des disques en terre cuite (les « plats à pain ») et des statuettes féminines en céramique ont été trouvés. Mais aussi du matériel lithique très abondant et très varié. Les charbons d'un des foyers, analysés au carbone 14, permettent de situer l'occupation de ce site aux environs de 2 500 ans av. J.-C.

INDRE

GROTTE BLANCHARD ✷

♦ **SAINT-MARCEL, LIEU-DIT LA GARENNE**

Fermée au public

Explorée dès 1849, cette grotte a fait l'objet de recherches importantes depuis 1946. Elle est située sous une grotte-abri dite « le Grand Abri » qui communique elle-même avec un boyau latéral, « la grotte Chapelle ». A 50 m de là, se trouve la grotte Benoist (vide). Cet ensemble a été occupé par les Magdaléniens – 7 niveaux repérés – qui ont laissé de très nombreux objets.

Le site de La Garenne est considéré par les spécialistes comme une des grandes stations magdaléniennes de France.

La grotte Blanchard a fourni des œuvres d'art sur bois de renne. L'une des originalités de ce gisement est la présence de navettes, pièces en bois de renne bifourchues, caractéristiques du Magdalénien moyen. Elles sont accompagnées de sagaies, de ciseaux, d'aiguilles et de bâtons percés, de pièces lithiques (burins, lamelles à dos) et d'œuvres d'art sur bois de renne et sur os (figuration de faces humaines).

On y a également repéré des figurations pariétales (stries, hachures, tête de cheval, points noirs sur fond rouge), mais cet ensemble est très dégradé.

INDRE-ET-LOIRE

LE GRAND-PRESSIGNY ✷✷✷

On trouve sur cette commune d'importants gisements de silex de couleur jaune cire, sur une longueur de 10 km.

Au siècle dernier, des vestiges d'atelier où l'on travaillait ce silex

---

LA FAISSELLE NÉOLITHIQUE

Le fromage égoutté dans une faisselle daterait du Néolithique. En effet, on a retrouvé des récipients d'égouttage en terre cuite, qui comportent de nombreuses perforations sur les parois et dans le fond. Il en existe de quasi identiques dans les pays d'élevage, en Auvergne, dans les Cévennes et dans le Berry.

ont été découverts. On y travaillait tout particulièrement les « livres de beurre » qui permettaient de fabriquer de grandes lames utilisées ensuite comme poignards ou racloirs à coches. L'abondance des déchets de taille peut laisser supposer qu'il y avait là une zone de production à grande échelle, quasi industrielle. On a pu établir la diffusion de la production du Grand-Pressigny. Elle est extrêmement large puisqu'on a retrouvé des poignards fabriqués en cet endroit dans le Bassin parisien, en Belgique, aux Pays-Bas, dans la vallée de la Saône, dans la région des lacs alpins français et suisses, en Bretagne, dans le Centre-Ouest et sur les confins occidentaux du Massif central !

Poignard en silex du Grand-Pressigny. Musée d'Aquitaine.

Le silex du Grand-Pressigny fut utilisé à toutes les époques, mais sa plus large utilisation date du Néolithique final.

Certaines des lames obtenues (jusqu'à 38 cm de long) supposaient une technologie très élaborée de la taille du silex. Les « techniciens » de Pressigny cherchaient à obtenir les lames les plus longues possible et d'en tirer un maximum de pièces. Des remontages partiels de lames ont permis de reconstituer l'ensemble des opérations. Il fallait d'abord extraire les blocs de silex qui étaient dégrossis sur place puis amenés dans des ateliers. Venaient ensuite les stades de préparation des nucléus. Alain Roussot, conservateur au musée d'Aquitaine, présente ainsi cette technique : « D'une soigneuse préparation du nucléus dépendait le débitage des lames. L'opération, délicate, demandait un tour de main de spécialiste, un coup de taille magistral porté exactement au point choisi. Deux ou trois lames étaient tirées à la suite, puis on devait rééépanneler le nucléus et réaviver son talon (plan de frappe) pour une nouvelle série de 3 lames, et ainsi de suite. Chacune porte la trace, en négatif, des lames précédentes. Les lames latérales emportent, sur un côté, l'arête du nucléus avec la trace des éclats de préparation (" lame à crête ") ; certains poignards trouvés dans nos régions ont conservé ces traces (Vayres, Lesparre-Canquillac). Le talon des lames débitées selon cette technique présente des facettes caractéristiques. Sur l'arête de ce talon, on voit souvent la trace d'une abrasion intentionnelle. On estime à 6 ou 7 le nombre maximum de grandes lames tirées d'un nucléus de ce type, mais certains en ont produit moins, une seule parfois. Pour des raisons inconnues, certaines livres de beurre, dûment préparées, sont même restées inutilisées. Chaque reprise du nucléus avait pour effet d'en diminuer la longueur et la largeur ; c'est pourquoi les livres de beurre du Grand-Pressigny semblent souvent plus courtes que les grandes lames des dépôts. Des accidents pouvaient survenir : défauts imprévisibles du silex, qui contient parfois de petites géodes de quartz, lames rebroussées qui ne filent pas jusqu'au bout... Alors, le tailleur de silex abandonnait sur place, parmi les déchets de taille, les lames brisées au débitage, les livres de beurre inutilisables, ou bien il les réutilisait en nucléus à lames courtes et larges, servant de supports pour les racloirs à coches, ou, enfin, il les transformait en outils ou en percuteurs. »

A QUOI SERVAIENT CES GRANDES LAMES DE SILEX PRESSINIEN ?

A partir de 2 800 av. J.-C., la « mode » était aux grands poignards qui servaient à de multiples usages : coupe du bois, du cuir, des végétaux, des roseaux, des céréales. Leur possession devait valoriser leur propriétaire et la demande ne cessera d'augmenter, notamment entre 2 700 et 2 500 av. J.-C.

Ces outils – armes très appréciées – s'exporteront facilement, la renommée des ateliers du Grand-Pressigny étant largement prouvée. Le déclin de cette industrie est parallèle au développement de la métallurgie. On n'arrête pas le progrès...

TRÉSORS, TRÉSORS...

En Indre-et-Loire, dans une cachette, au lieu-dit Les Ayez à Barrou, on a retrouvé, en 1883, 122 lames de silex brutes. Ces lames variaient de 22 à 37 cm. Elles avaient été taillées dans le silex blond des environs du Grand-Pressigny. En 1970, toujours à Barrou, on a découvert une nouvelle cachette avec 133 lames.

En 1865, un autre trésor avait été exhumé dans le Gers à Pauilhac. C'est en extrayant des matériaux d'une gravière que furent mis au jour les restes d'un mur de pierres sèches maçonné de terre, haut de 1,50 m. A côté d'ossements se trouvaient de grandes lames brutes en silex patiné, une hache en roche verte, longue de 278 mm. Ces objets, ainsi que d'autres non mentionnés en 1865 mais provenant du même endroit, furent acquis par A. de Chasteigner. Il y avait notamment des lames de silex, une hache en jadéite, des parures en or, dont une grande plaque losangique décorée.

Alors que la cachette des Ayez provenait d'une réserve d'un marchand qui entassait son bien en attendant de les livrer, ou espérait que sa valeur monte, les objets trouvés à Pauilhac semblent avoir une autre signification : un sacrifice rituel en l'honneur d'un mort que l'on a parfois présenté comme un grand chef... Le trésor d'A. de Chasteigner a été donné en 1920 au Musée préhistorique de Bordeaux par la fille de son propriétaire.

MUSÉES

CHER

SAINT-AMAND-MONTROND (18200). Musée Saint-Vic. Tél. : 02 48 96 55 20.
Collections d'archéologie préhistorique d'origine locale.

EURE-ET-LOIR

CHARTRES (28000). Muséum des Sciences naturelles et de Préhistoire, 5 bis, boulevard de la Courtille. Tél. : 02 37 28 36 09.
Collections de fossiles régionaux (éléphant, hippopotame, rhinocéros, cervidés). Outillage depuis le Paléolithique jusqu'à l'âge du bronze.

DREUX (28100). Musée d'Art et d'Histoire, 7, place du Musée. Tél. : 02 37 50 18 61.
Outillage néolithique. Certaines pièces viennent du Grand-Pressigny*, d'autres de Fort-Harrouard*, de la sépulture de Fermaincourt, des ateliers de poterie de Lezoux.

INDRE-ET-LOIRE

ABILLY (37160). Archéolab. Tél. : 02 45 99 80 82.
Les fouilles menées sur le site préhistorique du Petit-Paulmy ont permis de recueillir de nombreux objets du Paléolithique ancien, du Néolithique final, du Bronze final, et de la période gallo-romaine.

TOURS (37000). Musée archéologique. Tél. : 02 47 66 22 32.
Intéressant fonds préhistorique.

LE GRAND-PRESSIGNY (37350). Musée de la Préhistoire. Tél. : 02 47 94 90 20.
Intéressant musée avec de très importantes collections préhistoriques. Collection de paléontologie où sont présentés des fossiles trouvés en Touraine et dans « la mer des Faluns ». Collections préhistoriques se composant de plus de 10 000 pièces d'industrie lithique découvertes dans les ateliers de taille de la région. On peut y voir notamment les lames de silex taillées, les « livres de beurre » dont la plus célèbre, unique en son genre, a 38 cm de long.
Le musée comprend 6 espaces : la matière première, l'espace, le temps, puis le Paléolithique ancien, le Paléolithique moyen, le Paléolithique supérieur, le Néolithique et les âges du bronze et du fer.

LOIR-ET-CHER

BLOIS (41000). Musée archéologique et dépôt lapidaire. Tél. : 02 54 74 16 06.
Objets provenant du site néolithique du Fossé.

ROMORANTIN-LANTHENAY (41200). Musée archéologique Marcel-de-Marche-ville. Tél. : 02 54 76 22 06.
Collections préhistoriques provenant de la vallée du Cher, des grottes du Périgord et des Charentes.

VENDÔME (41100). Musée municipal. Tél. : 02 54 77 26 13.
Collections de provenance régionale (galets taillés du Pezou).

LOIRET

ARTENAY (45410). Musée archéologique. Quartier du Paradis. Tél. : 02 38 80 09 73.
Pièces d'origine locale. De l'âge des métaux : céramiques, objets de parure, la curieuse statuette de « l'homme debout ».

CHÂTILLON-COLIGNY (45230). Musée de l'Ancien Hôtel-Dieu.
Tél. : 02 38 92 64 06. Belles pièces du Paléolithique à l'âge du fer.

VIENNE-EN-VAL (45510). Musée archéologique. Tél. : 02 38 58 81 23 (mairie).
Nombreux objets préhistoriques et céramique.

PITHIVIERS (45300). Musée municipal. Tél. : 02 38 30 10 72.
On peut voir une mâchoire de *Brachypothesium aurelianensis* (rhinocéros) de l'ère tertiaire. Le site de Mainville a livré de nombreuses pièces.

CHAMPAGNE-ARDENNE
LORRAINE - ALSACE

ARDENNES - AUBE - BAS-RHIN - HAUT-RHIN -
MARNE - HAUTE-MARNE - MEURTHE-ET-MOSELLE - VOSGES

Vieilles terres de passage et d'invasion. Les hommes préhistoriques n'ont jamais négligé les régions de l'Est et les traces de leur présence sont nombreuses. Mais, finalement, peu de sites aujourd'hui sont susceptibles de retenir l'attention du touriste. Ce qui n'est pas le cas du spécialiste qui peut y trouver du grain à moudre. Certains lieux ont disparu, à la suite de travaux, d'autres, tels les hypogées néolithiques de la Marne, sont d'une grande fragilité. D'autres vestiges ne présentent pas de caractère spectaculaire et il faut l'œil exercé de l'archéologue pour les reconstituer.

Ces trois régions cependant ne manquent pas de musées, dont plusieurs, assez riches, méritent une halte et permettent de retrouver les cultures préhistoriques qui se sont succédé au Quaternaire jusqu'à l'âge du fer.

Harpon magdalénien.

BAS-RHIN

GISEMENT D'ACHENHEIM ✳

Ce gisement, étudié dès la fin du XIXe siècle, est situé dans les carrières d'Achenheim, parmi d'importants dépôts de lœss.
On y a trouvé des vestiges de la faune du Quaternaire (ossements de mammouths, de chevaux, de rhinocéros et de rennes).
Des traces de foyer ont été mises au jour ainsi que des choppers (Paléolithique moyen).

TUMULUS DE HAGUENAU ✳

♦ FORÊT DE HAGUENAU

Nessel, de 1870 à 1895, a fouillé environ 500 tumulus dans la forêt située au nord de Haguenau. Un inventaire complet de ces fouilles a été établi, tombe par tombe. Les tombes de la forêt de Haguenau constituent l'un des plus importants ensembles de l'âge du bronze en France. Sur les 500 sépultures étudiées, 200 datent du Bronze moyen. Elles ont livré un très riche matériel : des épingles, des haches, des bracelets, des épées de différents types, des poignards, des jambières à spirales, des perles et des plaquettes, des tasses, des cruches, des coupes et d'autres récipients.

HAUT-RHIN

♦ **ALSACE**

TOMBE DE RIXHEIM ✳

Cette tombe de l'âge du bronze a été découverte à la fin du XIXᵉ siècle. Elle contenait une urne, une épée et un couteau à languette. Les épées du type de Rixheim font de 60 à 70 cm de long, et sont assez répandues dans l'est de la France et au voisinage des Alpes occidentales.

MARNE

♦ **CHAMPAGNE-ARDENNE**

HABITAT DE LARZICOURT ✳

Habitat du Néolithique rubané* du Bassin parisien. Il comprend plusieurs habitations dont l'une atteint 47 m de long. Plusieurs tombes ont également été découvertes.

MUSÉES

ARDENNES

CHARLEVILLE-MÉZIÈRES (08000). Musée de l'Ardenne. 31, place Ducale. Tél. : 03 24 32 44 60. Archéologie régionale, sites et silex du site de Michelsberg de Mairy.

AUBE

TROYES (10000). Musée des Beaux-Arts et d'Archéologie. 1, rue Chrestien-de-Troyes. Tél. : 03 25 76 21 68.
Installé dans l'ancienne abbaye de Saint-Loup, le musée présente de belles collections d'industrie lithique datant du Paléolithique et du Néolithique (pièces de parure notamment). On peut également voir des objets de l'âge du bronze (armes et objets de parure, poteries) et de l'âge du fer (bracelets, chaudron).

BAS-RHIN

HAGUENAU (67500). Musée historique. 9, rue du Maréchal-Foch.
Tél. : 03 88 43 79 22.
Mobiliers provenant de 750 sépultures des âges du bronze et du fer (forêt de Haguenau).

MULHOUSE (68100). Musée historique. 42, rue des Archives.
Tél. : 03 89 45 43 20. Toutes les périodes de la Préhistoire. Beaux bijoux du Néolithique, céramiques.

STRASBOURG (67000). Musée archéologique. Palais des Rohan. 2, place du Château. Tél. : 03 88 52 50 00.
Les collections du Musée archéologique de Strasbourg ont connu bien des vicissitudes. Les collections très riches et formées en partie par la donation de Jean-Daniel Schoepflin, à la fin du XVIIIe siècle, furent partiellement dévastées durant la guerre de 1870, puis durant la Seconde Guerre mondiale.
Elles ont été restaurées depuis, et le musée a acquis de nouvelles pièces. Le musée de Strasbourg est l'un des plus riches de France, après celui de Saint-Germain-en-Laye. Plusieurs salles sont consacrées à la Préhistoire et à la Protohistoire. Le Néolithique est particulièrement bien représenté, grâce aux fouilles de plusieurs sites régionaux où l'on a retrouvé un matériel très abondant (Rosheim, Grossgartach, Michelsberg). Les tumulus (âge du bronze moyen) ont livré de nombreux objets en cuivre puis en bronze. Objets de parure, armes, outils en métal, céramiques, ont été trouvés dans des tertres funéraires. De l'âge du fer (vers 657 av. J.-C.) on peut voir de nombreux objets provenant de sépultures princières : mobilier en métal, vases de bronze, céramique.
Un char funéraire (700 av. J.-C.) provenant d'Ohnenheim a été reconstitué en grandeur nature. Sont également exposés les admirables bijoux retrouvés dans les sépultures princières de Hatten et de Nordhouse.

HAUT-RHIN

ENSISHEIM (68190). Musée de la Régence. Mairie. Tél. : 03 89 26 49 54.
Collections archéologiques locales (céramiques, armes, outils, silex, parures de coquillages), témoignages de la présence des premiers agriculteurs en Alsace, il y a 5 000 ans.

MARNE

ÉPERNAY 51200). Musée municipal. 13, avenue de Champagne.
Tél. : 03 26 51 90 31. Collections d'archéologie du Néolithique final, provenant des

grottes préhistoriques de la région (Saran) et de différentes nécropoles : Aulnay-aux-Planches (Bronze final), jogasses à Chouilly (âge du fer).

REIMS (51100). Musée Saint-Remi. 53, rue Simon. Tél. : 03 26 85 23 36.
Collections couvrant la Préhistoire et la Protohistoire. Reconstitution d'une sépulture néolithique. Nombreux objets provenant de nécropoles.

HAUTE-MARNE

LANGRES (52200). Musée municipal. Place du Centenaire. Tél. : 03 25 87 08 05.
Belles collections préhistoriques et protohistoriques.

SAINT-DIZIER (52100). Musée municipal. Allée Jean-François-Lescuyer.
Tél. : 03 25 07 31 50.
Bien des civilisations se sont succédé en Haute-Marne, comme en témoignent les intéressantes collections archéologiques de ce musée.

MEURTHE-ET-MOSELLE

NANCY (54000). Musée historique lorrain. Palais ducal. 64, Grande Rue.
Tél. : 03 83 32 18 74.
Collections préhistoriques et protohistoriques qui rappellent que cette région de l'Est fut de tout temps un lieu de passage et d'invasions.

VOSGES

ÉPINAL (88000). Musée d'Art ancien et contemporain. 1, place Lagarde.
Tél. : 03 29 82 20 33.
Collections d'archéologie : objets en silex, pièces du Néolithique et de l'âge des métaux.

CORSE

La Préhistoire de la Corse est particulièrement riche, avec des sites exceptionnels. Dès 1840, Prosper Mérimée, alors inspecteur général des Monuments historiques, signalait dans ses *Notes* d'un voyage en Corse l'intérêt et l'originalité de la Préhistoire corse. Malheureusement, ses remarques restèrent sans écho. On pensait alors que la Corse n'avait joué qu'un rôle secondaire au sein du monde méditerranéen antique et que sa population, formée de pâtres quelque peu primitifs, n'avait pas d'accès à une civilisation digne de ce nom.

Il faudra attendre les travaux de Roger Grosjean (décédé en 1975) pour que l'on entame des recherches systématiques et que l'on découvre enfin le patrimoine préhistorique corse, du moins ce qui n'a pas été détruit par le temps, le vandalisme et l'inconscience des hommes. On sait aujourd'hui que la Corse fut un maillon important pour les premières relations maritimes en Méditerranée. Roger Grosjean a montré que l'île de Beauté, au même titre que les autres îles de la Méditerranée occidentale (Malte, la Sicile, la Sardaigne), possédait des sites préhistoriques importants, mais aussi des statues-menhirs et des édifices torréens (voir ci-dessous, le site de Filitosa), qui témoignent d'une civilisation originale.

BALESTRA ✲✲

♦ **Moca-Croce**
Corse du Sud

Situé sur un monticule de 22 m de diamètre et de 3 m de haut, ce monument cultuel torréen est de forme circulaire avec un mur de pierres sèches et des blocs cyclopéens. Il contenait, au moment des fouilles, 3 couches archéologiques. La première contenait de la céramique romaine ; la deuxième de la céramique en argile jaune ; la troisième, au-dessus du sol d'origine, était épaisse de 30 cm et contenait de la terre cuite sous forme de plaques.

FILITOSA ✲✲✲✲

♦ **Sollacaro**
Corse du Sud

Filitosa est un haut lieu de la civilisation mégalithique de la Corse. C'est le site préhistorique le plus célèbre de l'île.

Ce sont d'abord des statues-menhirs, gisant dans la vallée de Barcajolo, qui furent mises au jour, tandis qu'à proximité, sur une butte, se trouvaient des ruines, que R. Grosjean rapproche des constructions cyclopéennes de Sardaigne et des Baléares.

Le site de Filitosa fut occupé durant le Néolithique bien avant l'arrivée des hommes de l'âge du bronze, porteurs de la civilisation torréenne ; ensuite, une autre période correspond à l'élaboration artistique des statues-menhirs (vers 1 400 av. J.-C.). Tout en présentant encore des traits symboliques, elles se rapprochent du réalisme et du naturalisme.

Statue-menhir à Filitosa.

La troisième période est celle de l'occupation par les Torréens (vers 1 300-600 av. J.-C.). Les peuples indigènes sculptent des statues-menhirs armées. Les monuments cultuels et les forteresses cyclopéennes témoignent de la victoire des Torréens.

Plusieurs statues-menhirs ont été retrouvées près de Filitosa, le visage contre terre. Ainsi celle, redressée, de Filitosa V, statue-menhir de 3 m de haut et de 1 m de large, qui porte une épée et un poignard.

L'espace actuel de Filitosa s'étend sur 130 m de long et de 40 m de large. On peut encore voir les vestiges d'une enceinte, des cabanes et 3 monuments. L'édifice occidental est une torre circulaire, appuyée sur des rochers, à l'architecture complexe.

La torre est en général de plan circulaire et comprend une chambre principale avec probablement un étage. La partie inférieure servait sans doute de cave ou de magasin. Ce genre d'édifice jouait un rôle défensif. On en trouve plusieurs en Corse, soit isolés, soit formant un ensemble fortifié (les *castelli*) : ceux-ci sont de véritables citadelles avec de hautes murailles qui peuvent atteindre 10 m d'épaisseur. La Corse a conservé plusieurs *castelli* d'où l'on a en général une vue superbe : Arraggiu, près de Porto-Vecchio, Cucuruzzu, Alo-Bisucce, Cuntorba.

FOCE ✳✳

A 8 km de Balestra
Corse du Sud

Monument funéraire cultuel torréen. Bien conservé, presque complet. On a dénombré 4 couches archéologiques contenant des céramiques, romaines pour la première, « à forme carénée » pour les couches 2 et 3.

MÉGALITHES DES ENVIRONS DE SARTÈNE

ALIGNEMENT DE STANTARI ✳✳

Vingt menhirs ou statues-menhirs, datés du début ou du milieu du IIe millénaire av. J.-C. Les pierres ont été dégagées en 1964 par

Roger Grosjean. Ces statues, qui étaient probablement peintes à l'ocre rouge, pourraient figurer des guerriers torréens.

DOLMEN DE FONTANACCIA ✻✻✻

Ce dolmen est présenté comme le plus grand, le plus beau et le mieux conservé de Corse. Prosper Mérimée le découvrit en 1840. Les Corses l'appellent « Stazzona del Diavola », la Forge du Diable. La sépulture comprend 6 plaques de pierres verticales de granit et une table de 3 t. La chambre sépulcrale est longue de 2,60 m, large de 1,60 m et haute de 1,80 m, mais les chercheurs l'ont trouvée vide.

Dolmen de Fontanaccia.

Ce dolmen est orienté en fonction de la position du soleil. Au solstice d'hiver, les rayons du soleil levant y pénètrent et en éclairent le fond.

SITE DE CASTIDDACCIU ✻✻

Cette construction mégalithique date de l'âge du bronze (1 000 ans av. J.-C.). Elle a été dégagée en 1977. C'est un rocher château fort, fortifié, entouré d'un mur cyclopéen. Une plate-forme naturelle donne une vue superbe sur la région. On trouvera, au musée de Sartène, un plan et des explications sur ce site.

ALIGNEMENTS DE RENAGGIU ✻✻

Quarante-six menhirs ont été relevés ou sont couchés dans un petit bois ; ils ont, pour la plupart, moins de 1 m de haut, ce qui les rendit longtemps invisibles, recouverts qu'ils étaient par un épais maquis.

MUSÉES

ALBERTACCE (20224). Haute-Corse. Musée archéologique Licninoï.
Tél. : 04 95 48 05 22.
Ce musée réunit de nombreuses collections archéologiques de la haute montagne corse. Belles pièces du Néolithique ancien (poteries décorées, pointes de flèches à tranchant transversal) et du Néolithique récent.
Céramiques de l'âge du fer.

ALÉRIA (20270). Haute-Corse. Musée d'Archéologie Jérôme-Carcopino.
Tél. : 04 95 57 00 92.
Les objets présentés rappellent les premiers occupants du plateau d'Aléria et les relations qu'ils établirent avec leurs voisins méditerranéens (céramique cardiale, outils en silex, en obsidienne et en rhyolite).
Des collections de l'âge du fer (armes, bijoux, outils, céramique) sont également présentées.

FILITOSA (20140). Corse du Sud. Fondation Charles-Antoine-Cesari.
Tél. : 04 95 74 00 91.
Présentation du matériel recueilli sur le site : meules, poteries, fusaïoles (qui témoignent de l'apparition du textile), outils et mégalithes.

SARTÈNE (20100). Corse du Sud. Musée de Pré - et Protohistoire de Corse.
Tél. : 04 95 77 01 09.
Ce musée présente les collections qui témoignent de la vie quotidienne des Corses avant la conquête romaine : poteries, outillage en silex ou en obsidienne, meules, broyeurs, fusaïoles du Néolithique ancien et récent.
On peut aussi voir du matériel funéraire extrait des sépultures en coffre et en dolmen, ainsi que des témoignages des civilisations du Chalcolithique à l'âge du fer : culture des taffonis (hypogées) ; culture des torres.

Pour mieux connaître la Corse préhistorique, lire :
◆ Le guide sur la Corse, Éd. Arthaud, 1988.
◆ *Filitosa, haut lieu de la Corse préhistorique*, de R. Grosjean.

ÎLE-DE-FRANCE

ESSONNE - HAUTS-DE-SEINE - PARIS - SEINE-ET-MARNE
SEINE-SAINT-DENIS - VAL-DE-MARNE - VAL-D'OISE - YVELINES

L'Ile-de-France, si elle ne compte guère de grottes ornées, a néanmoins gardé des traces exceptionnelles d'occupation humaine, de la période magdalénienne essentiellement. Les argiles à silex qui abondent sur les versants des plateaux ont fourni une abondante matière première aux hommes préhistoriques. Quant aux limons d'origine éolienne, ils ont précieusement protégé plusieurs campements qui ont fait l'objet de recherches très poussées.

Mais ce qui fait la richesse principale de la région parisienne en matière préhistorique, ce sont ses musées et ses laboratoires de recherche...

ESSONNE

MAISSE ✻

♦ **Lieu-dit « L'Ouche de Beauce »** — Un habitat néolithique a été retrouvé en 1986. Il était formé de 3 maisons parallèles, de forme trapézoïdale. Espacées de 6 m, elles atteignaient une longueur de 20 m pour une largeur variant de 3 à 4 m avec 6 à 7 compartiments. Les fosses creusées de chaque côté ont permis de recueillir un important mobilier céramique. Près de cet habitat, une grande construction funéraire a été mise au jour (45 m de long, et de 4 à 11 m de large).

SEINE-ET-MARNE

ABRI DU CHEVAL ✻

♦ **Noisy-sur-École**

Fermé au public — Cette petite grotte, ouverte à ses deux extrémités, a été découverte en 1947 par R. Humblot. Une figuration de cheval, représenté de profil, longue de 33 cm et exécutée en traits peu profonds, a été repérée. D'autres traces laissent penser qu'il y avait un deuxième cheval. La datation reste incertaine. Les gravures ont beaucoup souffert de l'érosion.

GROTTE DE CROC-MARIN ✻

♦ **Fontainebleau** — Cette grotte est classée monument historique. Elle a été fouillée pour la première fois en 1874 par le Dr Charles Durand de Bourron. Elle a été occupée à toutes les époques : Magdalénien,

**A 2 km
de Montigny-
sur-Loing
Fermée
au public**

Mésolithique, Néolithique, Bronze, époque gallo-romaine. Des peintures au plafond ont été repérées en 1947 : un cervidé, datant du Paléolithique supérieur, y a été reconnu, ainsi que des traces digitales, des traits sinueux et parallèles, et 2 animaux superposés.

SITE DES « GOURS-AUX-LIONS » ✳

♦ **MAROLLES-
SUR-SEINE**

Site néolithique et protohistorique, fouillé à partir de 1963. Ont été mises au jour une vaste maison « danubienne », de nombreuses fosses et des sépultures individuelles. Deux sépultures collectives ont également été étudiées : une allée couverte qui s'étendait sur 30 m² environ, et une petite fosse de 6 m² où avaient été inhumés une trentaine d'individus. Le site des Gours-aux-Lions contenait aussi 2 champs d'urnes du Bronze final.

HABITAT DE NOYEN-SUR-SEINE ✳

♦ **SUR LA RIVE
GAUCHE
DE LA SEINE**

Le site a livré plusieurs niveaux d'habitat avec de nombreux objets – des céramiques notamment – qui y ont été découverts dans un ancien chenal. Un ensemble exceptionnel du Mésolithique (8 000 ans avant le présent environ), dont une pirogue, un panier en vannerie, des nasses et des restes végétaux fort bien conservés.

*Poteries
néolithiques
de Noyen-
sur-Seine,
musée
de Nemours.*

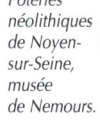

PINCEVENT ✳✳

♦ **LA GRANDE-
PAROISSE**

**Près de
Montereau**

Situé sur la rive gauche de la Seine en aval de sa confluence avec l'Yonne, ce site est célèbre grâce aux fouilles entreprises par MM. Leroi-Gourhan et Brézillon. Il sert de modèle pour l'interprétation des sites de plein air magdaléniens occupés entre 13 000 et 10 000 ans avant notre ère. Par la suite, d'autres campements ont été découverts : à Étiolles (Essonne), Le Pré des Forges à Marsangy (Yonne), La Pierre aux Fées à Cepoy, La Maison Blanche à Fontenay-sur-Loing (Loiret), Le Buisson-Campin à Verberie (Oise). Les Magdaléniens qui occupèrent Pincevent s'étaient installés en bordure de Seine, peut-être sur une presqu'île. Ils occupaient cet endroit durant 4 à 6 mois pendant la belle saison, partaient, puis revenaient plus tard.

Après leur départ, les hautes eaux venaient noyer les plaines alluviales et faisaient ainsi disparaître leurs traces sous les limons ; on a compté une quinzaine de niveaux.

Une douzaine d'emplacements ont été étudiés depuis une trentaine d'années. L'étonnante conservation du site alliée à une méthode rigoureuse et exemplaire de fouilles a permis de recueillir des informations remarquables sur la vie sociale des Magdaléniens et leur habitat. On a par exemple étudié le processus de taille des silex, en effectuant des remontages réalisés sur l'ensemble des objets lithiques. Cette méthode systématique et minutieuse a permis de refaire dans l'ordre tous les gestes du tailleur qui travaille sur un rognon de silex ; on a pu ainsi distinguer les niveaux de savoir-faire de chaque « ouvrier ». Les chercheurs ont également établi la distinction entre les travaux de débitage exercés par des techniciens habiles et expérimentés, et ceux pratiqués par des apprentis ou des enfants. Ces observations, assez extraordinaires, ont exigé un travail d'analyse extrêmement minutieux.

*Foyer
à Pincevent.*

Autres informations, les ossements : 99 % des restes de la faune appartiennent à des rennes. Les chasseurs séjournaient à Pincevent du début de l'été au début de l'hiver : on le sait par l'âge des rennes abattus. Ils pratiquaient une chasse collective ; les animaux étaient ramenés au campement (on a pu rassembler et remonter les ossements, et ainsi reconstituer des bêtes quasi complètes). Tous les rennes étaient partagés entre les diverses habitations.

Outre le renne, les Magdaléniens goûtaient d'autres viandes : le cheval, le loup, le lièvre, et sans doute du poisson. André Leroi-Gourhan, qui excellait dans les travaux de reconstitution, a calculé la ration journalière alimentaire de chaque individu de Pincevent à partir des restes retrouvés sur chaque zone d'habitat : elle va de 300 g pour les structures les plus pauvres à 1 850 g pour les plus riches.

En effet plusieurs vestiges d'habitat ont été repérés.

L'espace couvert proprement dit se limitait à une tente démontable, en peaux de bêtes soutenues par 5 perches de 3 à 4 m (soit environ 40 kg), couvrant 7 à 8 m². Elle pouvait abriter entre 4 et 8 personnes. Au fond devait se trouver la « chambre » avec un matelas de brindilles, d'herbes séchées et des fourrures.

A l'entrée de la tente se trouvait le foyer, le plus souvent en forme de cuvette et bordé de pierres. Une zone d'activité colorée par de l'ocre rouge l'entourait. Les occupants y avaient laissé les restes osseux de leur repas et des outils. Cette zone se prolongeait par une autre surface, extérieure, réservée au travail. Au-delà s'étendait une surface d'évacuation, riche en débris de toutes sortes : cendres, éclats de silex, ossements, pierres brûlées, bois de renne : un vrai trésor pour archéologue curieux et averti !

ALLÉE COUVERTE DE LA PIERRE TURQUAISE ✳✳

♦ SAINT-MARTIN-DU-TERTRE

Cette allée couverte, située dans la forêt domaniale de Carnelle, a été édifiée dans une tranchée sur un coteau. Elle était déjà connue au XVIIIᵉ siècle alors qu'elle servait de chenil avant d'être utilisée comme habitation de bûcherons au début du XIXᵉ siècle. Elle a été restaurée en 1970.

L'allée comprend 2 parties : l'antichambre et la chambre, séparées par une porte de pierres. Ce monument mégalithique, du Néolithique final, formé de blocs de grès de Fontainebleau, est de vaste dimension : long de 14,50 m, large de 4 m, sa hauteur atteint 2,20 m. Son architecture funéraire, originairement sous tumulus*, est typique du Bassin parisien. On y a retrouvé quelques gravures.

LES MÉGALITHES EN ÎLE-DE-FRANCE

Il existe de nombreux mégalithes dans le Bassin parisien. Ils ont vu le jour au Néolithique récent. Ce sont surtout des allées couvertes dont certaines sont aménagées dans une tranchée, les dalles de couverture affleurant au niveau du sol. Leur longueur peut varier de 4 à 18 m. Elles possèdent souvent une dalle de séparation avec un hublot central qui peut être obturé par un couvercle amovible.

Les plus connus sont le Blanc-Val à Presles (Val-d'Oise), La Bellée à Boury (Oise), Le Bois-Couturier à Guiry-en-Vexin (Val-d'Oise), Le Mississippi à Marly-le-Roi (Yvelines), Aveny à Dampsmesnil (Eure), La Bellée et la Pierre Turquaise à Saint-Martin-du-Tertre* (Val-d'Oise).

Tous ces monuments étaient de véritables ossuaires au rituel complexe.

Source : Jacques Briard, du CNRS, spécialiste du mégalithisme.

MUSÉES

L'Ile-de-France compte quelques-uns des plus grands musées consacrés totalement ou partiellement à la Préhistoire.

PARIS

◆ **PALAIS DE CHAILLOT.** Tél. : 01 44 05 72 72. Il ne faut pas manquer le **musée de l'Homme** qui a pris cette appellation en 1937 sous la direction de Paul Rivet. Le musée regroupe des collections très importantes et plusieurs laboratoires et centres de recherches de Préhistoire, d'anthropologie et d'ethnologie. Des expositions sont également organisées qui connaissent un grand retentissement.

Le musée est malheureusement trop à l'étroit dans les salles qui lui sont octroyées. L'idée lancée par M. Chirac, président de la République, de voir se créer un musée des Arts premiers d'Afrique, d'Océanie et des deux Amériques, auquel s'ajouteraient d'autres collections, constitue en soi un excellent projet. Le problème est de lui trouver un toit. D'aucuns ont pensé au Palais de Chaillot, ce qui a provoqué un tollé (compréhensible) de la part de ceux qui y logent déjà et qui redoutent d'être exilés dans des zones périphériques peu fréquentés – affaire à suivre...

Autre établissement parisien incontournable :
◆ **LE MUSÉUM NATIONAL D'HISTOIRE NATURELLE.** Tél. : 01 40 79 30 00. Il est l'héritier du « Jardin royal des Plantes » fondé en 1626 par Guy de La Brosse. Buffon le développera et le musée prendra en 1793 le nom qu'il porte encore. Le Muséum a subi un sérieux ravalement, et le dépoussiérage qui s'imposait. C'est aujourd'hui une superbe institution, riche de collections magnifiques dont le public ne voit qu'une partie.

A ne pas manquer, la grande et spectaculaire galerie de l'Évolution (entièrement rénovée).

Autres départements : la galerie de Paléontologie et d'Anatomie comparée – on y voit le squelette complet du mammouth découvert en Sibérie en 1905 ; la galerie de Paléobotanique et de Minéralogie (plus de 500 000 pièces dont des pierres précieuses – enfermées dans un coffre ! ; enfin, la galerie d'Entomologie.

Les collections du Muséum sont parmi les plus importantes du monde :

Vénus de Lespugue, musée de l'Homme.

120 000 mammifères, 90 000 reptiles et amphibiens, 65 000 crustacés, 300 000 vertébrés fossiles, 1,6 million d'invertébrés marins, 1 million de poissons, 300 000 oiseaux, etc.
Galerie de l'Évolution, 36-38, rue Geoffroy-Saint-Hilaire ; Galerie de Paléontologie, 2, rue Buffon ; Galerie de Paléobotanique et de Minéralogie, 18, rue Buffon ; Galerie d'Entomologie, 45, rue Buffon ; Jardin des Plantes, 57, rue Cuvier.

ESSONNE

BRUNOY (91800). Musée municipal. Tél. : 01 60 46 33 60.
Présentation d'outils préhistoriques provenant de fouilles régionales. Maquettes d'habitations néolithiques et gauloises.

ÉTAMPES (91150). Musée de la Ville. Tél. : 01 69 92 69 16.
Collections préhistoriques locales.

SEINE-ET-MARNE

CHELLES (77500). Musée Alfred-Bonno, place de la République.
Tél. : 01 64 21 27 85. Intéressantes collections de Préhistoire : superbes outils de silex abbevilliens, ramassés sur les terrasses de la Marne.

LAGNY-SUR-MARNE (77400). Musée Gatien-Bonnet, 8, cours Pierre-Herbin.
Tél. : 01 64 30 30 78. Pièces du Paléolithique, du Néolithique et de l'âge du bronze, provenant des sablières de la région : Fresnes-sur-Marne, Jablines, Lagny, Précy-sur-Marne, Coupvray, Vaires-sur-Marne (âge du bronze).

NEMOURS (77140). Musée de Préhistoire d'Ile-de-France. 48, avenue de Stalingrad.
Tél. : 01 64 28 40 37. Installé non loin des sites paléolithiques de Nemours, le musée est consacré à la Préhistoire dans la région parisienne. Il mérite d'être visité par la richesse des pièces exposées et ses reconstitutions. Des jardins couverts recréent la flore du Quaternaire. Le site de Pincevent* reconstitué permet de découvrir la vie des chasseurs de rennes dans leur campement du Paléolithique supérieur. La période mésolithique est illustrée par les fouilles entreprises à Noyen-sur-Seine ; on y a retrouvé des objets en bois parmi les plus anciens connus à ce jour (nasses, vanneries, pirogues monoxyles en bois de pin (*monoxyle* se dit d'une pirogue constituée par un seul morceau de bois).

Le musée de Nemours.

La vie des premiers agriculteurs et éleveurs est présentée avec la maquette de la maison de Marolles-sur-Seine* et les objets qui y ont été recueillis. La présentation du site de Noyen-sur-Seine* illustre l'apparition des fortifications. Les rites funéraires sont représentés par les sépultures collectives de La Grande-Paroisse* et de Marolles-sur-Seine.

Des reconstitutions permettent de comprendre les travaux des métallurgistes de l'âge du bronze. Armes, outils, objets de parure, et céramique sont exposés.

A voir également les poteries du Hallstatt (premier âge du fer), les céramiques de La Tène ainsi qu'une pièce exceptionnelle, un poignard découvert à Châtenay-sur-Seine.

Cruche de l'âge du bronze, musée de Nemours.

VAL-D'OISE

GUIRY-EN-VEXIN (95450). Musée archéologique du Val-d'Oise. Place du Château. Tél. : 01 34 67 45 07. Ce musée présente les collections rassemblées par le Centre de recherches archéologiques du Vexin français. L'outillage est associé à la géologie, à la flore et à la faune du Vexin.

Belles poteries du Néolithique et outillage lithique. Nombreux objets de l'époque de l'âge des métaux provenant d'Épiais-Rhus, Valangoujard et Genainville.

YVELINES

SAINT-GERMAIN-EN-LAYE (78100). Musée des Antiquités nationales. Tél. : 01 34 51 53 65. Installé dans le château historique qui fut l'une des résidences favorites des rois de France jusqu'à Louis XIV, le musée fut inauguré en 1867 sous le nom de « musée des Antiquités celtiques et gallo-romaines », suite à un décret de Napoléon III. C'est l'un des plus grands et des plus riches musées dans le monde en archéologie. A l'origine, les collections se sont constituées rapidement grâce aux dons de Jacques Boucher de Perthes et du roi de Danemark Frédéric VII. Elles ont été réorganisées de 1962 à 1984.

Il est impossible de décrire l'ensemble des salles qui présentent toute l'histoire de l'homme. Le musée a drainé une bonne partie des plus belles pièces préhistoriques trouvées en France. Toutes les cultures depuis le Paléolithique inférieur jusqu'à l'âge du fer sont représentées.

A ne pas manquer pour qui s'intéresse à la Préhistoire.

Principales découvertes préhistoriques en France
(grottes, abris, gisements, tombes…)

1730	Cocherel
1815	Le Pech-de-l'Aze - Dordogne
1837	Région d'Abbeville, Boucher de Perthes - Somme
1840	Bougon - Deux-Sèvres
1863	Le Grand-Pressigny - Indre-et-Loire
1863	La Madeleine - Dordogne
1863	Abris de Laugerie-Haute et de Laugerie-Basse - Dordogne
1866	Grotte de Niaux - Ariège (reconnaissance)
1866	Solutré - Saône-et-Loire
1868	Abri de Cro-Magnon - Dordogne
1872-1875	Grotte de Grimaldi
1878	Grotte Chabot - Gard
1887	Le Mas-d'Azil - Ariège
1894	Grotte de Brassempouy - Landes
1896	Abri de la Ferrassie - Dordogne
1901	Grotte des Combarelles - Dordogne
1901	Grotte de Font-de-Gaume - Dordogne
1904	Lac Chalain
1906	Grotte de Gargas (Aventignan) - Hautes-Pyrénées
1906	Grotte de Niaux - Ariège (découverte)
1908	Laussel - Dordogne
1908	La Chapelle-aux-Saints - Corrèze
1909	Le Cap-Blanc - Dordogne
1912	Le Tuc-d'Audoubert (Montesquieu-Avantès) - Ariège
1913	Grotte d'Isturitz (Saint-Martin d'Arberou) - Pyrénées-Atlantiques
1922	Grotte de Pech-Merle (Cabrerets) - Lot
1940	Grotte de Lascaux - Dordogne
1948	Caune de l'Arago (Tautavel) - Pyrénées-Orientales
1953	Vix - Côte-d'Or
1955	Tumulus de Barnenez (sauvé de la ruine et restauré) - Finistère
1956	Grotte de Rouffignac - Dordogne
1964	Gisement de Pincevent (La Grande-Paroisse) - Seine-et-Marne
1966	Site de Terra Amata (Nice) - Alpes-Maritimes
1979	Saint-Césaire - Charente-Maritime
1982	Blanot - Côte-d'Or
1991	Grotte Cosquer (Marseille) - Bouches-du-Rhône
1994	Grotte Chauvet - Ardèche

LANGUEDOC-ROUSSILLON

AUDE - GARD - HÉRAULT - LOZÈRE - PYRÉNÉES-ORIENTALES

Monsieur Tautavel reconstitué...

Un nom émerge pour cette région, Tautavel, haut lieu de préhistoire enrichi d'un musée ultra-moderne. Là, il y a 450 000 ans, des *Homo erectus* s'installèrent sur ce site superbement situé pour la chasse.

Mais les hommes préhistoriques ont laissé de nombreuses traces de leur passage dans plusieurs grottes ornées comme à La Baume Latrone*, Aldène* et Gazel*.

Puis, il y a 5 000 ans, les premiers agriculteurs, éleveurs, défrichèrent les forêts, s'installèrent dans les plaines et se constituèrent en communautés villageoises. On a retrouvé de nombreux vestiges en Lozère, dans l'Aude, près de Montpellier. Là aussi, le mégalithisme apparaît. Plus d'un millier de dolmens ont été recensés.

C'est dans l'Hérault, dans la région de Cabrières, que l'on trouve les premières exploitations de cuivre au milieu du IIIᵉ millénaire. La métallurgie se développera considérablement pendant l'âge du bronze. Cherchant la sécurité, les communautés villageoises se replient souvent sur des hauteurs, ces fameux éperons, et se protègent par des remparts, naturels ou artificiels.

C'est au second âge du fer que l'on assistera à un début d'urbanisation, les nouvelles cités, avec leurs rues régulières, étant entourées de murs d'enceinte.

AUDE

MÉGALITHES DE LA CLAPPE ✳

♦ **LAROQUE-DE-FA**

Dans cette nécropole, il a été retrouvé 8 sépultures avec de nombreux corps. D'après les objets qui les accompagnaient, elle remonterait au début du IIIᵉ millénaire av. J.-C. Le Minervois compte par ailleurs plusieurs monuments mégalithiques : Saint-Eugène, Boun-Marcou, Jappeloup.

GROTTE DE LA CROUZADE ✳

♦ **GRUISSAN**

Grotte intéressante pour la stratigraphie du Paléolithique supérieur. De nombreuses pièces ont été recueillies ainsi que des ossements humains attribués à un Néandertalien.

GROTTE GAZEL ✳✳

♦ SALLÈLES-CABARDÈS

Appelée aussi la Cauna ou grotte des Marronniers.

Cette vaste caverne comporte 2 ouvertures. Elle contient l'un des plus importants gisements paléolithiques supérieurs du midi de la France. Près de l'entrée se trouve une aire d'occupation de 1 000 m² qui était probablement un lieu de rassemblement. Le fond de la grotte était réservé au sanctuaire comme le révèlent les gravures pariétales découvertes en 1947 par les spéléologues Cannac et Ruffel. L'exploration systématique de l'aire d'occupation pendant 20 ans par D. Sacchi a permis de retrouver des gravures mobilières datant du Magdalénien moyen.

Les gravures pariétales sont situées à plus de 80 m de l'entrée. On peut voir – mais le déchiffrement n'est pas toujours facile, car les parois sont endommagées – un bouquetin, des chevaux ; des esquisses, en fait difficiles à interpréter, de têtes de chevaux et d'un avant-train de bison. Ces représentations, qui sont de même style que les gravures mobilières trouvées dans l'entrée, dateraient également du Magdalénien moyen (13 000 à 8 000 av. J.-C.).

Les fouilles ont permis de révéler plusieurs niveaux d'occupation et ont livré une industrie mobilière très importante, osseuse et lithique, ainsi que de nombreux ossements qui nous renseignent sur les espèces animales chassées lesquelles varient selon les couches étudiées.

GROTTE DES RAMANDILS ✳

♦ LA NOUVELLE

Découverte en 1925, cette grotte a été étudiée par H. de Lumley et J. Renaut-Mistovsky. Cette station occupée au Moustérien a livré quelques ossements humains qui durent appartenir à des Néandertaliens. Les restes d'animaux sont attribués à des chevaux, des cerfs et des rennes. L'industrie comprenait de nombreux denticulés et des racloirs.

GARD

GROTTE DE LA BAUME LATRONE ✳

♦ SAINTE-ANASTASIE
Classée monument historique - Fermée

Découverte en 1940, cette grotte est située à quelques kilomètres de Nîmes. L'abbé Glory l'étudia en 1941. On peut y voir un décor exceptionnel : un grand félin, un cheval et 7 mammouths, ainsi que des tracés digitaux parallèles et des empreintes de mains. Les peintures, assez frustes, datent sans doute du Paléolithique (Solutréen). Un absent de marque : le boviné.

LA BAUME DE MONTCLUS ✳

♦ MONTCLUS

Trente-deux niveaux archéologiques sur une épaisseur de 7 m ont été étudiés, avec autant d'industries différentes. Des zones d'habitat, des foyers entourés de piquets, des vestiges de cabanes dans plusieurs couches. La présence de nombreux restes de poissons laisse penser que ce site servit longtemps, et à une époque donnée, d'installation de séchage et de fumage des produits de la pêche.

BAYOL ✳

♦ COLLIAS

Classée monument historique - Fermée au public

Appelée aussi grotte des Colonnes, sa décoration fut découverte en 1927 par l'abbé Bayol. On peut y voir, peints à l'ocre, des bouquetins, une tête de cheval, des chevaux, des cerfs, des bovinés, des empreintes de mains positives, des signes, le plus souvent noirs, parfois rouges.

La datation de ces figures n'est pas vraiment fixée mais elles appartiennent en majorité à un style archaïque (époque solutréenne ?).

GROTTE CHABOT

♦ AIGUÈZE

Sur la rive droite de l'Ardèche, aussi appelée grotte Jean-Louis et grotte des Mammouths. Elle se trouve au cœur d'une importante région préhistorique : grotte Jeannot, du Baou de la Sello, Castelviel, Bidon, Le Figuier.

Classée monument historique en 1902, elle n'est pas ouverte au public. La grotte Chabot, profonde d'une vingtaine de mètres, comprend 5 panneaux décorés situés en son milieu. Sur un panneau, on peut voir des chevaux, des cervidés couchés et des mammouths. Sur un deuxième, un bovidé, un cervidé couché et des mammouths. Sur la paroi d'en face, apparaît une frise de mammouths, et au plafond encore 2 mammouths. L'ensemble est de

style II. Les premières fouilles du sol révèlent, d'après le matériel lithique, que la grotte a été occupée par des Solutréens.

Grotte Chabot. Mammouths.

GROTTE D'OULEN ✳

♦ LE GARN

Cette grotte ornée des gorges de l'Ardèche a été découverte en 1896 par le Dr Raymond, et ensuite fouillée à plusieurs reprises. Elle comprend un vaste abri prolongé par une première salle.

Des gravures très dégradées ont été découvertes en 1947. Elles datent du Paléolithique supérieur. On y reconnaît des bisons, des mammouths et des signes. Des outils ont également été recueillis sur plusieurs niveaux (Moustérien, Périgordien supérieur, Solutréen, Magdalénien supérieur). Une seconde salle, qui était obstruée par des éboulis, est ornée de peintures pariétales d'une facture assez grossière.

HÉRAULT

GROTTE DE L'ALDÈNE ✳

♦ CESSERAS

Cette grotte appelée aussi grotte de la Coquille est située au-dessus du lit de la Cesse, affluent de l'Aude. Elle comprend 2 galeries. C'est dans l'une d'elles que l'abbé Cathala a découvert des empreintes de pas humains, de pattes d'hyènes et d'ours. Des gravures ont également été repérées ainsi que de nombreux outils lithiques.

Ferrussac-Esquirol.
Hérault.
Dolmen
de la Vaquerie.

VILLAGE DE BOUSSARGUES ✳

Non loin de Montpellier, le site de Boussargues a été découvert en 1960. Il a été depuis longuement fouillé et étudié. Il est l'un de ces 200 villages répertoriés de la vallée de l'Hérault à Nîmes. Il date du IIIe millénaire av. J.-C. et appartient à la culture de Fontbouisse qui se définit d'abord par sa céramique (vases à fond rond), des pointes de flèches foliacées à pédoncule et ailerons, et de grands poignards. Cette culture de Fontbouisse a été très présente dans une bonne partie du Languedoc.

Le site de Boussargues comprend un mur d'enceinte en pierres sèches, formant un hexagone irrégulier. Plusieurs cabanes ont été découvertes le long du mur. Au milieu de l'enceinte se trouve une grotte avec un puits qui conduit à une galerie prolongée par un réseau de boyaux et de salles. Les archéologues apprécient beaucoup Boussargues car ce site ne fut occupé que par une population d'agriculteurs et d'éleveurs, et assez brièvement. Tout est resté en place.

CAMBOUS ❋❋

♦ VIOLS-
EN-LAVAL

Ouvert
à la visite

Le site de Cambous comprend 4 groupes d'habitation de la fin du Néolithique. Les archéologues ont reconstruit l'une de ces maisons. On peut aussi voir plusieurs tumulus* de l'âge du fer ainsi que 2 dolmens. Les hommes qui habitèrent cette région, éleveurs et agriculteurs, sont connus par une céramique particulière et le travail du cuivre à partir de 3 000 av. J.-C.

*Cambous.
Hérault.
Cabane.*

GROTTE DE L'HORTUS ❋

♦ VALFLAUNÈS

Cette grotte étudiée depuis 1908, puis fouillée dans l'une de ses parties de 1960 à 1964 par H. de Lumley, a révélé une vingtaine de couches archéologiques, avec une faune importante (bouquetins, chevaux, bovidés, panthères, lynx, ours, loups) et du matériel lithique de petite dimension. Les restes de 26 Néandertaliens ont été retrouvés dans différents niveaux d'habitat de la fin du Würm. Ils étaient mêlés aux déchets alimentaires.

DOLMEN DU POUGET LIEU-DIT « LES CROZES » ❋

♦ COMMUNE
LE POUGET

Ce dolmen*, qui fait plus de 12 m de long, a été restauré en 1980. Son couloir est bâti avec des éléments mégalithiques.

GROTTE DE LA ROQUE ✳

♦ LA ROQUE

Des gravures, recouvertes de calcite, ont été découvertes dans cette grotte en 1967 par M. Lorblanchet. Elles se composent d'un boviné gravé portant plusieurs signes de formes diverses et des incisions géométriques. Époque : Magdalénien supérieur, style IV.

LOZÈRE

MÉGALITHES DE LA CHAM DES BONDOUS ✳✳

Répartis sur 3 communes : Les Bondous, Ispagnac, Saint-Étienne-du-Valdonnez. Accès libre.
On peut voir sur ce site 150 menhirs, les restes de 3 dolmens, et une trentaine de tertres funéraires.

PYRÉNÉES-ORIENTALES

LA CAUNE DE L'ARAGO ✳✳✳

♦ TAUTAVEL

Ouvert
à la visite

Tél. :
04 68 29 07 76

La Caune de l'Arago à Tautavel fut étudiée dès 1838. Marcel de Serras identifia une faune différente de la faune actuelle. La caverne, longue de 35 m, large de 10 m, est située à une centaine de mètres au-dessus de la rivière actuelle, au nord de la plaine du Roussillon. En 1948, Jean Alébanet y découvrit une industrie lithique préhistorique.
Henri de Lumley la visita en 1963 et décida d'y mener des fouilles.

L'HOMME DE TAUTAVEL : UN CARNIVORE

P.F. Puech a mené des recherches sur l'alimentation de l'homme de Tautavel à partir de l'usure des dents retrouvées sur ce gisement, et plus particulièrement l'usure des surfaces dentaires. Il a comparé l'usure des dents de 2 hommes ayant un passé connu (mais n'ayant pas pratiqué l'usage du dentifrice !).

L'un des individus s'était alimenté de végétaux, l'autre de viande (les crânes de ces 2 personnes se trouvent au musée de l'Homme à Paris).

L'examen des stries des dents de l'homme de Tautavel a montré que celui-ci devait se nourrir de viande comme Vaîmaca, chef indien de la tribu des Charrua (que l'on exhibait à Paris au siècle dernier), dont l'alimentation avant sa capture se composait exclusivement de viande.

Chaque année depuis cette époque, une équipe internationale étudie ce gisement d'une richesse exceptionnelle qui révèle une occupation très ancienne, l'une des plus anciennes de France.

Les différentes datations effectuées sur les vestiges trouvés à Tautavel montrent que le remplissage de la base de la grotte date de 690 000 ans. Le sommet des dépôts remonte à 100 000 ans. Des phases intermédiaires sont datées de 400 000, 320 000 et 200 000 ans.

Les campagnes de fouilles, menées par Marie-Antoinette, Henri de Lumley et leur équipe, ont conduit à la mise au jour, au milieu de déchets alimentaires, de plus de 70 restes humains appartenant à une vingtaine d'individus, hommes, femmes et enfants. La face et le frontal d'« Arago XXI » (on peut acheter la reconstitution…) constituent la plus vieille face humaine connue à ce jour. Ce mon-

L'HOMME DE TAUTAVEL

Tautavel est un petit village situé à 20 km au nord-ouest de Perpignan. Il est aujourd'hui célèbre, grâce à la découverte, le 22 juillet 1971, d'un fossile humain d'une valeur exceptionnelle. En effet, dans la grotte dite « la Caune de l'Arago », ont été mis au jour, dans un habitat préhistorique jonché d'ossements fossiles et d'outils en silex ou en quartz, la face et le frontal de celui que l'on appelle aujourd'hui l'*homme de Tautavel*. D'autres ossements appartenant au même individu furent retrouvés sur le même sol d'habitat, à peu de distance, et ont permis de reconstituer le crâne complet de cet homme fossile, qui vécut en cet endroit il y a 450 000 ans, et qui, appartenant à la famille de l'*Homo erectus*, se trouve être un des ancêtres des Néandertaliens et des hommes modernes. Il est, à coup sûr, l'un des plus anciens Européens que l'on connaisse.

Cet *Homo erectus*, dont on a reconstitué le portrait, avait notamment un crâne bas et un front fuyant, un puissant bourrelet au-dessus des orbites basses et rectangulaires ; un maxillaire massif, une face projetée en avant, des insertions musculaires puissantes.

Sa capacité crânienne a été évaluée à 1 160 cm^3, alors que celle des Néandertaliens est de 1 400 cm^3 en moyenne. Sa taille ne devait pas dépasser 1,65 m.

D'autres ossements humains appartenant à une vingtaine d'individus ont été mis au jour, appartenant à des époques différentes et prouvant la permanence d'un habitat sur ce site entre 700 000 et 100 000 ans.

sieur (v. encadré) a quelque difficulté à trouver son identité : *Homo erectus*, anténéandertalien ou prénéandertalien...

D'autres restes humains, qui excitent les papilles des préhistoriens, présentent également un grand intérêt : 2 mandibules d'une femme et d'un homme, l'os d'une hanche féminine, des dents de lait. Certains os portent des stries et des traces de percussion. Cela peut laisser supposer que certains cadavres ont été découpés. Peut-être s'agit-il d'actes d'anthropophagie qui n'étaient pas dus au manque de nourriture car les ossements de nombreux mammifères abondent en cet endroit. Il y a 550 000 ans, les rennes étaient particulièrement nombreux, adaptés qu'ils étaient au climat froid et sec.

Vers 500 000 ans, le climat est tempéré et humide, la végétation beaucoup plus forestière. Les daims et les cerfs dominent. Vers 450 000 ans, à nouveau un climat froid, un environnement ouvert : chevaux, bisons et rhinocéros peuplent l'endroit.

Les hommes qui habitèrent la Caune de l'Arago utilisaient, comme outils, des galets aménagés en calcaire et des outils sur éclats, généralement en quartz. Les racloirs sont simples, à retouche épaisse et en denticulés. Ces outils appartiennent à l'ensemble culturel acheuléen. La matière première est trouvée sur place, sauf pour le silex qui provient d'un gisement situé à une trentaine de kilomètres.

GROTTE DE LA BALMA DE MONTBOLO ✳

♦ Vallespir

Cette grotte fouillée en 1969 et 1970 a permis de connaître, par les objets découverts, la culture originale qui se situe entre le Néolithique ancien (avec ses vases à décor cardial*) et le Néolithique moyen (vers la fin du Ve millénaire av. J.-C.).

Les hommes qui vivaient à Montbolo étaient agriculteurs et éleveurs (moutons, chèvres, porcs, bœufs). Les objets lithiques étaient taillés dans du silex blond. L'industrie osseuse comprenait des lissoirs, des poinçons, des tranchets. Mais c'est la poterie qui constitue l'élément majeur de cette culture. Les formes sont sphériques, ovoïdes ou hémisphériques. Les anses sont larges, plus ou moins dégagées du vase. On y trouve aussi des anses tubulaires disposées verticalement. La culture de Montbolo, dont on peut voir de beaux spécimens au musée-château de Bélesta, est présente dans la partie orientale des Pyrénées, en Ariège, dans le Roussillon et en Catalogne.

MUSÉES

AUDE

ESPÉRAZA (11200). Musée des Dinosaures. Avenue de la Gare.
Tél. : 04 68 74 26 88. Signe de reconversion, l'ancienne gare du village s'est transformée en musée des Dinosaures. C'est une belle collection qui est présentée depuis 1992, enrichie des fouilles qui sont menées depuis 1982 dans la haute vallée de l'Aude.
On peut y voir des ossements et des œufs de dinosaures, un squelette d'un *Amplesorus* de 12 m de long. Des reconstitutions, grandeur nature, permettent de se rendre compte de la taille de ces bestioles que l'homme, rappelons-le, n'a jamais rencontrées.
Une partie du musée contient des spécimens de dinosaures (vrais ou moulages) provenant du monde entier.

NARBONNE (11000). Musée archéologique. Palais des Archevêques.
Tél. : 04 68 90 30 30. Les sites régionaux ont « approvisionné » ce musée : grottes de Bize-Minervois, de la Crouzade, les Monges, etc. Périodes néolithique et mésolithique.

GARD

ALÈS (30100). Musée du Colombier. Tél. : 04 66 86 30 40.
Les collections présentées du Paléolithique et du Néolithique proviennent de sites régionaux : grotte de l'Aigle, grotte des Morts de Dufort, grotte du Hasard à Tharaux, statues-menhirs, objets de l'âge du fer provenant de Mons.

HÉRAULT

BÉZIERS (34500). Musée du Biterrois. Tél. : 04 67 44 34 00.
Collections préhistoriques et protohistoriques provenant de la région : Rieussec, Rochelongue, grotte de Tredos. Statue-menhir de Fourmendouyre.

SAINT-PONS-DE-THOMIÈRES (34220). Musée de Préhistoire régionale.
Outils provenant des grottes de Resplandy, Camprafaud de Jaur (Néolithique). Panorama sur l'histoire de l'homme depuis l'origine jusqu'aux forgerons du cuivre et du bronze.

MINERVE (34210). Musée archéologique et paléontologique. Tél. : 04 67 89 47 98.
Belles collections de géologie d'origine régionale. On peut y voir les plus vieux fossiles de France. Important outillage lithique du Mésolithique.

*Diorama
au musée
de Tautavel :
bœufs musqués.*

LES MATELLES (34270). Musée municipal. Tél. : 04 67 84 18 68.
Vingt mille pièces néolithiques : armes, poignards en silex jaspé, outillage, parures, céramiques, provenant des sites de la région, notamment de la grotte de l'Hortus*. On peut également voir les restes d'une mâchoire d'un Néandertalien d'il y a 30 000 ans qui « résida » à l'Hortus.

LOZÈRE

MARVEJOLS (48100). Musée archéologique. Tél. : 04 66 32 02 14.
Collections préhistoriques locales provenant de la grotte de Nabrigas, des ateliers de silex de Saint-Léger-du-Malzieu, de la grotte de La Roquette, de l'habitat néolithique du Puech de las Cours. Reconstitution d'une sépulture collective du dolmen du Crespin (2 000 - 1 800 av. J.-C.).

BANASSAC (48500). Musée archéologique. Tél. : 04 66 32 82 10.
Collections néolithiques de provenance locale (Champ de Mars).

PYRÉNÉES-ORIENTALES

BÉLESTA (66720). Château-musée. Tél. : 04 68 84 55 55.
Ouvert en 1992, le musée de Préhistoire réunit des pièces mises au jour dans la Caune de Bélesta. C'est dans un boyau peu accessible qu'a été découverte une tombe collective. Y reposaient les ossements de 32 adultes et enfants dont 2 fœtus ainsi que 28 vases peints datés de 4 715 - 4 365 av. J.-C. Cette tombe datée de 6 000 av. J.-C. a été reproduite dans le musée où les vases sont également présentés ainsi que des parures et des bijoux datant du Néolithique et du Chalcolithique.

TAUTAVEL-EN-ROUSSILLON (66720). Musée de la Préhistoire.

Tél. : 04 68 29 07 76. Inauguré en 1979, le musée de Préhistoire de Tautavel a été créé pour présenter les découvertes effectuées dans la Caune de l'Arago ainsi que dans d'autres sites préhistoriques de la plaine de Tautavel. Vedette du site, le crâne de l'un des premiers habitants de l'Europe, âgé de 450 000 ans, découvert le 22 juillet 1971.

D'une superficie de 3 700 m², le musée fait largement appel aux techniques les plus modernes de la muséologie : dioramas présentant des paysages et des scènes de la vie préhistorique, maquettes et vitrines animées, projection de films, banque d'images, etc.

Les objets exposés montrent les grandes étapes de l'origine de l'homme, à commencer par les industries archaïques du Paléolithique inférieur. L'environnement des chasseurs de Tautavel (habitat, outillage) est exposé.

On peut également voir une belle industrie lithique du Magdalénien supérieur au Néolithique, ainsi que les jarres du Néolithique final.

Des réserves permettent de conserver le patrimoine exceptionnel découvert en Roussillon. Des laboratoires consacrés à l'étude de l'Homme fossile et de son environnement constituent un véritable Centre européen de Recherches préhistoriques.

Diorama : l'homme de Tautavel à la chasse.

MIDI-PYRÉNÉES

ARIÈGE - AVEYRON - HAUTE-GARONNE - LOT
HAUTES-PYRÉNÉES - TARN - TARN-ET-GARONNE

La région Midi-Pyrénées est une très vieille région de peuplement. Des milliers d'outils acheuléens ont été retrouvés dans le bassin de la Garonne. Montmaurin* possède une mandibule attribuée à un pré-Néandertalien qui pourrait être un « cousin » proche de l'homme de Tautavel*. Les derniers Néandertaliens et les *Homo sapiens sapiens* se retrouvent dans le Quercy vers 31 000 av. J.-C. Puis se succèdent les gran-

Bruniquel : Perles et dents percées. Musée d'Aquitaine.

des cultures magdaléniennes avec des sites qui ont livré un matériel mobilier ou des peintures pariétales de grande qualité. C'est Gargas*, Lespugue*, Pech-Merle*, Cougnac*, Bruniquel, Niaux*, Bédeilhac*, Volp.

Sans avoir la densité de l'Aquitaine, la région Midi-Pyrénées offre un éventail très riche de sites préhistoriques. Niaux est sans conteste l'une des plus belles grottes d'Europe. Le Mésolithique et le Néolithique ont aussi leurs hauts lieu, comme Le Mas-d'Azil * qui a livré les fameux galets décorés. Puis nous approchons progressivement de l'histoire avec l'arrivée des premières sociétés d'éleveurs et d'agriculteurs. Le mégalithisme est très présent : plusieurs milliers de dolmens « décorent » les Causses, le Minervois, le Roussillon... Ils ne doivent rien aux Gaulois d'Astérix, comme une célèbre bande dessinée voudrait nous le faire croire...

ARIÈGE

GROTTE DE BÉDEILHAC ✳✳

♦ **BÉDEILHAC-ET-AYNAT**

**A 4 km de Tarascon Tél. :
05 61 05 95 06**

Précédée d'un vaste porche, la galerie est un long couloir de 750 m de long avec des diverticules. Un atelier d'aviation fut installé durant la Seconde Guerre mondiale dans la première partie de la galerie, ce qui eut pour effet d'altérer certaines peintures pariétales tandis que les sols archéologiques étaient malmenés alors qu'ils recelaient de nombreux vestiges de foyers de la période magdalénienne. Les fouilles entreprises par R. Robert et R. Gailli ont néanmoins permis quelques trouvailles intéressantes et l'exhumation de belles pièces d'art mobilier, aujourd'hui à Saint-Germain-en-Laye.

143

La décoration murale de Bédeilhac mérite l'attention. Dans la galerie Vidal, l'abbé Breuil procéda en 1906 à des relevés de représentations animales, un cheval et un bison notamment. Originellement, cette galerie devait être beaucoup plus décorée si l'on en juge par certaines traces colorées. Dans les diverticules, ce sont des ponctuations imprimées dans l'argile avec le doigt, ainsi que des points rouges qui ont été mis au jour, avec des modelages d'argiles figurant des hibiscus.

Dans la galerie principale, on peut encore voir, superposés, plusieurs bisons, dont un grand de couleur brune avec des points rouges sous le ventre. Des mains positives ont également été révélées.

Cette grotte mérite amplement d'être visitée. Outre l'intérêt que présentent les gravures sur parois et sur limon argileux, son architecture est particulièrement grandiose et spectaculaire. On y admire notamment de superbes piliers stalagmitiques.

Près de Bédeilhac, on peut voir également la grotte de Lombrives, mais elle ne comporte pas de peintures pariétales. Se renseigner à Ussat-les-Bains.

GROTTE DU CHEVAL ✳✳

♦ **FOIX**

Cette grotte est l'une des 27 cavités qui dominent la ville de Foix. Elle se divise en 3 secteurs : l'entrée, la galerie et la salle.

Dans un diverticule de la salle on peut apercevoir un grand cheval, un animal sans tête et sans pattes, une tête d'équidé ainsi qu'un signe formé de 4 traits et de 2 points. Ces gravures pourraient dater du Magdalénien moyen.

GROTTE DE FONTANET ✳

♦ **ORNOLAC-USSAT-LES-BAINS**

Cette grotte ornée, dans la vallée de l'Ariège, a été découverte en 1972 par L. Wahl et ses amis. Elle a livré de nombreux ossements d'animaux répartis autour de 3 foyers (chevaux, bouquetins, rennes, moutons..., plus un saumon et un capriné). De nombreuses empreintes de mains et de pieds marquent le sol.

Les œuvres gravées ou peintes représentent une trentaine de figures, d'aurochs et anthropomorphes, avec des signes et des ponctuations. Époque magdalénienne (13 000 à 8 000 av. J.-C.).

GROTTE DE MALARNAUD ✳

Près de Montseron

Une fouille menée en 1888 dans cette grotte a conduit à la découverte d'une mandibule humaine ayant appartenu à un adolescent de type Néandertalien. Il s'agit du premier Néandertalien trouvé en France.

GROTTE DU MAS-D'AZIL ✳✳✳

♦ LE MAS-
D'AZIL

Cette vaste grotte, en forme de tunnel, fouillée à la fin du siècle dernier, est fermée au public.

Elle a livré un véritable trésor, sous la forme de milliers d'outils et d'une centaine d'œuvres d'art, récoltées dans les différents niveaux d'habitats magdaléniens. L'un des plus célèbres objets trouvés dans cette grotte est un propulseur en bois de renne, superbement sculpté et haut de 26,9 cm. Il représente un faon, la tête tournée vers l'arrière, le regard fixé sur des oiseaux. D'où son nom de *Faon aux oiseaux*. Cet objet n'est d'ailleurs pas la seule œuvre d'art découverte en cet endroit : des plaquettes gravées, notamment ornées de figures animales, sont considérés comme de véritables chefs-d'œuvre de l'art paléolithique.

Le Mas-d'Azil semble avoir connu 5 périodes d'occupation qui s'étendent de l'Aurignacien à l'Azilien. La grotte a livré de nombreux ossements d'animaux qui nous renseignent sur l'alimentation des Magdaléniens : chevaux, rennes, bovidés, bouquetins, chamois, sangliers constituaient leur ordinaire.

C'est Édouard Piette qui, à la suite de ses fouilles en 1889, détermina la culture azilienne caractérisée, selon lui, par des galets peints, des grattoirs arrondis, des instruments en forme de lames de canif.

L'industrie azilienne qui se situe entre le Magdalénien et le Néolithique a été reconsidérée par d'autres archéologues, mais ses caractéristiques restent encore assez floues.

GROTTE DE NIAUX (OU DE LA CALBIÈRE) ✳✳✳

A 5 km
de Tarascon
Tél. :
05 61 05 88 37

Les grottes préhistoriques abondent en cette région, mais celle de Niaux est particulièrement renommée. Située au sud de Tarascon-sur-Ariège, elle appartient à un vaste réseau souterrain qui se développe sur 14 km. La grotte elle-même s'étend sur 2 km. Niaux est l'une des plus belles grottes ornées avec Lascaux, mais, à la différence de celle-ci, on peut encore la visiter. Profitez-en.

Elle fut découverte en 1906 par le commandant Molard et ses enfants, mais elle avait déjà été reconnue en 1866 par le Dr Garrigou. Par la suite, l'abbé Breuil et E. Cartailhac étudièrent cette merveille de l'art magdalénien.

Avant d'être reconnue pour authentique, Niaux fut l'objet de vives

*Niaux, entrée
de la grotte.*

attaques. On la suspecta d'être un faux. Certains affirmèrent que les peintures étaient le fait de bergers qui cherchaient à passer le temps les jours de froid !

Les premières décorations de la grotte apparaissent à 200 m de l'entrée, sous la forme de signes rouges précédant 2 bisons et un signe angulaire. La galerie se divise ensuite en 3 sections. La plus célèbre est le « salon noir » à 800 m de l'entrée. Sa décoration se répartit en 6 grands panneaux qui sont construits sur le thème bison-cheval-bouquetin, accompagnés de signes et d'un cervidé. La taille des animaux varie avec les panneaux.

Au sol, des représentations sur argile complètent les panneaux. On peut y voir des bisons, des bouquetins, des chevaux, des poissons et même, mais ceci est moins sûr, un rhinocéros. La galerie qui fait suite abrite notamment le bison aux cupules fort connu. Dans une autre galerie, dite galerie Cartailhac, un bel ensemble se présente : des bouquetins, un boviné, des tracés, puis plus loin un ensemble bison-

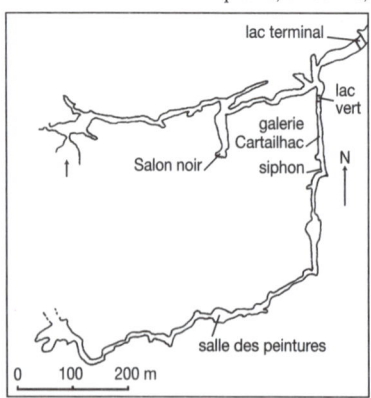

cheval et un mustélidé, que l'on ne voit pratiquement jamais dans l'art paléolithique (un mustélidé est une belette, animal bas sur pattes, à queue longue, à forte odeur). Des traces de pas sont également visibles.

« Niaux, a écrit André Leroi-Gourhan, est l'un de nos sanctuaires les plus cohérents et les plus magistraux. Son développement correspond à une entité stylistique et, faute de détails qui permettraient de serrer de plus près la datation, situe celle-ci en plein cœur du Magdalénien de style IV. »

GROTTE DU PORTEL ✻

♦ LOUBENS

Cette grotte d'une longueur de 150 m comprend un couloir principal qui, à la moitié de son parcours, se prolonge par 3 galeries parallèles. C'est sur les parois de ces galeries qu'ont été découvertes, en 1908, les gravures, principalement des chevaux et des

bisons, qui ont été exécutées entre le Gravettien et le Magdalénien.

Des foyers, des objets et des plaquettes gravées ont également été trouvés.

Un cheval de la grotte du Portel.

GROTTE DU TUC-D'AUDOUBERT
OU GROTTE DES TROIS FRÈRES ✻✻

♦ MONTESQUIEU
AVANTÈS

Fermée au public

Cette grotte fut découverte en 1912 par le comte Begouën et ses fils, qui relevèrent 3 bisons modelés dans l'argile et des empreintes de pas d'adolescents.

Le 21 juillet 1914, Max, Jacques et Louis Begouën, François Camel et Marcellin Bermon explorèrent une cavité appartenant au même réseau souterrain que Tuc-d'Audoubert. Ils découvrirent un ensemble de gravures très finement incisées. Sur le plafond en coupole régnait un curieux personnage fort célèbre aujourd'hui. Il avait un corps humain, des oreilles et des bois de cervidé, une queue de cheval. L'abbé Breuil s'intéressait beaucoup à cette grotte. Il y fit de nombreux relevés. Les gravures sont attribuées au Magdalénien moyen.

La grotte des Trois Frères doit son nom, comme on peut s'en douter, aux 3 frères Begouën.

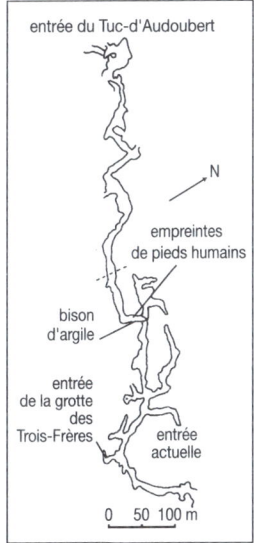

entrée du Tuc-d'Audoubert

N

empreintes de pieds humains

bison d'argile

entrée de la grotte des Trois-Frères

entrée actuelle

0 50 100 m

GROTTE DE LA VACHE ✳

♦ ALLIAT

**A 2 km
de Tarascon
Tél. :
05 61 05 95 06**

Cette grotte située dans la vallée de Videssos abrita des Magdaléniens.

On a retrouvé un grand nombre de foyers et une grande quantité d'objets en silex et en os, ainsi que de nombreuses œuvres d'art mobilier (os gravés, bois de cerfs et de rennes travaillés).

Presque tous ces objets se trouvent aujourd'hui à Saint-Germain-en-Laye.

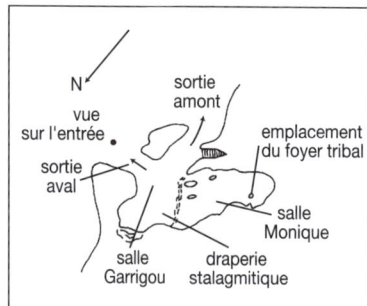

AVEYRON

GROTTE DE FOISSAC ✳✳

♦ VILLENEUVE

**A 15 km
de Figeac
Tél. :
05 65 64 77 04**

Cette grotte se trouve à proximité de la route reliant Figeac à Villefranche-de-Rouergue. Elle a d'abord été reconnue sur une partie de son parcours en 1959, mais il faut attendre 1965 pour que des spéléologues découvrent une nouvelle galerie, riche de concrétions et de vestiges préhistoriques. Cette galerie sera étudiée à partir de 1977. L'une des originalités de cette grotte est qu'elle constitue un musée souterrain de l'âge du cuivre. Il a été décidé – et c'était une excellente idée – de ne pas déplacer les vestiges préhistoriques qui se trouvaient dans le site mais de les garder, après les avoir un peu nettoyés, là où on les avait retrouvés.

Cette grotte a surtout été occupée au Chalcolithique. De nombreux objets ont été découverts : des silex taillés, des fragments de vannerie, des cordes, des morceaux de bois, des vases.

Selon les spécialistes, les hommes du Chalcolithique utilisèrent la grotte pour prélever de l'argile destinée à la fabrication des poteries. De nombreuses empreintes de doigts et de pieds ont été repérées, dont celles d'un enfant.

La grotte servit aussi de sépulture. Plusieurs sépultures individuelles ont été retrouvées, dont celle d'une femme âgée, d'un jeune homme et de 2 enfants.

La grotte de Foissac fut sans doute abandonnée quand son porche s'effondra, il y a près de 4 000 ans.

MADAME DE SAINT-SERNIN

Dans plusieurs régions de France, des menhirs ont été sculptés pour représenter une figure humaine accompagnée de nombreux attributs. On en trouve notamment dans le midi de la France et en Corse, qui datent du Néolithique et de l'âge du cuivre.

L'une des statues les plus célèbres fut découverte en 1892 dans l'Aveyron à Saint-Sernin, d'où son nom de dame de Saint-Sernin. Elle est constituée d'un bloc de grès rouge de 1,20 m de haut sur 0,70 m de large et 0,20 m d'épaisseur, arrondi à son sommet et sculpté sur 2 faces. Cette statue représente une femme, sans taille, la tête et les épaules non dégagées ; son visage possède 2 yeux en cupules et un nez en relief. Sous ses yeux, des raies horizontales ressemblent à une sorte de tatouage. Cinq bourrelets concentriques forment un curieux collier qui porte un pendentif placé entre les 2 seins. Les bras figurés horizontalement sont plaqués au-dessus de la ceinture. Les jambes très stylisées sont courtes.

Cette figure-menhir ne constitue pas une exception. On la retrouve en d'autres endroits avec parfois un visage plus schématisé.

Que représente-t-elle ? Sans doute une déesse-mère, source de vie et de fécondité et dont le culte se répand 2 000 ans avant notre ère.

HAUTE-GARONNE

GROTTE D'AURIGNAC ✳

♦ **AURIGNAC**

Grâce à Lartet, elle a donné son nom en 1860 à toute une civilisation, l'Aurignacien, qui correspond au début de la grande chasse, durant l'âge d'or du renne (entre 30 000 et 25 000 ans avant notre ère).

L'histoire d'Aurignac ne manque pas de sel. Elle fut découverte par un cantonnier qui démolissait un talus. Sa pioche ayant heurté des ossements, il les ramassa et les porta à son curé, lequel s'empressa de les inhumer dans la fosse commune du cimetière paroissial ! Lartet, averti, arriva sur les lieux, mais trop tard pour empêcher cet irréparable outrage à la science ! Il découvrit néanmoins des outils de silex, des lames, des grattoirs, des burins, des sagaies en os, des pointes pour la chasse ; sans oublier des tas d'os et de dents d'espèces animales disparues : ours, mammouths, rennes. Aurignac se révélait être un habitat de chasseurs dont les squelettes reposaient désormais au cimetière.

GROTTE DES HARPONS ✳

♦ **LESPUGUE**

Étudiée et fouillée par R. de Saint-Périer, cette grotte longtemps fréquentée par les hommes préhistoriques comprend 4 niveaux archéologiques. Un important matériel lithique et osseux, différent selon les couches, y a été récolté : des harpons magdaléniens et aziliens, des baguettes d'os ornées, des feuilles de laurier, des feuilles de saule, des pointes à cran.

GROTTE DE MONTMAURIN ✳

♦ **MONTMAURIN**

Ce site préhistorique qui comprend 3 niveaux de grotte est connu depuis le début du siècle et a été fouillé à partir de 1946.

Plusieurs grottes principales : la grotte du Coupe-Gorge, la grotte des Abeilles, la Faille de l'Éléphant, la Niche, la Terrasse, les cavités du Putois.

La grotte de la Terrasse a livré plus de 6 000 objets lithiques dont des outils sur galets et 300 autres sur éclats, des denticulés, des racloirs et des choppers*. Ces objets sont rattachés à l'Acheuléen. Une couche supérieure a livré de grands bifaces et des hachereaux sur éclats.

Une mandibule humaine, devenue célèbre, a été découverte en 1949 dans la grotte de la Niche ainsi qu'un maxillaire, des dents et un fragment de mandibule d'enfant. Ces restes se situent parmi les plus anciens jamais découverts en France. Il pourrait s'agir de Néandertaliens très archaïques proches de l'homme de Tautavel*.

ABRI DE BUHOLOUP ✳

♦ **MONTBERAUD**

Ce petit abri du Mésolithique servait de halte à des chasseurs de cervidés. On y a retrouvé de nombreux foyers, bien conservés, qui contenaient encore des galets rougis. Les chasseurs, qui étaient de « fines gueules », y faisaient cuire des poissons et des escargots. Des objets de parure provenant aussi bien de la Méditerranée que de l'Atlantique ont été recueillis dans cet abri.

D'autres sites ont livré des renseignements intéressants sur l'alimentation des chasseurs à la fin du Mésolithique.

A la grotte de l'Espérit près d'Opoul (Pyrénées-Orientales, région Languedoc-Roussillon), un campement du VIIe millénaire a livré de nombreux poissons marins et des coquilles de moules, alors que le site est à 10 km de la côte.

Les grottes du Mas-d'Azil* (Ariège) et celle du Pueymaïe à Arudy (Pyrénées-Atlantiques) ont révélé des accumulations gargantuesques d'escargots à coquille jaune (plusieurs dizaines de milliers).

Cela ne veut pas dire que ces chasseurs se contentaient de gasté-

LES STATUES-MENHIRS

« Ces étranges divinités au regard fixe, dénuées d'expression, écrit Jean Clottes à leur propos, ont été faites par l'homme néolithique à son image, en ce sens que ce sont bien des dieux et déesses anthropomorphes, mais ces dieux sont muets et soumis, dépourvus de bouche et d'oreilles et il ne s'agit pas de divinités familières et bénignes. Par leur schématisme, leur caractère stéréotypé, leur manque de réalisme anatomique, ils se distinguent fondamentalement de cette humanité qui les a créés et voulus, à la fois proches et différents. »

Source : J. Clottes, *Dolmens et Menhirs du Midi*, Éd. Loubatières.

ropodes : au Trou Violet (Ariège) et à la grotte de la Tourasse, les occupants mangeaient, sans doute avec délectation, des saumons attrapés avec des harpons plats en bois de cerf. Ailleurs, on a affaire à des amateurs de viande : cervidés, sangliers, bouquetins, isards, marmottes. Cela ne les empêchant pas de prendre en « entrée » des coquillages et des escargots.

LESPUGUE

♦ **ARRONDISSEMENT DE SAINT-GAUDENS**

Plusieurs cavités ont été fouillées de 1912 à 1922 par R. et S. de Saint-Périer. C'est dans l'une de ces grottes, la grotte des Riceaux, qu'ils ont trouvé une statuette féminine en ivoire de mammouth, célèbre sous le nom de Vénus de Lespugue.

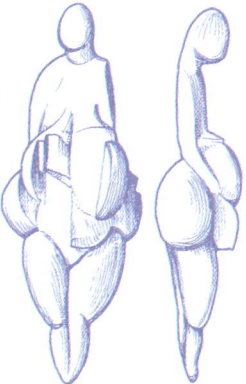

LOT

GROTTE DU BOURGNETOU ✳

♦ **PINSAC**

Fermée au public

Cette petite grotte, fouillée au début du siècle, a livré du matériel datant du Bronze final. En 1960, des traces de décoration ont été repérées par M.R. Léonard et relevées par M. Lorblanchet : on peut voir une main positive à l'ocre jaune, à 30 m de l'entrée. Plus loin à l'extrémité de la galerie, dans une rotonde, un renne est gravé sur la paroi : sa ligne de dos utilise le relief naturel. Période : Magdalénien III ou IV.

ABRI DU ROC DE CAVART ✳

♦ Montcabrier

Dans cet abri on a relevé un outillage datant du Solutréen* (feuilles de laurier, burin, grattoirs, etc.). Une pièce d'art : un galet gravé d'une tête de cheval et peut-être d'un oiseau.

ROC DE COMBE ✳

♦ Peyrignac

Ce gisement fouillé en 1966-1967 par F. Bordes et J. Labrot a livré une importante industrie appartenant à plusieurs cultures : Moustérien, Châtelperronien, Périgordien ancien et supérieur, Aurignacien.

GROTTE DE COUGNAC ✳ ✳

Tél. :
05 65 41 47 54

Cette petite grotte a été découverte en 1949. On y trouve, à une centaine de mètres de l'entrée, un ensemble remarquable de peintures préhistoriques attribuables au Magdalénien ancien. On peut

y voir notamment des mégacéros, des bouquetins, des mammouths, la silhouette d'un homme percé de sagaies et de nombreux signes. L'ensemble est très homogène. Le niveau du sol n'a pas varié depuis le départ des hommes du Paléolithique qui ont laissé une lampe, un amas de colorant, des silex et des débris osseux.

Grotte de Cougnac. Personnage humain schématique, noir, et mammouth peint en rouge.

GROTTE DES ESCABASSES ✳

♦ Thémines

Fermée
au public

Dans la galerie principale de cette grotte dont la décoration fut découverte en 1961-1962, on peut voir de nombreux points, des taches noires et rouges ainsi que quelques représentations animalières, de style IV ancien.

GROTTE DE LACAVE ✳✳✳

A 10 km de
Rocamadour

Pour n'être pas préhistoriques, ces grottes méritent une visite. C'est la « synthèse des grottes de France », selon le célèbre spéléologue Norbert Casteret. Elles furent découvertes de 1902 à 1905. L'entrée se trouve au pied d'une falaise de 85 m de haut dont les abords furent occupés au Solutréen et au Magdalénien. Pour accéder à ce monde souterrain, il faut d'abord prendre un train électrique puis un ascenseur. Des salles plus fascinantes les unes que les autres se succèdent. Une féerie extraordinaire.

GROTTE DES MERVEILLES ✳

♦ **L'Hospitalet-Rocamadour**

Tél. :
05 65 33 67 92

Cette grotte, située sur le rebord du causse de Gramat, fut découverte en 1920 par M. Lamothe et étudiée en 1924-1925. Elle est formée d'une seule salle. Les figures représentées ne sont pas toujours très discernables : plusieurs peintures sont exécutées en teinte plate noire ou uniquement cernées d'un trait rouge ; d'autres sont gravées. Les spécialistes y ont relevé 6 mains négatives, 6 chevaux, 1 félin, 1 cervidé, plus des figures indéterminées et des groupes de ponctuations. A voir dans les environs : les grottes de Lacave, le gouffre de Padirac, Gramat et bien sûr Rocamadour.

*Grotte
des Merveilles
à Rocamadour
(Lot).
Mains négatives
noires.*

Manger son prochain

L'anthropophagie, ou cannibalisme, n'est pas clairement attestée. Toutefois, certains indices laissent penser que les hommes ont pu « goûter » leur prochain.

Les ossements humains fragmentés découverts sur plusieurs sites comme chez les Homo erectus de Tautavel (Pyrénées-Orientales) ou chez les Moustériens de l'Hortus (Hérault) semblent bien, selon Henri et Marie-Antoinette de Lumley, être le résultat de pratiques cannibales.

La grotte de Krapina en Croatie a livré plus de 500 ossements appartenant à une vingtaine d'individus, donnant une impression de broyage alimentaire.

Ailleurs des os ont été retrouvés brûlés ou portent des stries de décarnisation.

Des découvertes de ce genre ont pu être faites dans le gisement moustérien de Marillac en Charente, pour le paléolithique supérieur à Isturitz en Pays basque et dans la grotte du Placard en Charente.

Source : « La nutrition préhistorique », B. et G. Delluc/Martine Roques, Éd. Pilote 24.

GROTTE DE PECH-MERLE ✳✳✳

♦ **CABRERETS**

Tél. :
05 65 31 23 33

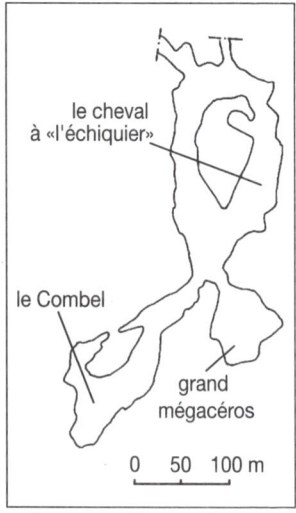

le cheval
à «l'échiquier»

le Combel

grand
mégacéros

0   50   100 m

En 1922, deux jeunes garçons découvrent les 2 premières salles d'une grotte proche du village de Cabrerets. Alerté, l'abbé Lémozi, curé de la paroisse et préhistorien expérimenté et compétent, vint visiter la grotte et saisit l'importance des peintures et gravures repérées sur les parois. Cette grande cavité, que l'on peut visiter depuis 1926, possède plus de 2 km de galeries. Les peintures sont attribuables à plusieurs périodes du Magdalénien, probablement entre le Solutréen et le Magdalénien supérieur. Le circuit prévu pour les visiteurs offre 2 ensembles décorés de part et d'autre de l'escalier d'accès. Les ensembles les plus remarquables sont le panneau des « chevaux pommelés » et la « frise noire » comportant 11 mammouths, des bisons, des chevaux, des

Grotte
de Pech-Merle.
Les chevaux
pommelés.

aurochs et de nombreuses ponctuations rouges. Plus loin sur un autre panneau, on peut voir 3 chevaux, un saumon, des mains négatives et de nombreuses ponctuations. Enfin, témoignage émouvant : dans la « salle des Disques », une douzaine d'empreintes de pas dans l'argile du sol. Elles sont présentées comme étant celles d'un adolescent.

GROTTE DE PÉGOURIE ✳

♦ **CANIAC-DU-CAUSSE**

Fouillée en 1967, cette grotte de 75 m de long a été occupée à diverses époques : Magdalénien, Azilien, âge du bronze. Les ossements d'animaux sont très nombreux (renne, bison). L'outillage lithique comprend des sagaies, des poinçons, des raclettes.

GROTTE DE ROLAND ❋

◆ Montcuq

Quatre cent dix mètres de galeries. Salles avec lac et concrétions. Petit musée d'archéologie. Sépulture collective de l'âge du fer.

Tél. :
05 65 22 99 90

HAUTES-PYRÉNÉES

GROTTE DE GARGAS ❋❋❋

◆ Aventignan

A 5 km au sud-ouest de Montréjeau, non loin de Saint-Bertrand-de-Comminges
Tél. :
05 62 39 72 39

Ce gisement, découvert par F. Regnault à la fin du siècle dernier, est connu depuis les années 1870-1880 grâce aux recherches et relevés de plusieurs archéologues de renom : le Dr Garrigou, E. Boule, E. Cartailhac, l'abbé Breuil. Avec de tels parrainages, Gargas est devenu un site célèbre, à juste titre d'ailleurs car son ornementation est exceptionnelle. Les fouilles ont montré que Gargas avait été occupée pendant plusieurs millénaires. On y a repéré des occupations moustériennes, châtelperroniennes, aurignaciennes, gravettiennes, et d'autres beaucoup plus tardives si l'on en croit certains graffiti médiévaux.

Ouverte sur un promontoire qui domine la vallée de la Garonne et le plateau de Lannemezan, Gargas comprend 2 grottes qui communiquent entre elles par un conduit, ce qui ne fut peut-être pas toujours le cas. La grotte inférieure est célèbre pour ses mains négatives, rouges, ocre et noires – l'une d'elles est blanche – qui s'alignent sur une quarantaine de mètres.

On a beaucoup disserté (et ce n'est pas fini !) sur ces mains négatives que l'on retrouve d'ailleurs dans d'autres grottes ; ainsi que des mains positives, quoique plus rarement.

Quel est le sens exact de ces mains – certaines sont des mains d'enfants –, apposées sur les parois des grottes, et notamment à Gargas où elles sont particulièrement nombreuses ? Le Dr Salhy qui fit une étude sur les mains de Gargas a compté 103 mains (qu'il dit gauches), dont 72 noires, 28 rouges, 2 blanches, 1 ocre, et 36 mains droites dont 13 noires et 23 rouges ; soit un total de 139 mains lisibles, plus d'autres moins évidentes. En fait il ne semble pas possible de savoir s'il s'agit de mains droites ou de mains gauches. L'abbé Breuil, en son temps, a également beaucoup parlé et écrit sur cette question, il est vrai passionnante.

Autre aspect de la question et qui n'est pas le moins fascinant : les mains de Gargas – mais là non plus il n'y a pas d'exclusivité – sont mutilées. Pourquoi ? Plusieurs réponses ont été données :

• Les mains auraient été mutilées avant d'être peintes, par projection soufflée sur les parois, afin de sacrifier à des rites magiques. Cette théorie fut notamment défendue par l'abbé Breuil et E. Cartailhac.

Cette explication semble abandonnée aujourd'hui d'autant qu'elle ne donne pas de réponse pour les mains qui ne sont pas mutilées.

• Deuxième hypothèse, celle du Dr Salhy qui a relevé les empreintes. Pour lui, les mutilations seraient d'origine pathologique et il s'en explique, mais là encore, cela ne justifie pas la présence des mains intactes.

• Troisième tentative d'explication, celle d'André Leroi-Gourhan qui, ne croyant pas plus aux mutilations qu'à la pathologie, pense davantage à un code, une sorte de langage manuel. La thèse de Leroi-Gourhan, qui s'insère dans son explication globale des signes et des figures animales présents dans les grottes, rencontre des objections ; mais elles sont sans doute représentatives de symboles, donc d'un langage et d'une pensée qui nous échappent. Leur répartition, à Gargas comme dans d'autres grottes, ne semble pas être le fait du hasard. En tout état de cause, le mystère demeure !

Grotte de Gargas. Mains négatives noires et rouges.

GROTTE DE PEREYRE I, DITE AUSSI LE NOISETIER

♦ FRECHET-AURE

Cette grotte ouverte sur le versant oriental de la vallée d'Aure à 850 m d'altitude dut servir d'abri à des Néandertaliens attirés par les bouquetins et les isards. Ils consommèrent la viande sur place, abandonnant les restes de leurs repas autour d'un foyer. Ils fabriquèrent leurs outils à partir des galets de quartzite collectés sur le cours proche de la Nesle. La dernière occupation de ce lieu remonte au IV e millénaire : on le sait par le bois qui a été brûlé – du frêne et du noisetier – daté par le carbone 14.

TARN

DOLMEN DE LARROQUE

♦ **LARROQUE**

Accès libre

A 15 km au sud de Montricous, dans le causse de Limogne, on dénombre 2 milliers de dolmens érigés au Néolithique. Celui de Larroque se compose d'un dolmen primitif prolongé par une seconde chambre.

TARN-ET-GARONNE

GROTTE DE BRUNIQUEL ❄

Cette grotte a livré plusieurs squelettes d'hommes de Cro-Magnon (Paléolithique supérieur).

MUSÉES

ARIÈGE

FOIX (09000). Musée départemental. Tél. : 05 61 65 56 05.
Collections régionales. Galets peints du Mas-d'Azil*, ours gravé de Massat. Squelette de la grotte de l'Herm, nombreux objets lithiques.

LE MAS-D'AZIL (09290).
Tél. : 05 61 69 90 18.
La pièce préhistorique la plus célèbre de ce musée est un propulseur, dit le Faon des Oiseaux. Nombreux objets préhistoriques régionaux.

TARASCON-SUR-ARIÈGE (09400). Musée. Salle Antoine-Gadal.
Tél. : 05 61 05 81 57. Minéraux, fossiles, outils, objets du Paléolithique.

TARASCON-SUR-ARIÈGE. Parc pyrénéen de l'Art préhistorique. Route Banat-Lacombe. Tél. : 05 65 05 10 10. Quinze ha pour découvrir la vie des premiers hommes. Reconstitution des œuvres de la grotte de Niaux. Une fresque peinte par G. Tosello illustre la journée d'un chasseur magdalénien.

VALS (09500). Association des Amis de Vals. Tél. : 05 61 68 61 19.
Panorama de la Préhistoire ariégeoise.

HAUTE-GARONNE

AURIGNAC (31420). Musée de Préhistoire. Tél. : 05 61 98 70 06 (S.I.).
Collections des industries gravettiennes et solutréennes provenant de la Couze en Dordogne. Produit des fouilles de l'abri d'Aurignac*, site éponyme de l'Aurignacien.

TOULOUSE (31000). Musée archéologique de l'Institut catholique.
Tél. : 05 61 36 81 00. Collections du Néolithique. Mobilier de puits funéraire de la Protohistoire.

Musée Saint-Raymond. Place Saint-Sernin. Tél. : 05 61 22 21 85.
Dans les jardins, on peut voir les statues-menhirs de Montels (Aveyron) et de Frescaty (Tarn).

LOT

CABRERETS (46330). Musée de Préhistoire Amédée-Lémozi.
Situé près de la grotte de Pech-Merle, ce musée a réuni des objets issus de ce site.

TARN-ET-GARONNE

CAUSSADE (82300). Musée de la Préhistoire.
Objets du Paléolithique, du Néolithique et de l'âge du fer. Actuellement fermé.

On ferme...

La région Midi-Pyrénées compte de très nombreuses grottes préhistoriques, mais beaucoup sont fermées pour des raisons de sécurité, ou parce qu'elles sont difficilement accessibles.

Citons en Ariège les grottes de Pradières, Massat, des Trois Frères, des Églises, de Fontanet, le réseau René Clastres.

Dans le Lot : Le Cuzoul, les Brascones, Christian, les Faux-Monnayeurs, le Cantal, Le Cuzoul de Mélanie, Marcenac, Sainte-Eulalie, les Papetiers, Le Moulin, Pergouset, les Escabasses, Roucadour.

En Haute-Garonne, le Bois de Cantet.

Dans le Tarn : La Madeleine des Ablis, le Travers de Janoye.

Dans le Tarn-et-Garonne : Mayrière supérieure.

Toutes ces grottes ornées sont présentées dans le superbe livre : *L'Art des cavernes, atlas des grottes ornées paléolithiques françaises*, Éd. Imprimerie nationale.

NORD - PAS-DE-CALAIS - PICARDIE

AISNE - NORD - OISE - PAS-DE-CALAIS - SOMME

Vieille terre préhistorique, le nord de la France a fait l'objet de fouilles poussées dès 1837. Boucher de Perthes, présenté souvent comme le père de la Préhistoire, fit des découvertes capitales aux environs d'Abbeville, dans les couches d'alluvions de la Somme en Picardie. Il récolta des bifaces en silex qui, manifestement, avaient été travaillés par la main de l'homme, dans des temps très anciens. Ses travaux, d'abord contestés, auront par la suite une influence déterminante.

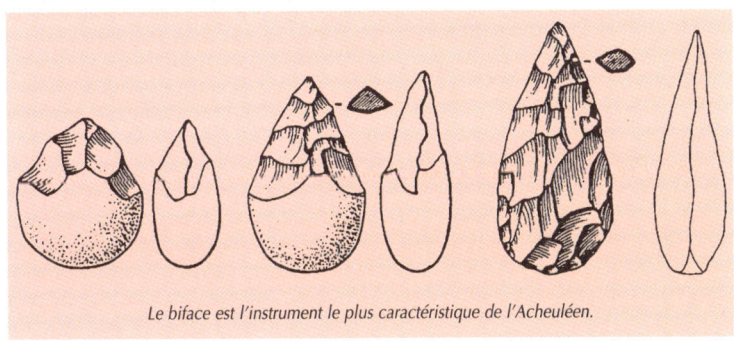

Le biface est l'instrument le plus caractéristique de l'Acheuléen.

AISNE

CUIRY-LÈS-CHAUDARDES ✳

Dans la vallée de l'Aisne, à l'ouest du Rhin, des fouilles menées depuis 1973 ont permis de dégager, sur le site des Fontinettes, de nombreuses maisons de 10 à 40 m de long sur 6 à 8 m de large. Ces habitations appartiennent à la civilisation danubienne présentée également sous le nom de « civilisation rubanée ». Ce terme vient de ce que les poteries retrouvées sont souvent décorées d'incisions en spirale, en méandre ou en volute.

A partir de la disposition des trous de poteaux, les fouilleurs de Cuiry-lès-Chaudardes ont reconstitué une maison néolithique de cette civilisation danubienne du nord de la France.

Des maisons de ce type existaient également à Reichstett en Alsace, à Carmoy dans l'Yonne, à Cys-la-Commune et à Pernant dans l'Aisne. Chacune de ces maisons pouvait loger une dizaine de personnes, mais certaines étaient particulièrement vastes : une maison à Cuiry avoisinait les 40 m de long, sans que l'on sache quelle était sa vraie fonction. Un village comptait entre 50 et 200 habitants.

Les premières civilisations danubiennes, dont l'apparition est liée à des mouvements de populations originaires de la vallée du Danube, ont donné naissance à des communautés de paysans regroupées en villages. S'ils n'ont pas abandonné la chasse, les Danubiens pratiquent l'agriculture et l'élevage. Ils travaillent le sol à la houe, et fabriquent des faucilles avec des lames de silex. Ils possèdent également des meules, des pilons et des molettes. Ils pratiquent la déforestation sur une grande échelle, les défrichements se faisant par le feu.

La culture des céréales (blé et orge) domine. L'élevage concerne d'abord le bœuf, puis le porc. A Cuiry, on a retrouvé 2 espèces de bœufs : l'un très robuste pourrait être issu de l'aurochs ; l'autre, petit et gracile, appartient à une espèce déjà connue dans les cultures néolithiques de l'Europe moyenne ou du Sud-Est.

NORD

GISEMENT DE SECLIN ✻

Ce gisement découvert en 1974 dans une mine date du Paléolithique moyen. De nombreuses lames à débitage Levallois ont été trouvées, ainsi que des burins et des racloirs.

OISE

LE BUISSON-CAMPIN ✻

♦ VERBERIE

Ce gisement magdalénien a été découvert en 1974 par B. Lambot et fouillé par F. Audouze. Situé sur la rive gauche de l'Oise, à proximité de la forêt de Compiègne, il a livré de nombreux objets du Paléolithique et de l'âge du fer (burins dièdres, perçoirs et becs, grattoirs, lamelles à dos, lames). Ces vestiges se répartissent autour de 2 foyers avec une aire de rejet centrale. Nombreux fossiles d'animaux (rennes et mammouths). Ce site fut sans doute un campement saisonnier de chasseurs de rennes : une aire de dépeçage, entourée d'os de rennes, a été repérée.

CAMP DE JONQUIÈRES ✻

Le camp s'étend sur près de 6 ha. Il était entouré d'un fossé avec une palissade. Les vestiges appartiennent à la culture du Chasséen* (Néolithique moyen) qui se retrouve en France, en Suisse et en Italie du Nord. On y a découvert des statuettes féminines et de nombreux vases dont une majorité sont décorés.

LES BEAUX RESTES

Les restes fossiles très anciens ne se conservent pas tous de la même façon. Ce sont les dents qui ont la plus grande résistance et que l'on récolte par milliers. Elles donnent des indications très intéressantes, notamment sur l'alimentation des individus, selon qu'ils sont végétariens ou carnivores. Elles renseignent également sur leurs maladies.

La mandibule est également assez répandue avec ou sans dents. Viennent ensuite des morceaux de crâne, le pariétal surtout, mais on trouve aussi le frontal et le temporal ; parfois la partie antérieure des maxillaires.

Les os longs sont plus rares et souvent réduits à leurs extrémités. Les vertèbres, les côtes et les phalanges, les bassins et les omoplates ont souvent disparu. Des os du pied, il reste souvent l'astragale, particulièrement solide.

La science et l'expérience aidant, on parvient à reconstituer assez correctement la morphologie de nos lointains ancêtres. Lucy, Australopithèque découverte en 1974, est un exemple rarissime, puisqu'on a retrouvé 40 % de son squelette.

PAS-DE-CALAIS

GISEMENT DE BIACHE-SAINT-VAAST ✳

Ce gisement du Paléolithique moyen dans la vallée de la Scarpe a été mis au jour en 1976, lors de travaux de terrassement dans une usine sidérurgique. Les fouilles de 1982 ont permis de dégager plusieurs sols d'habitat jonchés de nombreux vestiges osseux et d'artefacts* en silex. Un crâne humain, attribué à un pré-Néandertalien, a également été retrouvé (datation, 175 000 ans avant le présent).

SOMME

GISEMENT DE LA GARENNE ✳

♦ CAGNY

Propriété de l'État depuis 1963, le gisement de La Garenne, non loin de Saint-Acheul, a livré de nombreux artefacts* acheuléens. A proximité se trouve le gisement de Cagny-l'Épinette, une ancienne caverne, fouillée à partir de 1980. Présence d'une industrie acheuléenne associée à des ossements de bovidés et de cervidés (âge : 400 000 ans).

GISEMENT DE LA CHAUSSÉE-TIRANCOURT ✳

Non loin d'Amiens, sur la rive droite de la Somme, la commune de La Chaussée-Tirancourt a livré 3 gisements importants dont 2 préhistoriques.

• Un gisement du Mésolithique récent de plus de 1 000 m². Faune et outils abondants : ossements de batraciens, de chevreuils, de sangliers, d'aurochs, de cerfs, de canards, de poissons, de cistudes (tortues de marais). Outils lithiques : grattoirs* et armatures*, lamelles, pointes, feuilles de gui*. Outillage en os : dents de sangliers travaillées, bipointes en bois de cervidé. Éléments de parure. Des structures d'habitat ont été retrouvées : pavages de silex, fosses avec des ossements humains dont certains calcinés.

• L'allée couverte enterrée de la « Sence du Bois ». Sépulture mégalithique qui abrita 350 individus, enterrés à des périodes différentes. La tombe au cours de sa première période d'utilisation était divisée en 3 parties séparées par des dalles. Des logettes identiques ont été retrouvées dans les niveaux supérieurs. Les corps n'étaient pas disposés dans n'importe quel ordre. Dans l'une des loges, on a retrouvé les restes de 6 enfants.

SAINT-ACHEUL ✳

♦ **Faubourg d'Amiens**

Bifaces acheuléens; musée de Picardie, Amiens.

Saint-Acheul est surtout connu des archéologues pour avoir donné son nom à l'Acheuléen. Ce mot créé par G. de Mortillet en 1872 désignait l'industrie à bifaces mise au jour dans les anciennes alluvions de la moyenne terrasse de la Somme. L'Acheuléen, industrie du Paléolithique ancien, est caractérisé par des bifaces peu retouchés.

Il est surtout présent dans des formations de plein air : bassin de la Tamise, Bassin parisien, midi de la France, Espagne, Italie. Le mot s'applique également à certaines civilisations à bifaces d'Afrique.

SOMME

SAMARA ✳✳✳

♦ **PICQUIGNY**

Ouvert tlj.
Pour les heures,
se renseigner :
région Picardie
Tél. :
03 22 51 82 83

A 13 km d'Amiens, entre Saint-Sauveur et La Chaussée-Tirancourt (Somme).

Ce parc archéologique, ouvert en 1988, est situé au pied de l'oppidum gaulois de La Chaussée-Tirancourt et s'étend sur 30 ha. SAMARA (Station d'animation du milieu et d'archéologie de la région d'Amiens) est aussi le nom celtique de la rivière Somme. On y voit des reconstitutions intéressantes depuis la longue maison du Néolithique jusqu'à la maison ovale du Iᵉʳ siècle avant notre ère. Une allée couverte du Néolithique a été mise au jour sur l'oppidum ; elle a été réenfouie pour être conservée.

MUSÉES

AISNE

LAON (02000). Musée municipal. 32, rue Georges-Ermant. Tél. : 03 23 20 19 87. Antiquités méditerranéennes à partir de l'âge du bronze. Salles de Préhistoire régionale avec de belles collections d'outils du Paléolithique de la vallée de l'Aisne.

SOISSONS (02200). Musée municipal. 6, rue de la Congrégation.
Tél. : 03 23 59 15 90. Outillage lithique du Paléolithique provenant de la vallée de l'Aisne. Transfert en 1999 dans le futur musée de Saint-Jean-des-Vignes (tél. : 03 23 59 15 90) qui comportera un parcours archéologique de la vallée de l'Aisne.

NORD

BAVAY (59570). Musée archéologique. 2, rue de Gommeries. Tél. : 03 27 63 13 95.

DOUAI (59500). Musée archéologique et de Sciences naturelles. 191, rue Saint-Albin. Tél. : 03 27 96 90 60.
Belle collection provenant du site préhistorique de Biache-Saint-Vaast*.

OISE

BEAUVAIS (60000). Musée départemental de l'Oise. 1, rue du Musée.
Tél. : 03 44 48 48 88. Belles collections archéologiques. Outillage lithique (100 000 avant

notre ère). Moulage du campement de Verberie. Objets et ossements du site de Boury-en-Vexin.

COMPIÈGNE (60200). Musée Antoine-Vivenel. 2, rue d'Austerlitz.
Tél. : 03 44 20 26 04. Industries lithiques et osseuses provenant du site de Verberie. Maquette d'un campement de chasseurs de rennes. Mobilier néolithique du site de Jonquières*.

PAS-DE-CALAIS

BOULOGNE-SUR-MER (62200). Château-musée. Rue de Bernet.
Tél. : 03 21 10 02 20. Ensembles intéressants du Paléolithique supérieur.

ÉTAPLES (62630). Musée Quentovic. 8, place Général-de-Gaulle. Tél. : 03 21 94 02 47.
Matériel paléolithique et néolithique de provenance régionale.

SOMME

AMIENS (80000). Musée de Picardie. 48, avenue de la République.
Tél. : 03 22 91 36 44. La Société des Antiquaires de Picardie fit édifier ce musée de 1855 à 1869 afin d'abriter ses très riches collections locales. Le musée sera offert à la ville en 1872.
Les salles archéologiques, réaménagées il y a quelques années, sont particulière-ment importantes. Elles comportent des objets lithiques des gisements de Saint-Acheul* (Acheuléen) et de Cagny-La Garenne* (Paléolithique moyen). Belles col-lections néolithiques et de l'âge du bronze (dépôt de Caix et de Plainseau à Amiens).

Hache bipenne, musée de Picardie, Amiens.

ABBEVILLE (80100). Musée Boucher-de-Perthes. 24, rue Gauthier-Patin.
Tél. : 03 22 24 08 49. Ce musée contient les exceptionnelles collections du préhis-torien Boucher de Perthes, mais aussi de ses devanciers. Les nombreuses fouilles effectuées lors de la construction de l'autoroute A 28 sont venues l'enrichir.

NORMANDIE

CALVADOS - EURE - MANCHE - ORNE - SEINE-MARITIME

L a Normandie, sans être une très grande région préhistorique, n'en possède pas moins quelques sites et gisements intéressants qui témoignent d'une occupation humaine depuis au moins 200 000 ans. La Basse-Normandie surtout a livré plusieurs gisements du Paléolithique ancien, de l'Acheuléen, du Moustérien et du Mésolithique.

Pour la période néolithique, on connaît plusieurs cairns* funéraires qui valent bien ceux d'Armorique. Enfin, plusieurs musées contiennent de très belles collections archéologiques appartenant à toutes les grandes périodes de la Préhistoire et de la Protohistoire.

CALVADOS

TUMULUS DE LA HOGUE ET DE LA HOGUETTE

♦ FONTENAY-LE-MARMION

10 km de Caen
Tél. :
02 31 79 89 40

Deux tumulus néolithiques se trouvent dans cette commune, distants de 500 m.

• Celui de La Hogue, identifié en 1828-1829, mesure 40 m de long, 30 m de large et 2 m de haut. Il contient 12 sépultures collectives de plan circulaire auxquelles on accédait par des couloirs. On y a retrouvé plusieurs squelettes et du mobilier funéraire datant de la première moitié du IVᵉ millénaire.

• Le deuxième tumulus, dit de La Hoguette, long de 30 m et large de 20 m, recouvre 7 à 8 chambres de plan circulaire avec couloir d'accès.

Un musée complète le site.

EURE

MÉGALITHE DE COCHEREL

♦ HOULBEC-COCHEREL

Intérêt historique car ce mégalithe n'existe plus

L'exploration de cet ancien mégalithe remonte à 1685. C'est l'une des plus anciennes fouilles connues. La tombe, orientée nord-sud, contenait une vingtaine de squelettes allongés, les bras le long du corps. Le mobilier funéraire comprenait des lames de silex taillé, des pendeloques en pierre, des poinçons en os, 3 poteries remplies de cendres et de charbon, et 2 haches polies.

La découverte du site de Cocherel est due à M. le Prévost de Cocherel, gentilhomme normand. Louis XIV avait décidé de détourner la rivière – l'Eure – vers le palais de Versailles. Il avait donc commencé la construction d'un gigantesque aqueduc, qui d'ailleurs ne fut jamais achevé. M. de Cocherel cherchait des matériaux pour réparer une écluse et, manquant de pierres, il retira sur ses terres, au sommet d'un coteau, 2 dalles qui affleuraient le sol. En levant ces grandes pierres, il en découvrit une troisième, puis une autre, avant d'apercevoir, à quelque 2 m de profondeur, des ossements humains.

Sans M. de Cocherel et son frère, l'abbé de Cocherel, la découverte de ce mégalithe serait passée inaperçue et aurait été vite oubliée.

Au lieu de disperser ou de recouvrir ces vestiges humains, M. de Cocherel les exhuma et les examina : 20 squelettes gisaient côte à côte, tournés vers le midi, les bras le long du corps. Parmi eux, ni femme ni enfant, que des hommes adultes. Les fouilleurs furent frappés par l'épaisseur de leur crâne et l'état de leurs dents. Sous chaque tête se trouvait une pierre, une hache en pierre polie, dont certaines étaient encore enchâssées dans leurs gaines en corne de bœuf ; chaque gaine présentait une perforation transversale, qui marquait l'emplacement d'un manche disparu.

Les Cocherel découvrirent également des objets tranchants, des vases contenant des cendres et des charbons. Dans un coin du monument se trouvait une pierre ronde, une meule sans doute. Le long de la tombe, sur un côté, une marche avait été taillée dans le roc. Elle était couverte d'ossements à demi brûlés mélangés à des pierres et recouverts de cendres.

Sépulture à l'entrée latérale de Batteville-en-Saire. Musée de Normandie.

Cette découverte fit grand bruit dans la région et provoqua maintes rumeurs. Certains racontèrent que les dalles avaient été mises au jour quelques années auparavant par 3 individus, inconnus de tous, qui avaient profité de ce que toute la population se

trouvait à l'église pour creuser un trou. Outre les ossements qu'ils laissèrent au bord du trou, ils avaient trouvé un trésor qu'ils auraient emmené. D'aucuns, bien « renseignés », affirmaient qu'il s'agissait d'Anglais, venus chercher des objets précieux cachés en cet endroit par un de leurs compatriotes durant la guerre de Cent Ans. C'est d'ailleurs à Cocherel que Du Guesclin avait sévèrement battu les Godons en 1364... ce qui faisait remonter l'affaire à 3 siècles !

Lorsqu'il eut terminé ses travaux d'exploration, M. de Cocherel invita le subdélégué de l'Intendant de Rouen à venir dresser un constat. Le document, établi sur les lieux mêmes et contresigné par 6 témoins dont un chirurgien, existe toujours.

M. Robert le Prévost de Cocherel reçut l'autorisation de garder ses « trésors » et d'en disposer à sa guise. De son côté, son frère l'abbé de Cocherel écrivit une *Relation et Dissertation* sur l'événement, qui existe toujours également et où il fournit de très nombreuses informations.

La découverte de Cocherel est intéressante car c'est la première fois que des « inventeurs » fouillent un site avec une certaine méthode et qu'ils en laissent un rapport écrit. Le mégalithe de Cocherel a malheureusement disparu mais, d'après les descriptions faites, on peut penser qu'il datait entre 5 000 et 2 000 ans av. J.-C., époque correspondant à l'agriculture naissante, mais où l'on ignore encore l'usage du métal. Certes M. de Cocherel et son frère, comme les autres témoins, ne pouvaient « reconnaître » vraiment les ossements qu'ils avaient découverts, ni surtout imaginer leur ancienneté, à une époque où il ne pouvait y avoir de vérité, en dehors de la Bible, mais donnons un coup de chapeau à ce monsieur pour avoir su inventorier un site avec intelligence et méthode.

Source : Cl. Masset, *Les Dolmens, sociétés néolithiques et pratiques funéraires*, Éd. Errance.

SEINE-MARITIME

LA GROTTE DE GOUY (APPELÉE AUSSI GROTTE DU CHEVAL) ✳

C'est dans les falaises crayeuses qui dominent la Seine, en amont de Rouen, que se trouve la grotte de Gouy, la plus septentrionale des grottes ornées françaises. Sa découverte en 1956 est due à un jeune garçon de 14 ans, Yves Martin, qui avec son frère avait l'habitude d'explorer les cavités des falaises surplombant la Seine. Un jour, s'étant frayé un passage dans une anfractuosité, ils découvrirent une salle, puis 2 autres, avec, sur les parois, des gravures. Celles-ci seront étudiées par l'abbé Graindor qui y déchiffrera une cinquantaine de figures, essentiellement des traits, dont certains correspondent à un cheval (époque magdalénienne).

MUSÉES

CALVADOS

BAYEUX (14400). Musée Baron-Gérard. Place de la Liberté. Tél. : 02 31 92 14 21.
Les collections préhistoriques concernent essentiellement la région de Bayeux.
Objets et outils depuis le Paléolithique. Sépulture d'Audrieu (période néolithique).
Dépôts de l'âge du bronze (maisons) et nécropoles de l'âge du fer (La Cambe).

CAEN (14000). Musée de Normandie. Logis des Gouverneurs. Tél. : 02 31 86 06 24.
La première section de ce musée municipal va de la Préhistoire aux Vikings. Tous
les sites préhistoriques et protohistoriques de la Normandie sont présentés :
Fermanville (site paléolithique) dans la Manche, la mine d'extraction de silex néolithique de Bretteville-le-Rabet (Calvados), de Vierville (Manche), de Bardouville
(Seine-Maritime), les tumulus néolithiques de Fontenay-le-Marmion* (Calvados),
etc.

EURE

ÉVREUX (27000). Musée de l'Ancien-Évêché. 6, rue Charles-Corbeau.
Tél. : 02 32 31 52 29. Collections préhistoriques provenant de sites de la région.
Belles pièces de l'âge du bronze (dépôts de Baux-Sainte-Croix).

PONT-AUDEMER (27500). Musée Alfred-Canel. 64, rue de la République.
Tél. : 02 32 42 23 70. Collections de bifaces provenant de la région.

MANCHE

CHERBOURG (50100). Musée d'Histoire naturelle, d'Ethnographie et de Préhis-
toire. Parc Emmanuel-Liais. 9, rue de l'Abbaye. Tél. : 02 33 53 51 61.
La Préhistoire est présente avec le mobilier funéraire de l'allée mégalithique de
Bretteville-en-Saire, la hache polie et l'anneau de pierre d'Auderville.

ORNE

L'AIGLE (61300). Musée archéologique Arnaud-Desloges. Place Fulbert-de-Beina.
Tél. : 02 33 24 44 99. Huit vitrines sont consacrées aux grandes étapes de la Préhistoire, du primate à l'*Homo sapiens*.

SEINE-MARITIME

FÉCAMP (76400). Musée Centre des Arts. 21, rue Alexandre-Legros.
Tél. : 02 35 28 31 99. Nombreux objets provenant de sites préhistoriques locaux :
Senneville, Életot.

LE HAVRE (76600). Muséum d'Histoire naturelle. Place du Vieux-Marché.
Tél. : 02 35 41 37 28. Section de Préhistoire régionale. Objets provenant des gisements sous-marins du Havre et de Sainte-Adresse (Paléolithique) et de l'ouest du Pays de Caux (Néolithique).

ROUEN 76000). Muséum d'Histoire naturelle, ethnographique et préhistorique.
198, rue Beauvoisine. Tél. : 02 35 71 41 50.
Cet ancien couvent présente de remarquables collections préhistoriques. On peut y voir de très nombreux outils extraits de gisements de la région. Les pièces paléolithiques proviennent des briqueteries des plateaux nord de Rouen. Une sépulture néolithique a été reconstituée avec les ossements trouvés à Saint-Pierre-d'Autils et Bonnières. On peut également voir des ossements d'ours des cavernes, hyène, lynx, castor, éléphant, mammouth, etc.

LES PIONNIERS DE L'HEXAGONE
DE PLUS DE **100 000** ANS

Les occupants de Tautavel .... 550-400 000 ans
La mandibule de Montmaurin .... 400 000 ans
L'empreinte de pied humain de Terra Amata à Nice .... 380 000 ans
Ossements de la Chaise-de-Vouthar (Charente) .... 200-150 000 ans
Le pariétal de la grotte de Lazaret à Nice .... 130 000 ans
Le crâne de Biache-Saint-Vaast (Pas-de-Calais) .... 120 000 ans
La calotte crânienne de Fontéchevade (Charente) .... 120 000 ans

Il est quasi certain que des hommes ont occupé certaines parties de notre territoire, à des périodes beaucoup plus lointaines, mais ils ne nous ont laissé, à ce jour, aucune trace physique (ossements, dents) de leur présence.

PAYS DE LA LOIRE

LOIRE-ATLANTIQUE - MAINE-ET-LOIRE - MAYENNE
SARTHE - VENDÉE

La Préhistoire n'est pas reine dans cette région si l'on excepte le secteur de Thorigné-en-Charnie où l'on peut voir quelques grottes. Les principaux vestiges se composent essentiellement de dolmens et de menhirs, dont certains très imposants.

LOIRE-ATLANTIQUE

DISSIGNAC

♦ Saint-Nazaire

Ce tumulus, fouillé à partir de 1970, recouvre 2 sépultures mégalithiques. Il a connu 2 phases d'aménagement qui ont pu être distinguées. La première date du Ve millénaire av. J.-C., et comprend un cairn* entouré d'une rangée de grandes dalles, interrompue par 2 couloirs qui mènent à 2 chambres. Le second aménagement visait probablement à agrandir le monument et s'est traduit notamment par un allongement des couloirs et la pose d'un parement extérieur constituant une muraille de 30 m de diamètre.

TUMULUS DES MOUSSEAUX

Au nord de Pornic

Ce tumulus appartient à un ensemble du Néolithique moyen et en constitue l'élément le plus intéressant par la forme en transept de l'un de ses dolmens à couloir (celui de gauche).

MAINE-ET-LOIRE

DOLMEN DE LA BAJOULIÈRE

♦ Saint-Rémy-la-Varenne

Ce monumental dolmen, récemment restauré, est recouvert d'une dalle de 7,5 m de côté. Il faisait probablement partie du sanctuaire du village monolithique du Thoureil, situé à 2,4 km de là.

MAYENNE

GROTTE DE MAYENNE-SCIENCES ❄

♦ **THORIGNÉ-
EN-CHARNIE**

Cette grotte classée monument historique en 1970 est fermée au public.

Seuls des spécialistes peuvent exceptionnellement la visiter.

Elle a été découverte en juin 1967 par un groupe de spéléologues de la Mayenne, d'où son nom scientifique. En effet elle est plus connue sous le nom de grotte de la Dérouine ou de cave à La Bigotte.

Cette grotte ornée comprend une succession de 3 salles reliées entre elles par des boyaux, et précédées d'un vaste porche (qui a été fouillé en 1876 et en 1932). Les dessins se trouvent dans leur grande majorité dans la salle 3, c'est-à-dire dans la partie terminale de la grotte à 70 m de l'entrée, dans l'obscurité complète. Quelques autres se trouvent dans la première salle.

La grotte comprend des dessins dont 7 chevaux, 1 mammouth, 1 bison et 4 indéterminés. Ils ont tous été exécutés au trait noir et sont souvent incomplets. Quatre figures (mammouth, cheval, bouquetin et un indéterminé) se trouvent dans la première salle ; les autres sont regroupés dans la salle 3, à l'exception de 3 chevaux disséminés dans le fond de la grotte. L'ensemble est considéré comme relevant du style III.

*Grand gobelet
campaniforme.
Mudée Dobrée,
Nantes.*

Cette grotte n'est pas isolée dans son secteur, puisque 15 autres entrées de grottes ont été reconnues dans un rayon de 1,5 km autour de Mayenne-Sciences. Deux d'entre elles, Margot et Rochefort, sont ouvertes au public, mais ne présentent plus d'intérêt préhistorique. Leurs porches d'entrée ont livré du matériel lithique (Paléolithique supérieur), comme celui de la grotte de la Chèvre, près de Rochefort.

DOLMEN DU PETIT VIEUX-SOU-BRECÉ

Site libre

Cette chambre funéraire (longueur 11 m, hauteur 1,40 m) est située sur un plateau dominant la Colmont, affluent de la Mayenne, près de Gorron. Elle comprend un couloir d'accès. Cette sépulture, proche du type armoricain, a été restaurée dans les années 80.

VENDÉE

ENCEINTE DE CHAMP-DURAND

♦ NIEUL-SUR-
L'AUTISE

Ce camp, occupé de la fin du IVe au IIIe millénaire av. J.-C., s'étend sur un plateau dominant la vallée des Maléons. Il fut un lieu de rencontre pour les peuplades du Néolithique. Une triple enceinte le protégeait. Les vestiges retrouvés (ossements d'animaux, tessons de poteries, silex, coquillages) confirment l'hypothèse d'un camp habité.

LES COUS

♦ BAZOGES-
EN-PAREDS

Ce monument est un tumulus rond de 15 m de diamètre qui recouvre une chambre centrale de plan circulaire, dont la paroi est en pierres sèches doublées par des dalles dressées. Lors des fouilles en 1913, on a retrouvé les restes de 150 individus et un matériel funéraire varié : silex taillés, dents perforées. Datation : Néolithique moyen. L'ensemble a fait l'objet d'une restauration.

ENSEMBLE MÉGALITHIQUE DU TALMONAIS ✳✳

♦ COMMUNES
D'AVRILLÉ,
LE BERNARD,
SAINT-HILAIRE-
LA-FORÊT,
SAINT-VINCENT-
SUR-JARD,
LE GIVRE

Ces mégalithes du Talmonais répartis sur plusieurs communes constituent le plus important ensemble mégalithique du Centre-Ouest. Érigés sur les terrains calcaires du massif d'Avrillé, ces dolmens et ces menhirs ont dû être transportés sur plusieurs kilomètres. Ils témoignent d'installations humaines datant du Néolithique ancien. Le dolmen de la Frébouchère est particulièrement remarquable. Il est recouvert d'une table de 80 t. Le menhir du « Camp de César », qui atteint 7 m de haut, est l'un des plus élevés de France.

Pointe de flèche
à ailerons.
Musée Dobrée,
Nantes.

MUSÉES

LOIRE-ATLANTIQUE

NANTES (44000). Musée d'Histoire naturelle. 12, rue Voltaire. Tél. : 02 40 41 67 67. Un musée fort bien présenté. La salle de Préhistoire montre l'évolution de la faune et de la flore. Elle conduit naturellement à la paléontologie où sont présentés tous les groupes zoologiques et botaniques. Très beaux échantillons de minéralogie générale.

NANTES (44000). Musée Dobrée. Rue Voltaire. Tél. : 02 40 71 03 50. Intéressantes collections préhistoriques (outils, armes, parures) et néolithiques (anneau-disque de jadéite de Quiberon, céramique peu-richardienne de Saint-Nazaire).
Des ensembles provenant des sépultures mégalithiques sont exposés : collier d'or et de callaïs du tumulus des Trois Squelettes ; mobilier du tumulus des Sept Dolmens ; tombe princière avec les objets en métal du tumulus de Tossen-Kergourognon.

MAINE-ET-LOIRE

ANGERS (49100). Musée d'Histoire naturelle. Tél. : 02 41 86 05 84. Les collections de Préhistoire réunissent les produits des fouilles provenant des sites d'Écouglant et de Roc-en-Pail près de Chalonnes. Un gisement moustérien a livré des ossements de Néandertaliens (70 000 à 50 000 ans av. J.-C.).

SARTHE

LE MANS (72000). Musée de Tessé. 2, avenue de Paderborn. Tél. : 02 43 47 38 51. Importante collection d'objets du Paléolithique et du Néolithique : haches, parures, dont 3 en or.

POITOU-CHARENTES

CHARENTE - CHARENTE-MARITIME - DEUX-SÈVRES - VIENNE

La région Poitou-Charentes présente un grand intérêt pour la connaissance préhistorique de la France, même si l'on ne trouve pas de grottes ou de gisements importants.

Les traces d'occupation humaine couvrent une période allant du Paléolithique à l'âge du fer. De nombreux vestiges du Vᵉ au IIIᵉ millénaire av. J.-C. comprennent des dolmens et des menhirs, prolongeant ceux de la Bretagne proche.

CHARENTE

LA CHAIRE À CALVIN ✳

♦ **MOUTHIERS**

Dans cet abri sous roche, la paroi comporte une frise, très dégradée, représentant des bovidés et des chevaux. L'un des bisons a été « muté » en cheval !

Un important outillage solutréen a également été trouvé.

*Mouthiers.
La Chaire
à Calvin.
Sculptures.*

LA GROTTE DE MONTGAUDIER ✳

♦ **MONTBRON**

La grotte de Montgaudier fouillée par A. Gaudry comprend un grand porche orienté nord-nord-est, un premier étage, des grottes et des diverticules au-dessus du premier étage, et l'abri Gaudry, du nom de son premier inventeur.

Les fouilles reprises en 1966 ont permis de dater l'ensemble du Magdalénien en phase finale. En 1978, une fouille a révélé des traits gravés sur une paroi de la grotte étudiée par Gaudry. Une tête de ce qui a semblé être un bovidé a été distinguée, accompagnée de signes. La longueur de la gravure est de 12 cm.

L'ensemble peut être rapporté au style III du Magdalénien.

LA GROTTE DU PLACARD ✳

♦ VILHONNEUR

Cette grotte, située au sud de La Rochefoucauld, dans l'arrondissement d'Angoulême, a permis de mettre au point l'une des principales références stratigraphiques pour la chronologie du Paléolithique supérieur. Elle contient de bas en haut une couche de Moustérien, un niveau de Solutréen récent, 4 couches de Magdalénien et une de Néolithique. Elle a malheureusement été étudiée dans de mauvaises conditions en 1874 et en 1910.

LA QUINA ✳✳

♦ GARDES-
LE-PONTAROUX
PRÈS DE
VILLEBOIS-
LAVALETTE

Ce gisement paléolithique s'étend sur près de 700 m au pied des falaises de la rive gauche du Voultron. Les premières fouilles remontent à 1872 et 1882. On y a notamment retrouvé de nombreux racloirs* façonnés par retouches écailleuses sur des éclats courts et épais.

Cette industrie a reçu le nom de Moustérien type La Quina ou charentien.

Un squelette d'un adulte néandertalien découvert en 1911 reposait dans les dépôts moustériens ainsi que celui d'un enfant retrouvé 8 ans plus tard.

Des sagaies à base fendue, datées de 29 000 ans avant notre ère, ont également été recueillies.

GROTTE DES ROIS ✳

♦ MOUTHIERS

Ce gisement fouillé entre 1948 et 1952 fut peuplé durant l'Aurignacien*. Trois niveaux de cette période ont été mis au jour avec un important matériel lithique et osseux. Le plus ancien est constitué d'une couche cendreuse de 60 cm et de foyers appareillés. On y trouve en abondance des débitages de silex, des lames, des grattoirs, des sagaies, de petits bâtonnets en ivoire destinés probablement à fabriquer des perles. Nombreux ossements de rennes également. Les autres niveaux, moins riches, possédaient un outillage semblable à celui du premier niveau ; des dents humaines et des ossements font supposer qu'il y avait en cet endroit plusieurs sépultures.

Non loin de la grotte des Rois se trouvent les abris et la grotte des Vachons, qui ont livré de nombreux outils et des éléments de parure, correspondant aussi à une occupation aurignacienne.

ROC DE SERS ✳✳

♦ SERS

Cet abri sous roche, qui fait partie d'un ensemble d'abris et de grottes du Vallon du Roc, a fourni un important outillage lithique et osseux, des éléments de parure (dents percées, os d'oiseaux incisés, galet ovale gravé). Plusieurs habitations, réparties sur 3 niveaux (Solutréen supérieur), ont également été trouvées, ainsi qu'une sépulture où reposaient 2 adultes et 1 adolescent (de type race de Chancelade).

Roc de Sers : élément de la frise sculptée.

En 1927, le Dr Henri Martin* mit au jour des éléments d'une frise sculptée répartis sur une vingtaine de blocs en calcaire et représentant une faune très variée : cheval, renne, boviné, bouquetins, bison ; un oiseau, et un bœuf musqué devant un homme qui s'enfuit.

CHARENTE-MARITIME

ABRI DE LA ROCHE À PIERROT ✳✳

♦ SAINT-CÉSAIRE

A 10 km de Saintes

Cet abri sous roche est intéressant car il permet, par sa séquence stratigraphique, d'observer le passage du Paléolithique moyen au Paléolithique supérieur. Il donne de nombreuses informations tant sur la flore et la faune que sur les industries des différentes périodes qui se succédèrent. Mais Saint-Césaire est aussi célèbre par la découverte en 1979, dans l'un des niveaux châtelperroniens, d'un squelette humain (incomplet). Il s'agit d'un Néandertalien qui vécut il y a 35 000 ans ou 34 000 ans avant le présent.

La présence de cet individu à ce niveau est particulièrement importante car cela signifie que les hommes qui ont fabriqué des objets rattachés à la civilisation châtelperronienne étaient des Néandertaliens et que ceux-ci n'avaient pas encore disparu à la fin de l'époque moustérienne. Ils ont donc pu rencontrer et coexister avec des *Homo sapiens sapiens*.

DEUX-SÈVRES

LES TUMULUS DE BOUGON ✳✳✳

Dans ce petit village se trouve un superbe ensemble mégalithique, à 500 m de l'église au lieu-dit « Les Chirons ». Ces tumulus sont les vestiges d'une grande nécropole composée de 6 tertres, fouillés entre 1840 et 1845, puis plus récemment.

Le tumulus A, le plus éloigné de l'entrée, a 40 m de diamètre. Il fut forcé en avril 1840 par des chercheurs-fouilleurs-prédateurs, ignorants et enthousiastes. L'un d'eux relate la découverte en ces termes : « Partout des os, des cadavres et des vases, les uns brisés, les autres intacts ; là des piliers debout, des piliers renversés, des murailles en pierres sèches dont quelques-unes sont écroulées, ruinées par les pluies et le temps ; sous les pieds, de la terre humaine, sur la tête, un bloc énorme. Quelle construction gigantesque, que de siècles sont passés sur elle ! »

Deux cents squelettes répartis sur 3 couches, chacune séparée de la précédente par un dallage, furent identifiés. Un mobilier funéraire important accompagnait ces restes mortuaires : un pic en bois de cerf, des poignards, des ciseaux, des flèches, des grattoirs, des lames de silex, des haches, des vases, des perles, des coquillages, des pendeloques en canines de loup ou d'ours.

Les tumulus B et D, de forme allongée, ont 35 m de long et 8 m de large.

Bougon, Deux-Sèvres. Tumulus et dolmen F.

Le tumulus C a 57 m de diamètre. Il englobe un dolmen à couloir de style angoumoisin où l'on a retrouvé 4 squelettes. Il semble avoir été édifié en 2 temps : un tertre central, englobé plus tard dans un deuxième tertre.

Le tertre E, oblong, long de 28 m, large de 11 m, comprend 2 chambres rondes jadis voûtées en encorbellement.

Le tumulus F est une butte de 80 m sur 20 m, haute de 3 m. Il renferme un dolmen à chambre quadrangulaire. La Cella est précédée d'un couloir couvert de dalles. La construction de ce tumulus n'est pas homogène. Elle s'est déroulée en deux temps : un tumulus au IVe millénaire auquel on a ajouté au nord, au IIIe millénaire, un dolmen coiffé d'un tertre semi-circulaire prenant appui sur la façade du premier tumulus.

L'ensemble de Bougon n'est pas chronologiquement homogène. Les tombes du tumulus E et la tombe sud du tumulus F datent (d'après le carbone 14) de 3 850 av. J.-C. Les dolmens à couloir des autres tumulus sont plus tardifs (3 000 à 2 400 av. J.-C.).

LA CONSTRUCTION DES MÉGALITHES

Les techniques de construction des mégalithes ont été étudiées à partir des carrières trouvées à la base des tumulus et à partir des blocs mis en place dans certains de ces dolmens. La couverture de l'un des dolmens, une dalle de 32 t, a été reproduite en béton et a fait l'objet d'une expérience spectaculaire en 1979. Deux cents personnes l'ont tirée sur des rouleaux de bois, en montrant comment on pouvait la lever et la mettre en place, à l'aide de trois grands leviers.

LE TUMULUS DU MONTIOU ✳

♦ SAINTE-SOLINE

Ce monument funéraire, malheureusement endommagé en 1920, recouvrait probablement 5 chambres mégalithiques à couloir. On a retrouvé dans l'une des chambres des ossements humains, des poteries, des silex taillés datant du IVe millénaire avant notre ère.

VIENNE

LE CHAFFAUD ✳

♦ SAVIGNÉ

Appelée aussi grotte du Puits au Chaffaud, elle fut explorée par A. Brouillet vers 1840. Elle connut, à l'époque magdalénienne, 2 périodes d'occupation. Les fouilles ont permis de retrouver plusieurs milliers d'objets dont un os gravé de 2 biches qui fut le premier objet d'art paléolithique trouvé en France. De nombreux restes humains ont révélé la présence de sépultures non repérées.

CHAMPLOST ✳

Un habitat paléolithique de plein air a été découvert à Champlost en 1981, suite à des labours. Les fouilles ont mis au jour un foyer, des ossements d'animaux (bovinés) et des milliers d'objets dont une centaine de nucléus et 300 outils : essentiellement des racloirs de différents types, sans doute d'époque moustérienne. La présence d'outils et d'ossements d'animaux laisse penser que Champlost fut une halte de chasseurs.

GROTTE DE LA MARCHE ✷✷

♦ **LUSSAC-LES-CHÂTEAUX**

C'est en 1937 que L. Péricard et S. Lwoff découvrirent, dans cette grotte, des centaines de plaquettes calcaires gravées. Datée de la période magdalénienne, on y voit une iconographie très originale et très réaliste : chevaux-bisons, ours-félins et humains. Ces gravures se trouvent au musée Raymond-Touchard de Lussac-les-Châteaux, mais un certain nombre ont disparu.

La grotte a livré également une importante industrie : lamelles à dos, sagaies, burins, grattoirs, lissoirs, etc. L'intérêt de cette grotte vient de ses milliers de gravures : « Sous des traits inexplicables, se devinent des silhouettes admirables par le réalisme de leur forme. L'iconographie humaine est surprenante par la richesse figurative, la fantaisie des détails et la liberté de l'allure qui nous conduisent à imaginer les vivants de l'époque ! »

(Y. Taborin et S. Thiébault, *Dictionnaire de la Préhistoire*, Éd. PUF.)

ABRI DU ROC-AUX-SORCIERS ✷✷

♦ **ANGLES-SUR-L'ANGLIN**

Cet abri est classé monument historique depuis 1955. Il est situé à 1,5 km en aval d'Angles, près du confluent de l'Anglin et de la Gartempe, dans un secteur riche en gisements préhistoriques (la grotte des Cottés et les Roches de Pouligny-Saint-Pierre).

L'abri, découvert en 1927, s'étend sur une cinquantaine de mètres et comprend 2 parties : en amont, la cave de Taillebourg, et en aval, l'abri Bourdois.

C'est en 1929 que L. Rousseau découvrit dans la cave Louis-Taillebourg, sous d'énormes éboulis, des blocs représentant des bisons, des bouquetins, des chamois, des félins, et un buste d'homme, sculpté, peint et gravé (période Magdalénien III). Un outillage important (pic, burin, grattoir), des parures, des œuvres d'art mobilier ont également été recueillis.

L'abri Bourdois a été étudié notamment par Mmes Suzanne de Mathurin et Dorothy Garrod de 1947 à 1964. Une frise sculptée de 15 m de long a été mise au jour. Si l'on se réfère à certaines traces d'ocre, elle devait être peinte à l'origine. La partie centrale de cette frise est fort célèbre. Elle représente 3 corps féminins, grandeur nature, dont seul le torse a été travaillé. Leurs formes sont « normales » comparées à certaines Vénus adipeuses, comme celles de la grotte de La Marche* sculptées à la même époque. De chaque côté des Vénus, on peut voir le trio habituel cheval-bison-bouquetin (style Magdalénien IV ancien). Les Vénus sont d'une grande qualité.

Les abris sculptés datant du Paléolithique supérieur sont assez rares : on connaît en France le Cap-Blanc*, le Roc de Sers*, la Chaire à Calvin*.

MUSÉES

CHARENTE-MARITIME

ROCHEFORT (17300). Musée archéologique de la Vieille-Paroisse. Avenue Rochambeau. Tél. : 05 46 99 08 60.
Belles pièces néolithiques peu-richardiennes – appartenant à la civilisation typique de la Charente-Maritime – provenant du site de La Garenne* à Saint-Marcel (Indre). Période magdalénienne.

SAINT-CÉSAIRE (17770). Musée de la Mérine et de la Préhistoire. Les Bujoliers. Tél. : 05 46 91 55 45. Une salle est consacrée à la Préhistoire. Objets provenant du gisement moustérien de La Roche à Pierrot. Moulage d'un squelette néandertalien trouvé en cet endroit.

SAINTES (17100). Musée éducatif de Préhistoire. 140, avenue Gambetta. Tél. : 05 46 93 43 27. Les collections représentent les périodes allant du Paléolithique inférieur au Néolithique. Bonne présentation pédagogique avec tableaux, schémas, reconstitutions.
Voir, dans le jardin, l'atelier de polissage de Grézac (période chalcolithique).

DEUX-SÈVRES

BOUGON (79800). Musée des Tumulus « La Chapelle ». Tél. : 05 49 05 12 13.
Inauguré en 1993, ce musée a été conçu comme un parcours à travers le temps.
Depuis la création de l'univers jusqu'au début du mégalithisme avec la nécropole
de Bougon* d'où proviennent les objets exposés.
Trois reconstitutions présentent des réductions du Néolithique : Çatal Höyük en
Anatolie, Charavines dans l'Isère, Gavrinis dans le Golfe du Morbihan.

VIENNE

CIVRAY (86400). Musée municipal. Tél. : 05 49 87 47 73. Intéressantes collections
préhistoriques de la période magdalénienne provenant de l'abri du Chaffaud* et
d'autres gisements du sud de la Vienne.

LUSSAC-LES-CHÂTEAUX (86320). Musée Raymond-Touchard. 20, rue Saint-Michel.
Tél. : 05 49 48 40 33. Importante salle consacrée à la Préhistoire avec de nom-
breuses pièces originales et des moulages, provenant de sites régionaux (grotte de
La Grande Roche à Quinçay – dents percées), plaques gravées provenant de Laraux.
L'ensemble le plus important est formé de 1 500 plaquettes et dalles, gravées de
représentations humaines provenant de la grotte de La Marche* à Lussac-les-
Châteaux (Magdalénien moyen). Les pièces sont exceptionnelles.

MONTMORILLON (86500). Musée municipal. 6, rue des Augustins.
Tél. : 05 49 91 02 32. Le musée contient le produit des fouilles du gisement magdalénien de la Piscine à Montmorillon découvert en 1966. Important outillage
lithique venant du site de Monson à Journet et de Saint-Pierre-de-Maillé (Paléolithique moyen).

POITIERS (86000). Musée de la Société des Antiquaires de l'Ouest et de la Ville de
Poitiers. 3 bis, rue Jean-Jaurès. Tél. : 05 49 41 07 53.
Ce musée, créé par la Société des Antiquaires de l'Ouest fondée en 1834, n'a cessé
de s'enrichir depuis. Il est actuellement installé à l'emplacement de l'ancienne
abbaye de Sainte-Croix. Ses collections comportent pour l'essentiel des mobiliers
sépulcraux. Un coffre funéraire datant de la transition du Néolithique ancien au
Néolithique moyen a été reconstitué. Également présentés : des ensembles provenant de fouilles effectuées dans les sépultures mégalithiques (Néolithique moyen
et final).
Le musée expose aussi des dépôts de l'âge du bronze (provenance Notre-Dame-
d'Or, Le Verger-Gazeau, Vénat).
A voir également, une reconstitution du rempart de Camp Allaric (fin de l'âge du
bronze) et les mobiliers des tombes à char du Poitou.

PROVENCE - ALPES - CÔTE-D'AZUR
PRINCIPAUTÉ DE MONACO
ALPES-MARITIMES - BOUCHES-DU-RHÔNE
VAR - VAUCLUSE

La côte méditerranéenne a été très tôt habitée par l'homme, dès le Paléolithique inférieur, comme en témoignent Terra Amata et la grotte du Lazaret à Nice. Mais 2 sites superbes retiennent l'attention : Cosquer (non visitable) est la première grotte ornée découverte en Provence (en 1991) et abrite des peintures et des gravures d'une qualité exceptionnelle. Beaucoup plus récentes, les milliers de gravures de la Vallée des Merveilles au mont Bégo nous introduisent dans un univers où les hommes tentent, dans une gigantesque cosmogonie, de s'adresser aux dieux, et de trouver des réponses à leur angoisse et à leur volonté de vivre. Ils inventent un langage codé que les chercheurs d'aujourd'hui parviennent peu à peu à décrypter.

ALPES-MARITIMES

LA GROTTE DU LAZARET ✳

Près de Nice

Située à une vingtaine de mètres au-dessus du niveau de la mer, au pied du mont Boron, non loin de Terra Amata (Nice), la grotte est connue depuis 1826. Les dernières fouilles ont été entreprises sous la direction d'Henri de Lumley. La grotte, longue de 40 m et large de 20 m, contient des vestiges d'occupation acheuléenne. Dans l'un des dépôts, les chercheurs ont retrouvé les superstructures d'une cabane, non loin de l'entrée. Elle était marquée par une ceinture de pierres. Deux concentrations charbonneuses ont été mises en évidence. Ont également été repérées 2 zones de concentration d'objets et d'ossements accumulés sur 10 à 15 cm d'épaisseur. La présence de minuscules coquillages marins sur l'aire d'habitation a été interprétée comme pouvant provenir d'une litière faite d'algues qui aurait pu être recouverte de peaux. De nombreux ossements d'animaux étaient mélangés aux outils (cerf, bouquetin, cheval, bœuf, rhinocéros, éléphant, loup, renard, lynx, panthère). Deux dents humaines et un pariétal d'enfant ont également été récoltés.

La cabane du Lazaret d'après H. de Lumley.

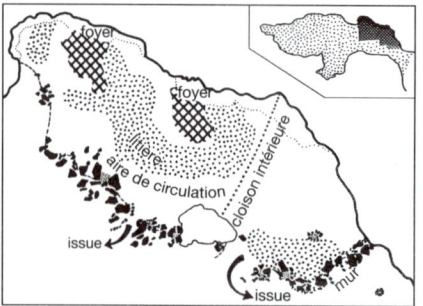

TERRA AMATA ✳✳

♦ NICE

Dans Nice, sur les pentes du mont Boron, ce campement date du Paléolithique ancien. Il a été sauvé par Henry de Lumley et transformé en musée. Jadis le site se situait sur la plage recouverte de dunes près d'une petite rivière. Les fouilles en 1966 ont permis de mettre au jour des structures d'habitat avec des foyers de 380 000 ans. Ovales, de 7 à 15 m de long et de 4 à 6 m de large, elles sont considérées comme des vestiges de huttes en branchages. Les ossements découverts ont révélé la présence de nombreux animaux (rhinocéros, bovidés, cerfs, sangliers, éléphants) ainsi qu'une petite faune de rongeurs et d'oiseaux. L'industrie lithique comprend des outils sur éclats et sur galets (des choppers et quelques bifaces).

L'un des plus anciens foyers aménagés à Terra Amata.

L'un des plus beaux outils sur galet de Terra Amata : un chopping tool*.

D'après les études de M. de Lumley, cet habitat pouvait recevoir 10 à 20 personnes qui se regroupaient là au printemps pour dormir et se nourrir après leur journée de chasse.

GROTTE DU VALLONNET ✳✳

♦ PRÈS DE ROQUEBRUNE-CAP-MARTIN

Explorée en 1958 par R. Pascal, la grotte du Vallonnet – fouillée par la suite par Henry de Lumley (1962) – présente beaucoup d'intérêt. S'ouvrant à une altitude de 100 m, ses parois portent encore les traces de l'époque où elle était envahie par la mer. Les dépôts, postérieurs au retrait de la mer, contiennent de nombreux ossements du Villafranchien (qui correspond à la transition entre l'ère tertiaire et le Quaternaire) ; on a aussi exhumé des vestiges de rhinocéros étrusque, d'éléphant, de macaque, de guépard, de hyène, d'hippopotame, de cheval, de sanglier. Des éclats de pierre taillée en calcaire et en quartzite comptent parmi les plus anciens témoignages connus de la présence de l'homme en Europe.

183

VALLÉE DES MERVEILLES ✳✳✳✳

♦ LE MONT
BÉGO

Il s'agit du plus vaste ensemble de gravures rupestres de l'âge du bronze. Située dans les Alpes du Sud, non loin de la frontière franco-italienne, à 80 km de Nice, ce site est absolument extraordinaire : plus de 100 000 gravures, réalisées il y a 1 800 ans avant notre ère... La vallée des Merveilles est mentionnée pour la première fois dans l'*Histoire des Alpes-Maritimes* écrite vers 1650 par le Niçois Gioffredo. Lui-même ne s'est pas rendu sur les lieux, mais il fonde ses dires sur le témoignage du curé Laurenti de Belvédère qui a vu « des sculptures de quadrupèdes, oiseaux et poissons, instruments rustiques ou militaires... ».

Vallée des Merveilles : l'image christiforme.

En 1855, le botaniste anglais Clarence Bicknell effectue les premiers relevés de gravures dans la vallée des Merveilles et dans une vallée proche, le Val Fontanalba. On lui attribue la découverte de 14 000 gravures. Plus tard le sculpteur Carlo Conti relève et exécute des moulages en plâtre de 36 000 gravures. Il établit une carte archéologique localisant 20 zones de gravures et constitue un *Corpus della incisione rupestri di Monte Bego*. Le premier volume est publié en 1972. La guerre de 1940 mettra

---

LA SORCIÈRE ET LES BERGERS

Bien des légendes « courent » sur la vallée des Merveilles que de vieux bergers colportent encore. L'une d'elles concerne une sorcière qui habitait près de la source de la Valmasque. Elle hantait le val des Merveilles escortée de démons. Elle exigeait des bergers qu'elle rencontrait 4 moutons qu'elle sacrifiait dans le lac du Diable. Un jour cette sorcière disparut, mais le mauvais sort continua de s'acharner sur les pasteurs et leurs troupeaux. Un vieil ermite réussit, grâce à ses prières et après une lutte dont témoigne encore le chaos des rochers, à débarrasser ces pauvres hères des maléfices qui pesaient sur eux. Avant sa mort, le vieil ermite grava un signe mystérieux sur un rocher. Pour le remercier de son aide, les bergers gravèrent des signes sur les rochers, ces signes que l'on voit justement aujourd'hui.

COMMENT SE RENDRE À LA VALLÉE DES MERVEILLES

L'ensemble vallée des Merveilles et Fontanalba demande une journée entière. La montée vers le site se fait à partir du lac des Mesces à Saint-Dalmas-de-Tende. Là, un sentier aboutit au Club alpin français. Il faut ensuite traverser la digue du Lac Long supérieur, et prendre au pied du mont Bégo le chemin conduisant à la vallée des Merveilles. Les gravures les plus célèbres se trouvent près du lac des Merveilles méridional. On ne saurait trop recommander aux visiteurs de respecter ce site particulièrement fragile et menacé. Certains, pour obtenir de meilleures photos, redonnent un « coup de fouet » aux gravures en les passant à la craie, histoire d'avoir un meilleur relief ! D'autres ont tenté des moulages, sans parler de ceux qui ont cherché carrément à découper la roche pour ramener un souvenir chez eux... Par précaution, les conservateurs du site ont remplacé le bloc du « chef de tribu » par une copie.

fin aux expéditions de Corti. En 1947 la région de Bégo et la vallée des Merveilles seront rattachées à la France.

Les gravures rupestres de la vallée des Merveilles se répartissent en 4 grands thèmes : les animaux, les armes, les représentations humaines et les figures géométriques.

◆ LES ANIMAUX constituent environ la moitié du total des gravures. On les désigne par le terme de « corniformes » (figures cornues). Ces derniers, le plus souvent, schématisent une tête de bovidé avec des cornes longues et bien marquées. On peut voir des corniformes attelés, associés parfois à un personnage ; des corniformes opposés par le corps, ou regroupés en paires ou par 4, attelés à des araires. Ces figures représentent des taureaux ou des bœufs.

◆ LES FIGURES HUMAINES ou anthropomorphes sont particulièrement spectaculaires quoique souvent énigmatiques. Certaines sont fort communes : le Christ, le sorcier Mago, le chef de tribu.

◆ LES ARMES constituent les représentations les plus nombreuses après les animaux. Parmi elles figurent des poignards de tailles et de formes diverses, des faux ou des hallebardes, des haches (très rares), des maillets, des masses (difficiles à interpréter).

◆ LES FIGURES GÉOMÉTRIQUES. Leur interprétation est délicate. Il s'agit en général de figures simples : cercles, ovales, rectangles, carrés ou grilles. Certains ont vu des cases de jeu ou des marelles. D'autres pensent qu'il s'agit de représentations symboliques d'enclos à bétail, ou de représentation de parcelles de terre. Les gravures ont été exécutées sur des schistes à la surface lisse. Certaines figures ont été gravées sur des grès très rugueux, ce qui rend leur lecture difficile, sauf en lumière rasante. Les roches gravées sont regroupées au fond de la vallée, sur la partie inférieure des versants et sur les rives des lacs, sans que l'on puisse parler d'organisation logique. Les gravures ont été réalisées par piquetage de la roche à l'aide de silex ou d'outils en bronze.

Les détails de réalisation (qualité du dessin, étude détaillée des cupules – forme, profondeur, disposition, taille – et d'autres éléments tels que la différence de piquetage) ont permis de distinguer 4 styles caractéristiques (A, B, C, D), subdivisés eux-mêmes en catégories, et d'établir une chronologie.

◆ STYLE A : le plus ancien, gravures à cupules profondes et régulières avec un dessin net et rectiligne.

◆ STYLE B : cupules plus larges et plus profondes donnant aux gravures un tracé plus sinueux.

◆ STYLE C : cupules plus espacées, dessins moins nets.

◆ STYLE D : très rare, quelques dessins seulement.

D'autres gravures recoupent les armes déjà piquetées, mais elles sont difficiles à dater. On note aussi des inscriptions romaines, des graffiti de différentes époques, sans oublier les maniaques d'aujourd'hui qui tiennent à laisser une trace de leur passage...

Gravure du Val Camonica : un attelage.

Quel est le sens des gravures rupestres de la vallée des Merveilles ? Les thèses les plus variées ont été présentées. On a dit que ces œuvres avaient été réalisées par des bergers qui menaient paître leurs troupeaux pendant les mois

---

UN MUSÉE DE PLEIN AIR

La vallée des Merveilles constitue un immense musée de plein air à 2 500 m d'altitude. Durant la dernière glaciation du Quaternaire, le Würm, la région était couverte d'un glacier. A la fin de cette période, il y a 15 000 ans environ, le glacier se retira, mais sa présence a étrangement modelé le relief, véritable chaos, formé de blocs erratiques et de nombreux lacs. La vallée des Merveilles est dominée à l'est par le Massif du mont Bégo (2 872 m), à l'ouest par celui du Grand Capelet, au sud par le cirque des monts Macruera (2 557 m) et Scandail (2 452 m) ; s'étendant sur 3 à 4 km, la vallée s'achève au nord au col de Valmasque (2 557 m). Au-delà, on pénètre dans une nouvelle vallée, celle de Valmasque et de Castermo. Mais l'habitude a été prise d'appeler « vallée des Merveilles » l'enfilade des 2 vallées.

d'été. Cette région est depuis des lustres une zone d'alpage et l'on y connaît des chemins de transhumance depuis des siècles. On a également émis l'idée que la vallée des Merveilles avait pu être un lieu de rassemblement des paysans des régions voisines. Selon Emilia Masson, qui a consacré de très importantes recherches à la vallée des Merveilles, « celle-ci est un modèle d'organisation délibérée où rien n'est laissé au hasard. Le site protohistorique du mont Bégo apparaît comme une image parfaite de la division du monde en 2 domaines antithétiques et complémentaires, celui des hommes et celui des dieux. Le cadre accueillant et verdoyant de la vallée Fontanalba s'oppose au sol très escarpé de la vallée des Merveilles, parsemée de pics. L'iconographie des gravures qui ornait les dalles rocheuses de ces 2 vallées est en rapport avec leurs configurations respectives : à Fontanalba, les dessins réalistes présentent un caractère profane ; aux Merveilles, les motifs stylisés suggèrent un caractère sacré » (*Archeologia*, n° 276).

Vie quotidienne et cosmogonie se complètent, révélant un message qu'il faut savoir décoder, exprimant des croyances à travers des symboles, une écriture et une mise en scène complexes. Emilia Masson a en grande partie décrypté le langage de cet immense espace culturel où les dieux s'introduisent dans la vie des hommes qui tentent à leur tour d'expliquer les mystères de la création et de la vie.

*Cabane
de Terra Amata.
Nice*

POUR EN SAVOIR PLUS

- Livre guide de la vallée des Merveilles, Nice, 1976.
- *L'Age du bronze*, coll. « Que sais-je ? ».
- *La France d'avant la France. Du néolithique à l'âge du fer*, J. Guilaine, Hachette, 1980.
- *L'Art de la Préhistoire*, L. Nougier, La Pochothèque, Le Livre de Poche, 1993.
- « La Vallée des Merveilles, un berceau de la pensée religieuse européenne » par Emilia Masson, *Les Dossiers de l'Archéologie*, n° 1814, 1993.

LE DERNIER STADE DE LA PRÉÉCRITURE

« Une simple reconnaissance des gravures du mont Bego, de leur organisation, de leur contexte et de leurs supports permettra au spécialiste de l'écriture d'y identifier l'un des derniers stades de l'écriture synthétique. A ce titre elles offrent pour l'étude de la naissance de l'écriture un apport aussi précieux que les systèmes analogues pratiqués ou légués par les Indiens d'Amérique du Nord ou encore par les Aztèques, les Esquimaux, les Sibériens, et, plus près de nous, en Suède ou en Italie du Nord.

Les graveurs du Bégo n'ont rien à envier à ceux qui pratiquaient ou pratiquent toujours les expressions symboliques du même ordre. En cherchant à traduire leur vision de l'Univers, à dépeindre leur vie au quotidien, à pérenniser leurs croyances et concepts, ils font preuve d'un esprit rationnel qui ne laisse rien au hasard et se nourrit d'une imagination sans limites. »

Emilia Masson, « La vallée des Merveilles », *Les Dossiers de l'Archéologie.*

BOUCHES-DU-RHÔNE

HYPOGÉES D'ARLES-FONTVIEILLE

On connaît 4 hypogées* dans la montagne de Cordes près de Fontvieille. Ils comprennent chacun une chambre précédée d'une antichambre à laquelle on accède par un escalier. Des dalles couvrent la sépulture. Les tombes étaient protégées par des tumulus de forme ovale ou circulaire.

La grotte des Fées ou l'Épée de Roland mesure 43,4 m de long.

La grotte Castellot contenait 100 squelettes, des outils et des parures, des centaines de perles dont une en cor.

La grotte de la Source a livré des pointes de flèches, un poignard en cuivre, une coupe à décor.

Non loin des grottes se trouve le dolmen de Coutignardes qui possède une chambre trapézoïdale de 8,6 m construite au-dessus du sol, avec des parois en pierre sèche.

On trouve également d'autres hypogées dans le delta du Rhône (à Mollans dans la Drôme, et à Roaix dans le Vaucluse).

LA GROTTE COSQUER ✳✳✳

♦ CAP MORGIOU - MARSEILLE

Un véritable bijou mais qui ne peut se visiter. A voir dans un livre ! Cette grotte dont la découverte en 1991 par Henri Cosquer, plongeur professionnel, fit grand bruit est la première grotte ornée

Ne se visite pas connue en Provence. Certains ont douté de son authenticité, mais celle-ci est aujourd'hui bien établie.

L'entrée de la cavité se trouve au pied d'une falaise du Cap Morgiou dans la zone des calanques entre Marseille et Cassis, à 37 m sous le niveau actuel de la mer. Ce qui en interdit la visite au tout-venant. Un couloir de 150 m de long mène à une grande salle dont la partie inférieure se trouve sous la mer. La partie hors d'eau mesure environ 60 m sur 60 m.

La grotte Cosquer n'a pas été utilisée comme habitat. Deux feux d'éclairage et des centaines de fragments de charbon ont été retrouvés sur le sol calcaire. Ces charbons provenaient de pins sylvestres et de pins noirs. Quelques silex ont également été recueillis.

Peintures et gravures se trouvent dans la grande salle mais les remontées marines en ont fait disparaître une grande partie. Les figures gravées ou peintes ont été dessinées avec les doigts, à même la paroi. Les œuvres pariétales comprennent 46 mains négatives, rouges ou noires, en majorité avec des doigts incomplets comme à Gargas, de très nombreux tracés digitaux sur les parois et sur les voûtes, des gravures et des peintures d'animaux, ainsi que des signes.

Les spécialistes ont relevé que les œuvres appartenaient à 2 périodes bien distinctes. Les mains négatives et les tracés digitaux sont les plus anciens. Une main négative a été datée de 27 110 ± 390 ans avant le présent par radiocarbone. Des datages sur des charbons qui se trouvaient à proximité ont donné des résultats voisins. Les animaux et signes sont plus récents. Trois peintures noires sont datées de 19 200 ± 220, 18 840 ± 240, 18 010 ± 190 ans. Une centaine d'animaux sont représentés dont un tiers de chevaux ;

Vue générale de la grotte Cosquer.

189

viennent ensuite des bouquetins, des chamois, des bisons, 2 cerfs mégacéros*, 3 cerfs, et 1 félin.

La grotte Cosquer présente une particularité par rapport aux grottes de Dordogne ou de l'Ariège : on peut y voir également des animaux marins, 3 pingouins peints, 8 phoques gravés, des poissons, des méduses ou des poulpes. Les signes sont particulièrement nombreux : des barbelés en majorité sur les animaux, mais aussi des zigzags, des signes géométriques, des séries de points rouges.

DE L'AUTHENTICITÉ DE LA GROTTE COSQUER

Répondant à un journaliste du *Nouvel Observateur*, Jean Clottes déclara : « Face à pareille découverte, il faut toujours se poser la question, c'est le premier devoir du préhistorien, mais je n'ai pas eu à hésiter longtemps. Les preuves sont multiples et évidentes.

D'abord, il y a le sol avec ses crânes d'ours et ses vestiges intacts sans la moindre trace d'occupation récente. Ensuite, les peintures sont en maints endroits recouvertes de calcite, une cristallisation naturelle due aux eaux de ruissellement et qui demande des milliers d'années.

De plus, le trait du dessin, qui semble continu à l'œil nu, apparaît à la loupe interrompu par des micro-érosions. Cela non plus ne peut pas avoir été fabriqué. »

Interview au *Nouvel Observateur*, janvier 1995.

LA CITADELLE ✳

♦ **VAUVENARGUES** Il s'agit d'un habitat fortifié situé sur les contreforts du massif de la montagne Sainte-Victoire. Il a été fouillé de 1978 à 1985. L'enceinte qui ceinture cet habitat comprend un mur long de 50 m. Prenant appui sur les bords de la falaise, il délimite une surface d'environ 800 m². Une seule aire d'habitation (8 m x 2,50 m) a été découverte, datée de 3 000 av. J.-C. Des céramiques, des silex, des ossements humains et animaux ont été recueillis. Il existe plusieurs sites perchés dans les Bouches-du-Rhône datant du Néolithique et du Chalcolithique : les Calades près d'Orgon, Fortin-du-Saut et Château-Viran (Bouches-du-Rhône), les Lauzières à Lourmarin (Vaucluse), etc.

MUSÉES

ALPES-MARITIMES

MENTON (06500). Musée de Préhistoire régionale. Rue Lorédan-Larchey.
Tél. : 04 93 35 84 64. Inauguré en 1988, le musée contient de belles collections qui retracent la vie des hommes préhistoriques dans les Alpes-Maritimes et la Ligurie, un très beau parcours du Paléolithique inférieur jusqu'à l'âge du bronze. On peut notamment voir les moulages des gravures dites du « chef de tribu » et du sorcier de la vallée des Merveilles* (mont Bégo).

NICE (06300). Musée de Paléontologie humaine de Terra Amata. Actuellement fermé. Tél. : 04 93 55 59 93. Ce musée, original, est situé à l'emplacement d'un campement de chasseurs d'éléphants vieux de 400 000 ans (Acheuléen ancien). Il constitue le rez-de-chaussée d'un immeuble et il a été préservé d'une disparition qui eût été vraiment dommageable. La salle principale présente un moulage de sol de 45 m² comportant un foyer aménagé avec tout le joyeux désordre qu'affectionnaient nos ancêtres · outils, galets, éclats, ossements, etc. On peut également voir l'empreinte d'un pied humain. Dans d'autres salles sont présentés le site de Terra Amata, l'environnement, l'outillage, les ateliers de taille, ses habitants (des *Homo erectus*), etc.

TENDE (06430). Musée des Merveilles.Tél. : 04 93 04 32 50. On peut voir des moulages en résine, des gravures – les plus célèbres de la vallée des Merveilles. Seule pièce originale « le chef de tribu ».

VAR

SAINT-RAPHAËL (83700). Musée archéologique. Parvis de l'église.
Tél. : 04 94 19 25 75. Collections préhistoriques régionales. Des crânes trépanés, des vases chalcolithiques. Une salle est consacrée aux mégalithes du Var.

VAUCLUSE

AVIGNON (84000). Musée Calvet. 65, rue Joseph-Vernet. Tél. : 04 90 86 33 84.
Très riche musée. Ses collections préhistoriques vont du Paléolithique à l'âge du fer. Nombreux objets lithiques d'origine régionale.

MONACO

MONTE-CARLO. Musée d'Anthropologie préhistorique. 56, boulevard du Jardin-Exotique. Ce musée, créé en 1904, sous l'impulsion du prince Albert Iᵉʳ de Monaco, abrite de très intéressantes collections régionales. On peut notamment y voir la sépulture de la grotte des Enfants à Grimaldi (Italie), célèbre pour son rite funéraire.

RHÔNE-ALPES

AIN - ARDÈCHE - DRÔME - ISÈRE - LOIRE
RHÔNE - SAVOIE - HAUTE-SAVOIE

L'occupation des vallées alpines est restée limitée durant la Préhistoire à cause de leur altitude, mais elles ont joué un grand rôle en tant que voies de communication, rôle qui est devenu encore plus important avec le réchauffement du climat. Le peuplement s'est accru pendant le Paléolithique moyen dans les régions les moins élevées, pour s'intensifier au Paléolithique supérieur. Une zone, l'Ardèche, riche en grottes et abris, a vu s'installer des populations qui nous ont laissé de nombreux témoignages de leur présence.

AIN

GROTTE DES ROMAINS ✵✵

♦ VIRIGNIN

Appelée aussi Pierre-Châtel, cette grotte située sur la rive droite du Rhône a gardé un habitat magdalénien, qui a été fouillé de 1965 à 1969. Elle contenait de nombreux objets lithiques et osseux bien conservés, et une faune variée (renne, bouquetin, marmotte, élans) et, ce qui est plus rare, une soixantaine d'espèces d'oiseaux et des vertèbres de lottes d'eau douce.

Des éléments de parure, dont des coquillages de provenance lointaine pour certains, ont également été retrouvés. Des zones réservées à la taille du silex, à la boucherie et au couchage ont été repérées.

ARDÈCHE

GROTTE CHAUVET ✵✵✵✵

♦ VALLON-PONT-D'ARC

Ne se visite pas

La découverte en décembre 1994 par 3 spéléologues, Jean-Marie Chauvet, E. Deschamps et Christian Hillaire, d'une grotte en Ardèche a fait grand bruit et provoqué, comme toujours, maintes discussions et polémiques.

Mais, une fois authentifiée et expertisée par Jean Clottes, spécialiste de l'art paléolithique de renommée internationale, il est permis de dire que cette découverte constitue un fait capital en matière de Préhistoire.

Plus de 300 animaux ont été dénombrés : des ours rouges, une panthère, une hyène, un hibou, des félins, des cerfs, des mammouths, des aurochs, une trentaine de rhinocéros, solitaires ou en

L'Ardèche : un filon préhistorique

Les grottes de l'Ardèche sont souvent des sites préhistoriques.

Elles ont été habitées, plus ou moins assidûment, dès le Paléolithique inférieur. L'homme de Néandertal y était présent lors des dernières glaciations, il y a 35 000 ans, avant de laisser la place à Cro-Magnon.

Pendant 10 000 ans, au Paléolithique supérieur, les grottes ont été décorées et gravées. Quatorze grottes ornées sont actuellement connues. La première fut découverte en 1886, la dernière, 100 ans après, en 1986.

Le bestiaire des époques solutréenne et magdalénienne y est très largement représenté. On y trouve aussi bien des œuvres gravées que peintes tandis que dans d'autres, c'est le relief de la grotte qui est utilisé, les reliefs s'intégrant au dessin.

Les sites les plus célèbres sont la grotte de la Tête du Lion à Bidon*, l'abri du Colombier*, la grotte d'Ebbou*, mais ils sont fermés au public. On peut en voir des répliques au musée régional de Préhistoire d'Orgnac.

Autre richesse de l'Ardèche préhistorique, les 700 dolmens concentrés dans le Bas-Vivarais. Ils font de l'Ardèche le département le plus riche en sites mégalithiques.

Le patrimoine préhistorique ardéchois est d'ailleurs l'un des plus importants de France. Il se situe tout de suite après ceux du Périgord, des Pyrénées et du Quercy.

groupe – tantôt leurs formes se superposent, tantôt ils s'affrontent ; ils sont parfois gravés, parfois peints, parfois les silhouettes sont simplement esquissées, d'autres fois elles sont travaillées avec un souci de réalisme étonnant.

« Cette découverte, dit M. Clottes, est importante à double titre, les peintures présentent un foisonnement d'animaux qui n'ont que rarement été représentés ailleurs, le tout selon des organisations jamais décrites. »

Afin de déterminer l'âge des animaux peints sur les parois de la grotte, 12 analyses au carbone 14 ont été effectuées sur 8 échantillons par le Centre de faible radioactivité de Gif-sur-Yvette (CNRS/CEA), le Centre de datation par le radiocarbone de Lyon (CNRS/ Lyon I) et le *Research Laboratory for Archeology and History of Art* d'Oxford. Les résultats de ces analyses ont provoqué la plus grande des surprises puisque les peintures de la grotte datent d'environ 30 000 avant notre ère, avec des dates un peu plus récentes pour les échantillons prélevés sur le sol.

Le site orné de peintures rupestres le plus ancien était jusqu'à présent celui de la grotte Cosquer près de Marseille, dont le dessus d'une main négative a été daté de 27 000 ans. Altamira et Lascaux ne sont vieilles que de 17 000 ans...

Cette ancienneté prouve que l'art magdalénien s'épanouissait déjà il y a 30 000 ans, alors que l'on avait l'habitude jusqu'à présent de le présenter comme ayant suivi une ligne ascensionnelle qui aboutissait à Altamira et Lascaux.

Les spécialistes vont pouvoir à nouveau repenser certaines de leurs théories sur l'évolution de l'art...

Les propriétaires des terrains qui englobent la grotte ont cru un moment que leur destinée allait basculer. Posséder un tel trésor sous ses pieds vaut de l'or... L'État s'étant déclaré acquéreur, ils ont pensé qu'ils allaient recevoir des sommes rondelettes... Les propositions (dérisoires) qui leur ont été faites les ont fortement déçus, et le mot est faible ! Ils l'ont fait savoir haut et fort.

En attendant, la grotte est fermée et le sera probablement pour toujours afin d'éviter la pollution qui a fait tant de dégâts à Lascaux.

Mais peut-être un jour une grotte sera-t-elle dupliquée juste à côté... Tourisme oblige...

GROTTE DU COLOMBIER I ✳

♦ VALLON-
PONT-D'ARC

Cette grotte magdalénienne des gorges de l'Ardèche connue depuis le siècle dernier se trouve à 4 km environ en aval du Pont-d'Arc. Elle n'est pas ouverte au public, mais a surtout des spéléologues comme visiteurs, car son accès est difficile. Située dans un site remarquable, elle est entourée d'une dizaine de gisements, abrités et de plein air, du Paléolithique supérieur. C'est l'abbé Glory et son équipe qui en 1946-1947 ont découvert les gravures de la grotte, qui a fait depuis l'objet de nouvelles recherches (L. Chabredier, P. Ollier de Marichard, J. Combier).

L'inventaire effectué par l'abbé Glory et ses collaborateurs concerne 22 gravures, difficiles à voir : 1 mammouth, 1 bœuf, 1 bison, 2 bouquetins, 2 antilopes saïga, 3 chevaux, 2 cervidés, 1 tête anthropomorphique, des motifs linéaires et 3 représentations animales douteuses. J. Combier a quelque peu revu et corrigé ce premier inventaire et a retenu 9 représentations distinctes.

Ces figures appartiennent au Magdalénien, style IV récent ; le bovidé du Colombier est selon J. Combier « la meilleure réplique que l'on puisse trouver dans tout l'art des cavernes du célèbre taureau de la grotte de la Mairie à Teyjat* ». « Tout porte à croire, ajoute-t-il, parlant des sites de Limeuil, de Teyjat et du Colombier, qu'à la fin du Magdalénien et de l'art des cavernes lui-même, une sorte d'unité s'est trouvée réalisée de l'Aquitaine au Rhône... »

Communiquant avec Colombier I, l'abri du même nom a son entrée au-dessus, dominant d'une dizaine de mètres le cours de l'Ardèche. Il ne se visite pas.

Cet abri, qui forme une salle quadrangulaire, large de 5 m et d'une superficie de 35 m², contient quelques gravures qui ont été décou-

vertes en 1976 par J.-L. Porte, mais des fouilles menées en 1973 par
P. Ayroles avaient déjà permis de dégager le panneau mural ; sur
celui-ci on peut voir des bouquetins en marche (style IV).

Deux autres surfaces présentent des raclages et des signes. Les
2 gisements du Colombier ont permis de recueillir une industrie
lithique importante (lamelles à dos, burins en majorité).
L'industrie osseuse était également abondante (harpons, sagaies à
double biseau). Quant à la gravure, elle est surtout composée de
bouquetins.

Orgnac.
Coupe
stratigraphique.

GROTTE DU DEROC ✳

♦ **Vallon-**
Pont-d'Arc

Fermée
au public

Cette grotte située sur la rive gauche de l'Ibie, à proximité de son
confluent avec l'Ardèche, a été visitée dès le XVIIIe siècle, en même
temps que d'autres cavités de la région, connues sous le nom des
« Baumes des curiosités ».

La grotte de Deroc possède 3 entrées, qui ont été habitées.

Elle est composée d'un couloir sinueux de 450 m de long et de 10
à 15 m de large. Les peintures ont été découvertes en 1973 par
M. Erwin Tscherter et son équipe. Les peintures, qui se trouvent
dans l'obscurité absolue, sont formées de nappes de points rouge-
brun sur un plafond à 7 m du sol. Les contours sont difficiles à cer-
ner. On peut voir aussi des points isolés et des cornes de bouquetins en ocre rouge. Époque Paléolithique supérieur.

GROTTES DES DEUX-AVENS ✳

Des fouilles clandestines ont en partie ruiné cette grotte qui a fait l'objet de fouilles de sauvetage en 1966 et 1971. Présence d'ossements d'une industrie lithique et osseuse et de foyers charbonneux. Époque magdalénienne.

GROTTE D'EBBOU ✳

♦ **VALLON-PONT-D'ARC**

Fermée au public

Cette grotte, classée monument historique, mais fermée au public, se trouve sur la rive droite de l'Ardèche à 1 200 m en aval du Pont-d'Arc et dans l'une des principales cités touristiques du Bas-Vivarais.

Loin d'être isolée, la grotte d'Ebbou se trouve environnée d'autres sites préhistoriques magdaléniens : les Huguenots, le Colombier*, la Vacheresse, Bergerie du Planchard, Deux-Avens*, les Fées, Rouvière (habitat de plein air).

Les gravures de la grotte d'Ebbou ont été reconnues en 1949, mais l'existence de ce site avait été signalée dès 1867. La grotte comprend 5 parties longues de 50 m environ chacune. Entre 60 et 73 gravures ont été relevées, dont 62 figures animalières (14 indéterminées), 2 signes bien définis et 9 dessins inintelligibles.

GROTTE DU FIGUIER ✳

♦ **SAINT-MARTIN-D'ARDÈCHE**

Cette grotte à couloir, non ouverte au public, comprend un vaste porche qui débouche dans une grande salle rectangulaire de 150 m². Le plafond est à 10 m. La grotte du Figuier a été étudiée à plusieurs reprises depuis 1878. L'abbé Breuil y viendra en 1928. La grotte a fait depuis 1947 l'objet de nombreuses études (l'abbé Glory, P. Huchard, A. Obernich, J. Combier, E. Drouot). Les figures sont très dégradées. Elles sont regroupées à une dizaine de mètres du porche, de chaque côté d'une chatière menant à la grande salle. Sur 5 panneaux sont gravés des bisons, des mammouths, un bovin, un cheval, peut-être un capriné et d'autres signes non déterminés.

Selon Leroi-Gourhan, les gravures du Figuier appartiennent au style II comme les grottes Chabot* et d'Oulen*.

ABRI DU MARAS ✳

♦ **SAINT-MARTIN-D'ARDÈCHE**

Exploré à la fin du siècle dernier, cet abri a été étudié en 1963 par J. Combier. Plusieurs niveaux datant du Moustérien ont été explorés.

GROTTE D'ORGNAC ✻✻

♦ ORGNAC-
L'AVEN

**Ne pas
manquer
le musée**

Découvert en 1956 par M. Héritier, le gisement d'Orgnac III a fait l'objet de fouilles importantes à partir de 1964.

Ont été retrouvés des ossements de bovidés, de cervidés, de chevaux, de rhinocéros, de sangliers, de castors et de tortues, des emplacements de débitage, des foyers, du matériel lithique dont la technique évolue selon le niveau archéologique étudié. Beaucoup de matériel de l'Acheuléen supérieur et moyen, et du Prémoustérien. Le site acheuléen d'Orgnac III est l'un des 10 plus vieux d'Europe. Il fut fréquenté par *Homo erectus*, il y a 350 000 ans.

Musée d'Orgnac.

ABRI DES PÊCHEURS

♦ CASTELJAU

Cet abri étudié en 1974 a une surperficie de 20 m^2 prolongée par une terrasse. C'est l'un des plus importants de la vallée du Rhône. Il a livré de nombreuses pièces qui appartiennent à plusieurs civilisations du Paléolithique : Épimoustérien, Aurignacien, Périgordien supérieur, Épigravettien, Magdalénien.

GROTTES DE PEYROCHE ✻

♦ AURIOLLES

Ces deux grottes se situent à la sortie des gorges de l'Ardèche, dans les falaises qui dominent le fleuve.

Peyroche I, fouillé au début du siècle, a livré une vingtaine de squelettes et des céramiques fin âge du bronze et début de l'âge du fer.

Peyroche II a livré dans sa couche 4 (Bronze ancien) des jarres à fond plat, des tasses à anse anguleuse, 2 haches. Les couches 3 et 4 ont fourni des céramiques (Bronze final).

♦ **BIDON**

Fermée au public

GROTTE DE LA TÊTE DU LION ✳

Cette grotte, classée monument historique depuis 1964, s'ouvre sur la rive gauche des gorges de l'Ardèche.

Elle est située à proximité d'autres gisements préhistoriques. Deux parmi les plus connus, Chabot* et le Figuier*, se trouvent à 800 m en aval.

La grotte est formée d'une galerie ascendante à plafond en ogive. Elle a été étudiée sur 70 m de longueur. Elle comprend 3 parties : la galerie d'accès où l'on voit encore quelques traces de peinture ; la rotonde, où se trouvent les principales peintures dans une abside ; et un boyau terminal.

Les peintures de la rotonde ont été découvertes en 1963 par Robert Brun et Michel Pagès, à la suite d'un tir de mine sur le chantier de la route des gorges. Il a fallu modifier le tracé de la route pour préserver la barre rocheuse dans laquelle la grotte est creusée. Ces gravures représentent un bovidé, 2 têtes de bouquetins mâles et 2 groupes de points jaunes. Le bovidé, probablement une vache, est tourné vers la gauche et peint en rouge comme les têtes de bouquetins. A proximité immédiate de cette composition, on peut apercevoir une figuration de cerf incomplète à l'ocre rouge. Le museau de la bête est coloré. La tête est surmontée d'une rainure dessinée en perspective frontale. Il n'y a pas de cheval, ce qui est assez exceptionnel.

Les gravures de la grotte sont bien datées. Les charbons ramassés sur le sol de l'abside analysés au carbone 14 ont donné un âge de

Grotte de Bidon. La Tête du Lion. Bovidé, bouquetin, signe pointillé.

21 650 ± 800 avant le présent. Elles appartiennent au style III d'André Leroi-Gourhan (Solutréen inférieur).

C'est l'une des rares grottes ornées qui a pu être datée avec une grande précision.

LES GORGES DE L'ARDÈCHE

La route des gorges de l'Ardèche, qui présente déjà un très grand intérêt touristique, permet de découvrir quelques grottes qui, pour n'être pas totalement préhistoriques, méritent la visite.

LES GROTTES DE SAINT-MARCEL.

Découvertes en 1835 ; l'entrée, un abri sous roche, est un riche gisement préhistorique ; elles offrent de superbes salles avec d'étonnantes et splendides concrétions et la présence de bassins d'eau immobile (des gours).
Tél. : 04 75 04 66 11.

L'AVEN MARZAL

On peut le visiter jusqu'à 130 m de profondeur. Il fut exploré par le spéléologue Martel en 1892, puis oublié avant d'être redécouvert en 1949 par un autre spéléologue, Pierre Ageron, qui le fera aménager.
Tél. : 04 75 04 12 45.

LES GROTTES DE LA MADELEINE.

Elles ont une configuration compliquée par suite du travail des eaux. Très belles concrétions avec des variations de couleur.
Tél. : 04 75 04 22 20.

ISÈRE

GROTTE DE PRÉTELONG ✳

♦ **PRESLES DANS LE VERCORS**

De très nombreux ossements d'ours ont été récoltés dans cette grotte dont les parois ont gardé la trace des griffades.

Fouillée en 1956, elle a livré une industrie moustérienne de type Levallois.

SAVOIE

LAC DU BOURGET

♦ **AIX-LES-BAINS**

Plusieurs villages datés d'il y a 3 000 ans ont été retrouvés au fond du lac. Il ne s'agit pas de cités lacustres comme on le pensa longtemps, mais de sites construits sur la terre ferme en bordure d'eau. Le niveau de l'eau ayant monté, les marais se sont retrouvés submergés.

Étudiés, ils ont donné de précieux renseignements sur l'habitat de cette période. Entourées de palissades, les habitations sont rectangulaires. Les objets qui ont été retrouvés se trouvent en partie dans des musées de la région, mais aussi au musée des Antiquités nationales à Saint-Germain-en-Laye.

Au sud d'Aix-les-Bains, on peut voir les sites préhistoriques de Conjux, de Charsignan, des Filets (près du port) et du Saut-de-la-Pucelle. En partant d'Aix vers le nord, citons également Mémard, Grésine et Châtillon (au bout du lac).

MUSÉES

AIN

BOURG-EN-BRESSE (01000). Musée de l'Ain. Prieuré de Brou. Tél. : 04 74 21 15 20. On peut y voir notamment la sépulture d'un adolescent magdalénien et le produit de fouilles de plusieurs sites de la région : grotte des Hoteaux, grotte de la Colombine, abri de la Croze.

SERRIÈRES-DE-BRIORD (01470). Musée archéologique. Tél. : 04 85 50 17 63. Intérêt : l. Le matériel exposé provient de fouilles locales, période néolithique. Grotte de Souhaut à Montagnieu, Côte du Mopard, La Balme à Roland à Lompnas.

ARDÈCHE

BIDON (07700). Préhistoire. Tél. : 04 75 04 38 55. Présentation de la vie des premiers hominidés ; vie quotidienne, chasse, rites funéraires. Vous y verrez une réplique de Lucy, la plus célèbre et la plus médiatique des Australopithèques.

ORGNAC-L'AVEN (07150). Musée régional de Préhistoire. Vallon-Pont-d'Arc. Tél. : 04 75 38 65 10. Ce très important et passionnant musée a ouvert ses portes en avril 1988. Quarante mille pièces archéologiques provenant de 35 donateurs et de 152 sites ardéchois et gardois (outils, armes, parures, objets usuels, ossements humains, faune) s'échelonnant de 350 000 à 750 ans av. J.-C. ont été recueillies. Quatre salles d'exposition permanente permettent une superbe découverte dans le temps.

♦ La SALLE DU PALÉOLITHIQUE ANCIEN ET MOYEN (350 000 à 35 000 ans avant notre ère). Découverte du site acheuléen d'Orgnac III, avec un arraché stratigraphique de 4 m. Les outils d'*Homo erectus*, un campement et un atelier de taille vieux de 100 000 ans, une reconstitution de Neandertal qui fut très présent dans la région. Le matériel exposé provient des grottes du Figuier*, du Ranc Pointu, des abris Moula et du

L'homme de Néandertal au musée d'Orgnac.

Maras*. On retrouve également Neandertal à l'abri des Pêcheurs dans un atelier de dépeçage.

♦ La SALLE DU PALÉOLITHIQUE SUPÉRIEUR (35 000 à 10 000 avant notre ère).

Dans cette salle, c'est l'*Homo sapiens* qui occupe le terrain (nombreux outils, en provenance des grottes de Chabot*, du Colombier*, de Baume d'Oulen* et de la station de la Rouvière). Art mobilier (un lissoir magdalénien orné et gravé de cervidés, d'oiseaux, de poissons provenant de la grotte des Deux-Avens*).

Une galerie conduit le visiteur dans une salle où, grâce à des moulages et à des reconstitutions, il peut découvrir les grottes ornées fermées au public : la grotte Chabot* et ses mammouths, la grotte d'Ebbou* à Vallon-Pont-d'Arc, l'abri du Colombier* (bouquetins de 2 000 ans), la grotte de la Tête du Lion* à Bidon (peintures à l'ocre et tracés digitaux remontant à 21 000 ans environ).

♦ La SALLE DU NÉOLITHIQUE ET DU CHALCOLITHIQUE (4 600 à 1 800 av. J.-C.).

Là le visiteur a une perception chronologique et thématique des principaux sites néolithiques de la région : Baume de Ronze, Baume d'Oulen, grottes de Peyroche II, du Pontiar, avens Jacques et du Cade, gisement de Veyras, site des Bruyères. On peut également voir des reconstitutions illustrant les activités de l'homme du Néolithique ainsi qu'une sépulture.

Des vitrines permettent de voir les premiers objets de cuivre (– 2 200 ans) et des traces de fonte de ce minerai provenant de l'habitat de Serre de Boidon de la grotte des Conchettes.

Des panneaux et maquettes nous renseignent sur les rites funéraires, à partir des grottes sépulcrales de Payre, des Clos, des Perles, du Chef et de plusieurs dolmens dont l'un est reconstitué entouré de son tumulus, avec ses différentes phases d'exhumation.

♦ SALLE DE L'ÂGE DES MÉTAUX (1 800 à 750 ans avant notre ère).

Beaux objets de bronze, vaisselles à pâte fine, finement décorées. Reconstitution de la grotte des Cloches qui a fourni une centaine de vases du Bronze final (1 200 à 850 ans avant notre ère).

DRÔME

DIE (26150). Musée d'Histoire et d'Archéologie. 11, rue Camille-Buffardel. Tél. : 04 75 22 03 03. Vestiges du Néolithique et de l'âge du bronze.

PIERRELATTE (26700). Musée d'Archéologie. Rue du Château. Tél. : 04 75 96 37 12.
Section d'archéologie préhistorique et protohistorique.

SITE-MUSÉE DE VASSIEUX-EN-VERCORS (26420). Tél. : 04 75 48 27 81.
Ouvert tlj sauf mardi. Découvert en 1970, le site de Vassieux-en-Vercors abrita un atelier de silex important. La qualité du silex recueilli permettait d'extraire de superbes lames de nucléus du style « livre de beurre » (v. le Grand-Pressigny*) longues de 20 à 28 cm. Sur le site aménagé en musée, des maisons néolithiques ont été reconstituées. Démonstration de taille du silex.

ISÈRE

GRENOBLE (38000). Musée dauphinois. 30, rue Maurice-Gignoux.
Tél. : 04 76 85 19 01.
Sa pièce la plus ancienne est un silex vieux de 100 à 120 000 ans. Nombreux objets (silex, haches, épingles, jarres, céramiques, coupes funéraires) de l'époque néolithique ainsi qu'un bijou de roche dure, « le croissant de jade » (même époque).

LOIRE

ROANNE (42300). Musée Joseph-Déchelette. 22, rue Anatole-France.
Tél. : 04 77 70 00 90. Très belles collections préhistoriques de schistes gravés de figures animales d'époque magdalénienne en provenance des gorges de la Loire. Important matériel lithique extrait des monts du Roannais et du sud de la Saône-et-Loire. Nombreuses poteries, dont des céramiques peintes (période protohistorique).

RHÔNE

LYON (69005). Musée de la Civilisation gallo-romaine. 17, rue Cléberg.
Tél. : 04 72 38 81 90. Ce très beau musée, construit au milieu des restes antiques de Lugdunum, comporte une salle intéressante consacrée à la protohistoire. Très belle collection de l'époque de l'âge du fer.

LYON (69006). Musée Guimet d'Histoire naturelle. 28, boulevard des Belges.
Tél. : 04 78 42 25 75. Plusieurs salles sont consacrées à la Préhistoire. La galerie de zoologie présente des squelettes d'animaux du Quaternaire et des espèces fossiles.

SAVOIE

AIX-LES-BAINS (73100). Musée archéologique et lapidaire. Place Maurice-Mollard. Tél. : 04 79 35 05 92. Beaux objets provenant des stations qui bordaient le lac du Bourget où 8 anciennes cités lacustres ont été repérées et fouillées.

CHAMBÉRY (73000). Musée savoisien. Square-de-Bissy. Tél. : 04 79 33 44 48. Le musée est installé dans un ancien couvent franciscain. Une salle est réservée aux différentes stations du lac du Bourget. On y a retrouvé une quantité d'objets, bien conservés, qui permettent de découvrir la vie quotidienne des hommes de l'âge du bronze (faucilles, haches, meules, des graines, des fragments de galettes, des pointes de flèches, des hameçons, des poteries, des restes de fours et de moules en pierre, des armes, des roues de char, des figurines de terre cuite). Une visite à ne pas manquer.

HAUTE-SAVOIE

ANNECY (74000). Musée-château. Place du Château. Tél. : 04 50 33 87 30. Le musée présente de belles collections archéologiques protohistoriques.

FAVERGES (74210). Musée archéologique de Viuz. Route de Viuz. Tél. : 04 50 32 45 99. Belles pièces provenant d'une nécropole de l'âge du fer (450 av. J.-C.).

PETIT GUIDE

DE LA PRÉHISTOIRE

PRÉHISTORIENS

L'École préhistorique française a joué un grand rôle depuis les débuts de la Préhistoire, en tant que science, au siècle dernier. La France est riche de nombreux gisements qui ont fourni une abondante matière première pour la connaissance des temps anciens. Cette tradition subsiste encore aujourd'hui et les chercheurs et savants français, dans cette matière, soutiennent sans complexe, par leurs découvertes et leurs travaux, la comparaison (ah ! s'ils avaient parfois plus de moyens !) avec leurs collègues américains, allemands, anglais, sud-africains ou chinois.

Nous présentons ci-après une vingtaine de préhistoriens français, certains très célèbres, d'autres beaucoup moins ou oubliés. Tous ont joué un rôle important en tant que chercheur, inventeur, classificateur ou théoricien. Cette liste pourrait être beaucoup plus complète et nous avons sans aucun doute commis quelques injustices, mais il a fallu opérer une sélection. Nous avons donc volontairement « oublié » les vivants, car les choix sont toujours délicats ! Là aussi nous pourrions citer une bonne vingtaine de noms de préhistoriens français dont les travaux et recherches font autorité. A défaut d'être présentés, les éminents savants ont pour la plupart leur nom dans la bibliographie. Et, malgré tous leurs mérites, je ne leur souhaite pas d'être présents dans les biographies de la prochaine édition...

Comte Henri Begouën (1863-1956)

Homme cultivé, juriste, poète, politologue, le comte Henri Begouën devient préhistorien dans le sillage de Cartailhac, lors d'un séjour en Tunisie. Avec ses trois fils, il met au jour les bisons d'argile du Tuc-d'Audoubert et les gravures des Trois Frères, 2 sites situés sur sa propriété. La moindre des choses, dans ces conditions, est de s'intéresser à la Préhistoire ! En 1922, il succède à Cartailhac en tant que conservateur du musée d'Histoire naturelle et reprend la chaire d'Archéologie préhistorique à l'université de Toulouse, où il se révèle excellent professeur. Il a écrit près de 250 articles.

François Louis Henri Bordes (1919-1981)

Ce géologue, préhistorien, fut aussi un auteur de science-fiction sous le nom de Francis Carsac, ce qui d'ailleurs n'est pas incompatible.

Chercheur au CNRS de 1945 à 1955, il est nommé, à partir de 1956, professeur de préhistoire à la faculté des sciences de l'université de Bordeaux. Directeur des Antiquités préhistoriques d'Aquitaine de 1957 à 1975, il dirigea l'Institut du quaternaire de l'université de Bordeaux à partir de 1969. Il devra sa réputation internationale à ses travaux en typologie. Plusieurs universités étrangères, américaines notamment, lui ouvrirent leurs portes. François Bordes effectua de nombreuses fouilles sur les sites préhistoriques, périgourdins notamment : Pech-de-l'Aze, Combe-Grenal, Corbiac.

Il s'intéressa particulièrement à l'étude du Quaternaire et du Paléolithique, et a laissé des publications sur ces périodes.

Jacques Boucher de Crèvecœur de Perthes (1788-1868)

En 1825, ce jeune homme de bonne famille succède à son père comme directeur des douanes à Abbeville dans la Somme. Il partage sa vie entre l'administration et l'étude. C'est au sein de la Société d'émulation d'Abbeville que Boucher de Perthes fit la rencontre de Casimir Picard qui l'amena sur le chemin de la Préhistoire et de la recherche « de l'homme antédiluvien et de ses œuvres ». Casimir Picard, qui était médecin, montrait une curiosité insatiable pour la botanique, l'entomologie, l'étude des coquillages et l'archéologie. Il participait également activement aux fouilles menées dans la région d'Abbeville et fonda en 1836, avec Boucher de Perthes, le musée d'Abbeville et du Ponthieu.

Bien que mort prématurément en 1841 à l'âge de 34 ans, il fit plusieurs découvertes importantes pour ce que l'on appellera quelques années plus tard la Préhistoire. Il en posa les fondements, aussi bien dans le domaine de la stratigraphie que dans celui de l'étude à la fois morphologique et ethnologique des outils de pierre, dénommés alors « instruments celtiques ». Boucher de Perthes sera le véritable héritier de Casimir Picard. Il savait tout ce qu'il lui devait, même si avec le temps sa reconnaissance eut tendance à s'effacer...

Les premières recherches de Boucher de Perthes sur les outils préhistoriques commencèrent en 1837, à la Portelette près d'Abbeville. Elles se poursuivront pendant plusieurs années sur plusieurs gisements abbevillois, dans la carrière de Menchecourt notamment, où il découvre son premier biface paléolithique. Les découvertes d'ossements et de silex taillés iront en se multipliant. Boucher de Perthes est convaincu que ces silex ont été travaillés par l'homme à une époque antédiluvienne. D'autres chercheurs avant lui, en Angleterre et en Belgique notamment, ont déjà reconnu plus ou moins clairement l'association d'objets manufacturés ou de restes humains à des ossements d'animaux disparus il y a fort longtemps. Le sens à donner à toutes ces découvertes demeure encore confus.

Boucher de Perthes a compris plus vite que d'autres l'importance qu'elles représentaient et les perspectives qu'elles offraient. A défaut d'entamer une carrière politique, Boucher de Perthes va trouver sa gloire ailleurs. En 1846, il publie le premier tome des *Antiquités celtiques et antédiluviennes, mémoire sur l'industrie primitive et les arts à leur origine.*

S'il trouve quelques soutiens en Picardie, de l'évêque d'Amiens notamment pour qui les affirmations de Boucher de Perthes correspondent au récit biblique, « ceux qui pensent » à Paris, et surtout détiennent le pouvoir scientifique à l'Académie, ne le suivent guère. La commission nommée par l'Institut pour étudier son rapport est très critique : le secrétaire de l'Académie des sciences, Élie de Caumont, se montre plus que réservé et le fait savoir. Les thèses de Boucher de Perthes vont à l'encontre des idées officielles. Il explique que l'homme fut le contemporain des grandes espèces animales qui vivaient avant le Déluge et dont on retrouve les restes à côté d'outils lithiques.

C'est d'abord d'Angleterre que viendront les satisfactions. Des géologues et des paléontologues britanniques comme J. Prestwich, J. Evans, C. Lyell, se rallieront aux thèses de Boucher de Perthes.

En 1852, le directeur des douanes d'Abbeville est mis à la retraite. Il entreprend un long voyage à Constantinople qui le conduit en Italie, en Sicile, en Grèce, en Roumanie, en Bulgarie, dans la Bessarabie russe. En France, le Dr Rigollot de l'Académie des inscriptions et belles-lettres s'est rangé au côté de Boucher de Perthes. En 1856, l'homme de Neandertal est « inventé ». Découverte capitale appelée à un énorme retentissement. En 1857, Boucher de Perthes publie son deuxième tome des *Antiquités celtiques et antédiluviennes.* Les spécialistes anglais sont de plus en plus nombreux à s'intéresser à ses découvertes et, pour eux, l'existence d'industries antédiluviennes ne fait aucun doute. Tandis que Darwin en 1859 publie son *Origine des espèces,* Boucher de Perthes doit encore batailler pour défendre ses idées. En France, les fouilles et les découvertes archéologiques se multiplient, en Dordogne notamment.

Napoléon III, qui s'intéresse de près aux antiquités, fonde le projet de créer à Saint-Germain-en-Laye un musée gallo-romain. En novembre 1862, il reçoit Boucher de Perthes venu lui montrer ses pierres antédiluviennes. L'empereur lui propose de déposer ses collections au nouveau musée, ce qu'il accepte. Il viendra lui-même les classer. Le tout sera prêt pour l'inauguration officielle en 1867, année de l'Exposition universelle. Les pièces léguées par Boucher de Perthes devront être par la suite réinventoriées ; cela demandera 46 ans ! Il faudra en effet faire un tri, éliminer les « faux » confectionnés par les ouvriers, les vulgaires cailloux que l'imagination débordante de Boucher de Perthes a transformés en statuettes, telles ces figures d'oiseaux nageant ou de singe vu de profil. La plupart des pièces léguées par Boucher de Perthes seront cédées en 1954 au musée d'Abbeville, qui avait été détruit pendant la guerre.

Boucher de Perthes, enfin célèbre et

reconnu, écrit beaucoup, de façon parfois confuse et désordonnée. En 1864, il publie le troisième tome des *Antiquités celtiques et antédiluviennes*. En 1868, l'abri de Cro-Magnon* aux Eyzies livre 5 squelettes : c'est l'irruption de l'*Homo sapiens sapiens*.

La même année, le 2 août, Boucher de Perthes meurt, âgé de 80 ans.

Un savant comme Boucher de Perthes est impensable aujourd'hui, mais l'homme, malgré ses extravagances, ses approximations, ses méthodes parfois contestables qui l'amenaient à quelques arrangements douteux pour appuyer ses thèses, n'en a pas moins trouvé une place capitale dans la Préhistoire naissante. Son romantisme a suppléé ses carences scientifiques, mais il sut médiatiser les travaux de ses devanciers et ses propres découvertes, qui sont très nombreuses. De ce point de vue, il n'a pas usurpé son titre de père de la Préhistoire...

MARCELLIN BOULE (1861-1942)

Après avoir étudié dans les laboratoires de pétrographie du Pr Fouqué et au Muséum d'histoire naturelle avec A. Gaudry, Marcellin Boule succédera à ce dernier à la chaire de paléontologie qu'il occupera pendant 34 ans (1902-1936).

La culture scientifique de Marcellin Boule était très vaste : elle couvrait la géologie, la paléontologie et l'anthropologie. Dans chacun de ces domaines, il se révéla novateur. En paléontologie animale, il s'employa à reconstituer les espèces disparues et à les replacer dans leur milieu. On lui doit la galerie de paléontologie du Muséum d'histoire naturelle à Paris. En paléontologie humaine, il utilisa les méthodes géologiques de stratigraphie pour rechercher le passé de l'homme fossile de La Chapelle-aux-Saints* qui est la première description de l'homme de Neandertal : description quelque peu caricaturale qui compromettra pendant longtemps la renommée de cet estimable homme préhistorique ! Le prince Louis de Monaco chargera Boule de créer et de diriger l'Institut de paléontologie humaine de Monaco, inauguré en 1920.

Marcellin Boule, qui fut en son temps une autorité incontournable, a écrit de nombreux ouvrages et monographies, notamment sur les squelettes humains retrouvés dans les grottes de Menton, de Grimaldi, du Prince, de Baoussé-Roussé. Il est également l'auteur du livre sur *Les Hommes fossiles* édité en 1921, qui connut un grand retentissement.

L'ABBÉ BREUIL (1877-1961)

C'est un personnage considérable et incontournable qu'Henri Édouard Prosper Breuil, abbé de son état, qui durant 60 ans contribua à placer la Préhistoire parmi les sciences, répertoria et classa les plus anciennes manifestations artistiques de l'humanité.

Né en Normandie à Mortain, fils d'un magistrat, il fut très tôt attiré par les sciences naturelles. En 1895, il entre au séminaire d'Issy-les-Moulineaux

où il rencontre l'abbé J. Guibert, un homme exceptionnel qui suit attentivement tout ce qui touche à la Préhistoire. L'influence de l'abbé Guibert sur le jeune Breuil est considérable ; il lui fait lire les œuvres des principaux préhistoriens de l'époque. En 1897, en compagnie de son condisciple et ami le chanoine Jean Bouyssonie, il entreprend une visite dans le Sud-Ouest, à Brive, aux Eyzies et dans les Landes.

Il entre en relation avec des « savants-chercheurs-fouilleurs » comme E. Rivière, inventeur des gravures de La Mouthe en 1896, F. Daleau, découvreur de Pair-non-Pair* en Gironde, E. Piette qui fouillait alors la grotte du Pape à Brassempouy*, et D. Peyrony, un de ses futurs collaborateurs.

Tous, mais surtout E. Piette, l'initient au déchiffrement des gravures sur os et sur pierre. Henri Breuil a alors 20 ans. Il est désormais au cœur de la recherche préhistorique et bénéficie d'un parrainage éblouissant qui s'enrichit régulièrement. Ault du Mesnil, Capitan, le prennent sous leur protection. Dès 1900, année de son ordination, il collabore à la revue *Anthropologie*. Il visite le British Museum et fait la connaissance du préhistorien anglais John Evans. L'abbé Breuil poursuit ses études et obtient en 1903 une licence de sciences. Il fait ses premières armes dans la protohistoire en élaborant le corpus des découvertes de l'âge du bronze dans les bassins de la Somme, de l'Oise et de l'Aisne. Mais l'âge de la pierre l'attire davantage, et notamment l'art pariétal qui est mal connu, voire délaissé et ignoré.

En 1901, Breuil, Capitan et Peyrony découvrent les grottes ornées des Combarelles* et de Font-de-Gaume*. Altamira, en Espagne, vient d'être réhabilitée ; l'abbé Breuil fait sur papier une copie du plafond, à raison de 8 heures de travail par jour pendant 3 semaines. Son activité de recherche en France s'amplifie : Bernifal*, Les Eyzies*, Marsoulas, La Grèze*, l'abri de Cap-Blanc*, la grotte de la Mairie à Teyjat*, La Croze à Gontran... Il établit les séquences des civilisations du Paléolithique supérieur, affirmant en la prouvant l'antériorité de la culture aurignacienne sur la culture solutréenne.

Il est nommé professeur à l'université suisse de Fribourg en 1905. Le prince Albert de Monaco a accordé l'année précédente une généreuse subvention pour la publication des relevés d'Altamira. En 1910, le prince fonde l'Institut de paléontologie de Paris. Breuil quitte alors son poste de Fribourg pour occuper la chaire d'ethnographie préhistorique du nouvel institut ; il ne se contente pas d'enseigner, mais va sur le terrain, en Espagne notamment, où il se rend régulièrement et participe à de nombreuses fouilles qui font l'objet d'importantes monographies.

Durant la Première Guerre mondiale, il est affecté à Madrid au service des Renseignements de l'Ambassade de France en Espagne. Tout en surveillant les mouvements des sous-marins allemands, il fouille quelques grottes le long du littoral !

Le retour à la paix le ramène en France où il poursuit son travail de recherche et d'études : sépulture de La Chapelle-aux-Saints*, La Ferrassie*, La Quina*, Laussel*, Niaux*, Bédeilhac*, les Combarelles*, la grotte des Trois Frères*...

Il consacre de nombreuses heures à relever peintures et gravures au fond des grottes. Ses cours à l'Institut de paléontologie et au Collège de France sont très courus. Poursuivant ses travaux de recherche, il entreprend de classer les industries du Paléolithique ancien, mais il brosse aussi le tableau des migrations humaines selon les outillages, les déplacements des animaux chassés par les modifications climatiques. Il sait à quel point l'étude géologique est capitale pour établir des chronologies fidèles et il se livre à de nombreuses recherches dans les dépôts des fleuves.

Esprit critique et lucide, il révise constamment ses propres recherches. « Nos classificateurs, écrivait-il, sont bien loin des dogmes intangibles ; chacun témoigne des efforts méritoires d'un homme ou d'un groupe et vaut par la connaissance personnelle qu'on s'est donné le mal de prendre des faits ; chacun y apporte son effort et la fait progresser à condition qu'il observe bien et prenne les moyens, dont le premier est d'avoir l'esprit ouvert à toute réalité qui aura échappé d'abord et dont on ne prend connaissance qu'à la longue et sur le terrain. »

Élargissant ses horizons, Henri Breuil participe à une expédition en Afrique du Sud en 1929, mais on va aussi le retrouver en Chine, et en Éthiopie (avec le père Teilhard de Chardin).

Les honneurs ne manquent pas : le Collège de France (1929), l'Académie des inscriptions et belles-lettres en 1938, la Société préhistorique française en 1936, de nombreux voyages à l'étranger pour des conférences et des réceptions... Avec régulièrement des articles, des livres, un abondant courrier par lequel il répond, d'une écriture illisible, à ses nombreux correspondants et amis.

En 1940, il se réfugie dans le Sud-Ouest. Il est informé de la découverte de Lascaux la même année et, malgré sa cécité grandissante, se rend sur place, et considère le site comme « la seconde chapelle Sixtine » des temps préhistoriques, après Altamira. L'abbé Breuil va passer une grande partie de la guerre et de l'après-guerre en Afrique du Sud, où il se consacre à l'art rupestre de ce pays. Mais on le voit aussi au Mozambique, au Kenya, en Rhodésie, en Angola, au Congo belge. En 1951, il revient définitivement en France, sans renoncer à ses activités et à ses recherches. En 1952, on le rencontre en Espagne. En 1955, à 77 ans, il revient à la grotte des Trois Frères en Ariège. Deux années plus tard, il authentifie Rouffignac*.

« Le pape de la Préhistoire », comme il aime se nommer en plaisantant, jouit d'un prestige international, ce qui lui vaut décorations et hommages en tout genre. Mais il ne peut se passer de ses chères cavernes peintes. En 1958, il visite la grotte de Gabillou* en Dordogne, puis La Chapelle-aux-Saints* en Corrèze qu'il a déjà étudiée longuement. Il meurt en 1961.

Le rôle et l'influence de l'abbé Breuil ont été considérables, même si certaines de ses méthodes et de ses théories sont aujourd'hui dépassées ou remises en question. Il a fait avancer à grands pas notre connaissance des temps préhistoriques. Si l'on considère les conditions difficiles dans lesquelles il travailla, il obtint des résultats remarquables. Plus qu'un pionnier, il fut un véritable savant dont les recherches et les découvertes ont marqué toute une génération de préhistoriens.

La parution en 1952 de *Quatre cents siècles d'art pariétal*, sans cesse réédité, demeure une œuvre majeure. L'abbé Breuil retrace une chronologie de l'art pariétal. Il croit à une longue durée des traditions artistiques et cherche à en garder les données.

(Sur l'abbé Breuil, voir l'excellent article d'Anne Rouzaud paru dans *Préhistoire et Archéologie*, n° 31, 1981.)

Paul Broca (1824-1880)

Docteur en médecine en 1849, il enseigne la pathologie chirurgicale à la faculté de médecine de Paris tout en menant une carrière de chirurgien.

Enseignant la médecine opératoire, il s'intéresse tout particulièrement à l'étude du cerveau. Il localisera l'aphasie dans la troisième circonvolution cérébrale gauche. Fondateur de l'École d'anthropologie en 1876, il est l'un des pionniers de l'anthropologie physique moderne et ses travaux

sur la craniologie sont particulièrement appréciés. En 1867, il occupe la chaire de pathologie externe et publie ses recherches sur les primates et la morphologie du cerveau. En 1840, après s'être rallié au transformisme, il succède à A. Richet à la chaire de clinique chirurgicale de La Pitié.

Broca se pencha surtout sur la question des origines et étudia spécialement les origines des Celtes et des Aquitains. On lui doit également plusieurs appareils de mesure anthropologique.

Citons parmi ses publications *Les Celtes et l'origine des races de l'Europe* (1864), *Mémoire sur la topographie cranio-cérébrale, Recherches sur l'ethnologie en France* (1860).

VICTOR BRUN (1805-1881)

Né à Montauban le 24 juillet 1805, Victor Brun peut être considéré comme l'un des précurseurs de la Préhistoire, même s'il connut une carrière fort discrète. En juillet 1857, il est nommé directeur du Muséum d'histoire naturelle de Montauban qu'il va enrichir considérablement.

Il commence les fouilles de la grotte de Bruniquel* et des abris Plantade et Lafarge à partir de 1864. D'autres fouilles suivront : l'abri des Batuts dans le Tarn, l'abri Fontalès à Saint-Antonin dans le Tarn-et-Garonne.

En 1867, il publie ce qu'il a modestement appelé *Notice sur les fouilles paléontologiques de l'âge de pierre exécutées à Bruniquel et à Saint-Antonin*.

Il mourut à Montauban le 14 janvier 1881. Seuls les spécialistes se souviennent de lui aujourd'hui.

JOSEPH LOUIS CAPITAN (1854-1929)

Ce médecin fit une très brillante carrière qui le conduisit à l'Académie de médecine en 1909. L'anthropologie le passionnait et il fut chargé de conférences d'anthropologie pathologique à l'École d'anthropologie à partir de 1892. En 1898, il donne un cours d'anthropologie préhistorique et fonde l'Institut international d'anthropologie. C'est également à cette époque qu'il

fouille de nombreux sites dont Laugerie-Haute*, Teyjat*, La Calévie, Saint-Acheul*, Font-de-Gaume*.

Parmi ses travaux, notons *La Préhistoire* (Pajot, 1923), *L'Humanité préhistorique dans la vallée de la Vézère* (1924), ainsi que de nombreuses études sur plusieurs grottes périgourdines, en collaboration avec l'abbé Breuil et D. Peyrony.

ÉMILE CARTAILHAC (1845-1921)

Né à Marseille, il habitera à Toulouse dès l'âge de 15 ans. Il poursuit des études de droit, et très tôt il est passionné par les théories de Darwin et les découvertes de l'homme fossile. Il renonce à l'exercice d'une profession pour se consacrer entièrement à cette jeune science qu'est la Préhistoire.

En 1865, il se retrouve au Muséum qui vient de s'ouvrir et édite sa première publication. En 1867, il assiste au deuxième Congrès international d'anthropologie à Paris, y est accueilli par son parent A. de Quatrefages et fait la connaissance des préhistoriens les plus illustres du moment : E. Lartet, G. de Mortillet, G. Vogt.

En 1869, il prend la direction de la revue *Matériaux pour l'histoire positive et philosophique de l'Homme*, à laquelle il donne un nouveau titre : *Histoire naturelle et primitive*. Cette revue deviendra le véritable journal officiel de la Préhistoire et Cartailhac en gardera la direction pendant 20 ans jusqu'en 1889. Ce poste, hautement stratégique, lui permettra de se tenir au courant de toutes les nouveautés en la matière et de donner son avis.

De ses nombreux voyages en Russie, en Europe et en Afrique du Nord, il ramène des matériaux pour ses principaux ouvrages.

Dès 1882, il enseigne à la faculté des sciences en cours libre et public l'anthropologie. Les professeurs titulaires, jaloux de son succès, obtiennent la suppression du cours. En 1890, il enseigne l'archéologie préhistorique à la faculté des lettres, d'abord en cours libre, puis en cours officiel en 1906.

Très hostile à l'art pariétal préhistorique dont il refuse l'authenticité, il finit par faire amende honorable après un voyage à Altamira en Espagne, et s'en fait un ardent propagandiste.

Il meurt à Genève le 25 novembre 1921. Cartailhac eut une influence considérable sur nombre de jeunes étudiants dont il orienta la carrière. « Ce qu'il sut faire excellemment, écrivait H. Breuil à son sujet, c'est rayonner, inspirer, encourager les jeunes ; sa parole avait un tel feu communicatif, un charme si pénétrant, témoignant d'un si bel amour de la vérité, qu'il suscita maintes vocations... Plus peut-être que les pages qu'il a écrites, ses œuvres, ce sont ses élèves. »

LÉOPOLD CHIRON (1845-1916)

Originaire de Saint-Marcel-d'Ardèche, Léopold Chiron fut un fureteur infatigable. Il fut souvent le premier à mettre le pied dans des grottes, des abris sous roche, des cavités funéraires qu'il fouillait méthodiquement. Les nombreuses publications qu'il consacra à ses découvertes connurent un grand retentissement, non seulement à Lyon, mais également à Paris. Ses travaux ont contribué à faire connaître très tôt la richesse préhistorique exceptionnelle des gorges de l'Ardèche et à rendre célèbres plusieurs cavernes, en particulier Chabot* et Le Figuier*.

HENRY CHRISTY (1810-1865)

L'Anglais Henry Christy a joué un grand rôle dans la découverte de plusieurs grottes. Fils d'un riche industriel, il s'intéressa à l'archéologie vers 1856, à la suite d'un voyage au Mexique. Il en ramena une importante collection de pierres et d'outils préhistoriques. Mécène éclairé, il offrira sa collaboration à Édouard Lartet et ils commenceront leurs recherches en 1858 dans la Somme.

Le 24 août 1863, ils arrivent tous les deux aux Eyzies-de-Tayac. Christy descend la Vézère en barque au mois de mai 1864 en compagnie de géologues et d'archéologues anglais auxquels il fait visiter les grottes et abris qu'il a fouillés avec Lartet. Avec ce dernier, il publie *Reliquiae Aquitanicae* qu'ils ne pourront achever. Cette publication sera posthume et ne paraîtra qu'en 1875.

Le 4 mai 1865, Christy meurt à Lapalisse en se rendant chez son ami Lartet, des suites d'un refroidissement contracté dans des grottes en Belgique. Il léguera la moitié de sa collection au British Museum et l'autre à la France.

VICTOR COMMONT (1866-1918)

Né à Buire-Courcelles près de Péronne et mort à Abbeville, Victor Commont fut instituteur à Saint-Acheul (Somme).

Passionné de Préhistoire, il étudia de 1904 à 1918 les sédiments et les industries pré-historiques de cette région et en tira des théories qui seront utilisées par l'abbé Breuil pour l'établissement d'une nouvelle chronologie du Paléolithique ancien et moyen.

PIERRE DUBALEN (1851-1936)

Pharmacien, natif d'un village des Landes, Pierre Dubalen abandonna la profession pour se consacrer à l'étude de l'histoire naturelle de sa région. Ses études lui vaudront plusieurs médailles du ministère de l'Agriculture. Il explora toutes les branches de l'histoire naturelle, mais aussi la géologie, permettant à de nombreuses communes d'avoir l'eau potable. Il eut également la prescience de l'existence du pé-trole sur les confins des Landes et du Béarn. En Préhistoire, il découvre et fouille les grottes de Brassempouy* (« la Dame à la capuche »), Montaut* et Rivière. Il exploite en Chalosse les nombreux gisements des industries de surface et y introduit une division nouvelle, le Chalossien.

Fondateur du musée de Mont-de-Marsan, il en fut le conservateur et l'enrichit de toutes ses découvertes, documents et échantillons.

ABBÉ ANDRÉ GLORY (1906-1966)

Prêtre en 1933, professeur au séminaire de Sundgau en Alsace, vicaire à Orbey, il présente sa thèse de doctorat en 1942, sur la civilisation du Néolithique en Haute-Alsace. Nommé ingénieur au CNRS en 1952, après avoir découvert 2 grottes à gravures en Ardèche et étudié des sites au Maroc et au Sahara, il est chargé de relever les dessins de Lascaux.

En 1965, il devient directeur de l'Institut de recherches préhistoriques. Collaborateur et disciple de l'abbé Breuil, outre Lascaux, où il travailla entre 1952 et 1963, l'abbé Glory a exploré de nombreuses grottes dont Bara-Bahau*, Lalinde, Pech-Merle*, Cougnac*, Roucadour*, Isturitz*, Ebbou*, Gabillou*, et cette liste est incomplète. Il s'intéressait de près aux méthodes de conservation des grottes ornées et aux nouvelles techniques de reproduction des dessins. L'abbé Glory a également publié plusieurs ouvrages et manuels. Il meurt accidentellement en 1966.

ÉDOUARD HARLÉ (1850-1922)

Né à Toulouse, il devient ingénieur des Ponts et Chaussées après être passé par l'École Polytechnique. Il construit de nombreux ponts dans la région pyrénéenne et entreprend, avec succès, la cons-truction de l'Observatoire du Pic du Midi, entre 1878 et 1881.

Ses occupations d'ingénieur ne l'empêchent pas de se passionner pour la géologie, la paléontologie, l'archéologie préhistorique. Il applique ses connaissances à l'étude des gravures quaternaires de l'Espagne, du Portugal et du sud-ouest de la France. Grand collectionneur, il réunit un nombre immense d'animaux du Quaternaire qu'il lèguera en 1921 à la ville de Bordeaux. Ses recherches lui valurent une grande notoriété et de nombreux chercheurs français et étrangers le consultèrent fréquemment.

FRANÇOIS JOUANNET (1765-1845)

Né à Rennes, on le retrouve professeur à Bordeaux, à Périgueux et à Sarlat sous l'Empire. En 1830, il est nommé conservateur de la Bibliothèque de Bordeaux. François Jouannet, passionné d'archéologie, a beaucoup fouillé dans le Périgord. A Écornebœuf, près de Périgueux, aux grottes de Badegoule*, Beauregard, Combe Grenal*, au Pech-de-l'Aze*, à Sarlat. Précurseur de la Préhistoire, avant Boucher de Perthes, il classe les temps anciens en 3 âges : l'âge de la pierre, l'âge du bronze et l'âge du fer.

Il meurt en 1845 et son nom ne sera retenu que par quelques spécialistes.

ÉDOUARD LARTET (1801-1871)

Avocat stagiaire à Paris en 1821, il suit en même temps les cours du Muséum. De retour dans le Gers, au château d'Ornezan, il se passionne pour l'histoire naturelle et découvre à Sansan un gîte fossilifère de première importance. En quelques années, il acquiert une réputation méritée de paléontologiste qui le met au premier rang des spécialistes de cette jeune science. En 1837, il découvre la mâchoire du premier singe fossile connu, le pliopithèque, célèbre dans le monde entier, car il rend l'homme fossile vraisemblable. Les sociétés savantes se le disputent ; l'État achète le gisement de Sansan.

Installé à Toulouse entre 1851 et 1853, il s'occupe de l'éducation de son fils Louis et confie à J.-B. Noulet la publication de ses coquilles fossiles. En 1856, il étudie un nouveau singe fossile : le Dryopithèque trouvé près de Saint-Gaudens.

A partir de 1860, il se fait l'avocat de l'homme fossile et en affirme la réalité après ses fouilles à Massat et à Aurignac*. Associé à l'Anglais H. Christy, il explore de nombreuses grottes en Dordogne. Il en sortira un superbe ouvrage, *Reliquiae Aquitanicae*, demeuré inachevé. Le 31 mars 1868, Édouard Lartet, bien qu'il n'ait possédé aucun diplôme scientifique, est nommé professeur de paléontologie au Muséum national, mais il meurt avant d'avoir commencé son enseignement.

LOUIS LARTET (1840-1899)

Fils d'Édouard Lartet, il baigne – dès son biberon si l'on peut dire – dans la Préhistoire. En 1864 il participe à des fouilles archéologiques en Syrie et en rapporte la preuve qu'il existe dans ce pays des industries préhistoriques analogues à celles d'Europe occidentale. Il y relève également des dolmens. En 1865, il se rend en Espagne et révèle l'existence d'une Préhistoire ibérique en explorant une vingtaine de grottes. En 1867, il partage avec Cartailhac les fonctions de secrétaire du Congrès international d'anthropologie de Paris. En 1868, il est chargé par le ministre de l'Instruction publique d'exhumer les squelettes trouvés dans l'abri de Cro-Magnon aux Eyzies-de-Tayac en Dordogne.

En 1873, Lartet est attaché en qualité de professeur adjoint au professeur Leymerie,

titulaire de la chaire de géologie à l'université de Toulouse. En 1878, Leymerie meurt, en laissant inachevée son œuvre sur la géologie des Pyrénées de la Haute-Garonne. Devenu titulaire en 1879, Lartet termine le livre de son prédécesseur. Puis, absorbé par son enseignement, il délaisse la Préhistoire.

ANDRÉ LEROI-GOURHAN (1911-1986)

Dès son enfance, l'occasion lui est donnée de « manipuler des cailloux et des collections d'histoire naturelle ». Vers 14-15 ans, il commence à s'intéresser sérieusement à la Préhistoire et se livre à quelque « farfouillage », selon son expression.

Puis il s'engage vers d'autres voies : le russe, le chinois à l'École nationale des langues orientales vivantes, où il suit les cours de 2 professeurs éminents, Paul Pelliot et André Mazan, qui auront une grande influence dans sa formation intellectuelle.

Très tôt – et toute sa vie il sera très prolixe –, André Leroi-Gourhan publie des articles et des études : en 1935, « L'Art animalier dans le bronze chinois » ; en 1936 : « Le Mammouth dans la zoologie des Esquimaux », puis « Le Kayak et le Harpon des Esquimaux » ; en 1937 : « La Zoologie mythique des Esquimaux » ; la même année, il est chargé d'une mission ethnologique et archéologique au Japon qui le conduit chez les Aïnous de Hokkaido. Mobilisé en 1939, il redevient vite civil et se trouve chargé par le directeur des Musées de France de veiller sur des chefs-d'œuvre du Louvre, envoyés par sécurité en zone libre à Valençay. Il entre dans la Résistance, ce qui lui vaudra la Croix de guerre, plus la Légion d'honneur pour avoir protégé et sauvé la Vénus de Milo...

Il soutient en 1945 sa thèse de doctorat ès

lettres en Sorbonne ; question étudiée : « L'Archéologie du Pacifique Nord ». Il consacre sa thèse complémentaire sur « Documents pour l'art comparé d'Eurasie septentrionale », travail considérable mené (sans ordinateur !) à partir de 25 000 fiches rassemblées durant ses voyages.

La même année, il publie *Milieu et techniques*, suite d'un précédent ouvrage édité en 1943, *L'Homme et la matière*. Déjà André Leroi-Gourhan se livre à une réflexion sur les contacts entre les civilisations et sur les problèmes d'emprunts et de diffusion dans les sociétés préindustrielles.

Il revient à la Préhistoire, juste après la Libération. Il est alors nommé sous-directeur intérimaire au musée de l'Homme et professeur d'ethnologie générale et de préhistoire à la faculté des lettres de Lyon. Là, il organise pour ses étudiants une véritable école de fouilles en Saône-et-Loire à Furtins, puis à Pincevent* et à Arcy-sur-Cure*. Il fonde le Centre de recherches préhistoriques et protohistoriques de la Sorbonne qui sera associé plus tard au CNRS, puis un laboratoire associé d'ethnologie préhistorique.

En 1954, il soutient une thèse de doctorat ès sciences sur « Les Traces d'équilibre mécanique du crâne des vertébrés terrestres ». Une carrière d'enseignant s'ouvre alors, qui le mène à la Sorbonne où il enseigne l'ethnologie générale et la Préhistoire.

Il entre au Collège de France en 1968 et occupe la chaire de préhistoire, créée pour l'abbé Breuil en 1929 et qui était restée vacante depuis 20 ans.

Durant toutes ces années, André Leroi-Gourhan publie de très nombreux articles dans des revues scientifiques comme le *Bulletin de la Société préhistorique française*, mais on peut également le lire dans *Les Nouvelles littéraires*, *Gallia-préhistoire*, *Sciences et Avenir*, *La Recherche*, *Recherche de l'Homme*, *L'Annuaire du Collège de France*, pour ne citer que quelques titres. Il s'agit le plus souvent de sujets techniques très fouillés, mais André Leroi-Gourhan fait preuve d'un grand talent d'écriture qui lui permet de diffuser ses idées, et d'atteindre un large public. Certains de ses livres vont connaître une diffusion importante : *La Civilisation du renne* (1936), *Évolution et technique* (2 vol.), *Les Religions de la Préhistoire* (1964), *La Préhistoire de l'art occidental* (1965), qui vient d'être réédité, *La Préhistoire* (1966), *Les Fouilles de Pincevent* (1972), *Les Racines du monde* (1982), etc.

André Leroi-Gourhan meurt en 1986, unanimement respecté. Il fut à l'origine d'une véritable révolution des études préhistoriques qu'il a soumises à l'éclairage de l'anthropologie physique et de l'ethnologie. Pendant longtemps, la Préhistoire a consisté à replacer les niveaux archéologiques dans un cadre chronologique. André Leroi-Gourhan a « rajeuni » cette science « en découvrant cet immense champ de déductions qu'est l'analyse des sols d'habitation, l'exégèse des compositions artistiques, l'interprétation de tous les documents les uns par rapport aux autres ». Il a su retrouver à travers 1 000 matériaux, ossements, débris végétaux et pollens, l'homme préhistorique. Il a reconstitué sa vie quotidienne, son régime alimentaire, ses activités, l'économie de son groupe, son organisation sociale, ses préoccupations et ses aspirations spirituelles et artistiques.

Sans doute certaines thèses d'André Leroi-Gourhan sont-elles en partie remises en question aujourd'hui, mais il n'en reste pas moins qu'il a tracé une voie qui a permis à la science préhistorique de franchir quelques étapes décisives, et qu'il a su regarder les hommes préhistoriques d'une autre manière en essayant notamment de décrypter leurs messages. André Leroi-Gourhan n'était pas seulement un savant. Le philosophe et le moraliste accompagnaient souvent le scientifique. « J'ai toujours cherché »,disait-il à Claude-Henri Rocquet dans *Les Racines du monde*, « le vivant derrière le mort. Le tibia d'un petit animal trouvé dans la terre, c'est pour moi un tibia de lapin, mais c'est un tibia qui se prolonge par 2 oreilles et de la peau par-dessus. Pour l'homme, c'est exactement la même chose : les ossements de l'homme m'intéressent parce qu'on peut s'en servir pour penser l'homme quand il était vivant. Peut-être est-ce un point de vue tout à fait hérétique par rapport à une saine conception scientifique des choses, mais je ne suis pas capable de séparer les vivants des morts dans ce champ-là ».

LÉON-HENRI MARTIN (1864-1936)

Il étudia d'abord la zoologie avant de se consacrer à la Préhistoire. En 1904 il est secrétaire de la Société préhistorique française. En 1911, il découvre à La Quina* les ossements d'un Néandertalien ; puis, au Roc de Sers*, il met au jour un ensemble de sculptures gravées sur blocs juxtaposés.

LOUIS LAURENT GABRIEL DE MORTILLET (1821-1898)

Après ses études chez les Jésuites à Chambéry, il participe à la révolution de 1848, et part se réfugier en Suisse. Il fouille les lacs lombards et découvre le premier campement néolithique italien à Isolino en 1863. L'année suivante, il publie les *Matériaux pour l'histoire positive et philosophique de l'homme*.

En 1867, il est directeur du nouveau musée des Antiquités nationales. Il est à l'origine de la première typologie préhistorique. On lui doit également la dénomination des grandes périodes paléolithiques, telles que le Chelléen, l'Acheuléen, le Moustérien, le Solutréen, le Magdalénien.

ADRIEN DE MORTILLET (1853-1931)

Adrien de Mortillet est l'un des fondateurs de la Société française de préhistoire et le créateur de *l'Homme préhistorique* avec A. Chervin en 1903.
Professeur à l'École d'anthropologie de Paris, il est chargé en 1889 du cours d'ethnographie comparée dans cette école et y enseignera pendant 42 ans. En 1889, il est

nommé à la chaire d'ethnographie comparée, laquelle se transformera en 1898 en chaire de technologie ethnographique, spécialement créée pour lui.
En 1929, il succède à Capitan à la chaire d'anthropologie préhistorique que son père avait occupée avant lui.

LOUIS-RENÉ NOUGIER (1912-1995)

Louis-René Nougier fut le premier titulaire de la chaire d'archéologie préhistorique créée en 1956 et le fondateur de l'Institut d'art préhistorique de Toulouse. On lui doit l'invention de la grotte de Rouffignac* en Dordogne, plus connue sous le nom de « grotte aux Cent mammouths ».

Auteur de très nombreux articles scientifiques et d'ouvrages, on lui doit notamment *Les Premiers Éveils de l'homme* (1984), *Naissance de la civilisation* (1980), *L'Essor de la communication* (1988), *Les Grandes Cavernes ornées d'Occident* (1990), *L'Art de la Préhistoire* (Le Livre de Poche, 1993).

DENIS PEYRONY (1869-1954)

Instituteur aux Eyzies-de-Tayac à partir de 1891, il est élève de Cartailhac en 1894. Peyrony fut un découvreur chanceux et infatigable. Son palmarès est éloquent puisqu'on lui doit Font-de-Gaume*, Bernifal* Teyjat*. Il explora également La Ferrassie*, Le Moustier*, La Madeleine*, Laugerie-Haute*, La Micoque*. Ses travaux ont contri-

bué à établir la chronologie du Paléolithique moyen et supérieur. Il fut le créateur et le premier conservateur du Musée national de Préhistoire aux Eyzies.
Inspecteur des Monuments historiques, membre de nombreuses sociétés savantes, il fut également un écrivain prolixe avec plus de 100 publications.

Louis Piette (1827-1906)

Ce magistrat fut aussi un archéologue de grande valeur. Chercheur passionné, on lui doit la découverte de Gourdan, de Lartet, du Mas-d'Azil et de Brassempouy. Il fouilla également de nombreux sites.

Il est le père du mot Azilien, devenu éponyme pour caractériser les industries post-paléolithiques découvertes au Mas-d'Azil.

Il légua sa collection d'art mobilier au musée de Saint-Germain-en-Laye. Il est l'auteur de *L'Art pendant l'âge du renne* (1907).

Arnaud de Quatrefages (1810-1892)

Docteur ès sciences mathématiques en 1829 et en médecine en 1832, Arnaud de Quatrefages du Bréau est nommé en 1839 à la chaire de zoologie de l'université de Toulouse ; il en démissionne rapidement et, en 1840, vient terminer à Paris son doctorat ès sciences naturelles, tout en vivant de son pinceau et de sa plume.

En 1852 il est élu à l'Académie des sciences, obtient en 1855 la chaire d'histoire naturelle de l'homme au Muséum dont il révolutionne l'enseignement en étudiant l'homme comme tout autre mammifère, et en même temps comme un être à part, en raison de ses capacités intellectuelles. Ce faisant, il fonde une science nouvelle : l'anthropologie.

Gagné à la cause de l'homme fossile, grâce à Lartet notamment qu'il connut à Toulouse, il est l'un des premiers à soutenir les théories de Boucher de Perthes.

Alain Reverdit (1838-1915)

Né à Claviers dans le Var, il entre à l'administration des Tabacs et s'orientera vers la Préhistoire grâce au préhistorien Michel Hardy. Pratiquant le plus souvent des collectes de silex dans les champs, sous les abris et à l'entrée des grottes, il pratiquera des fouilles aux Eyzies, à Laugerie-Haute* et Basse*, puis dans la grotte des Treize Vents à Corgnac en 1871. Très méthodique, il dressera une carte des gisements préhistoriques du Montignacois, région à laquelle, à partir de 1872, il consacrera l'essentiel de son activité. Parmi les nombreux sites qu'il prospecta de part et d'autre de la Vézère, relevons ceux de La Machonie, La Balutie, Bellayre-Bas, La Rochette, ainsi que La Roque-Saint-Christophe.

PIERRE TEILHARD DE CHARDIN (1881-1955)

Le célèbre père jésuite est né en 1881 à Sarcenat dans le Puy-de-Dôme.

Entré à la Compagnie de Jésus en 1899, il est ordonné prêtre en 1911, année où il se retrouve à travailler avec Marcellin Boule au laboratoire de paléontologie. Pendant la Grande Guerre 1914-1918, il sert comme brancardier. Il prépare ensuite une licence, puis sa thèse de doctorat ès sciences naturelles (1922) qui porte sur « les Mammifères de l'Éocène inférieur en France et leurs gisements », et enseigne à

l'Institut catholique de Paris. Le jeune jésuite participe ensuite à plusieurs expéditions scientifiques en Extrême-Orient : désert de Gobi en 1928, fouilles des gisements préhistoriques à Chou-Kou-Tien près de Pékin en 1929. Il participe à la Croisière jaune Citroën en 1931-1932, et se joint à des expéditions américaines, entre 1935 et 1938, en Inde, en Birmanie et à Java.

On le retrouve en France en 1946, mais il repart pour les États-Unis en 1951 où il reste jusqu'à sa mort en 1955.

Le père Teilhard de Chardin n'était pas en odeur de sainteté dans certains milieux vaticanesques où l'on estimait que sa pensée débordait trop souvent la science pour s'aventurer dans des directions jugées dangereuses. Il dut refuser, par ordre de ses supérieurs, une chaire au Collège de France, et ses livres furent interdits de publication. En 1950, il se fit élire à l'Institut, histoire – selon sa propre expression – de se blinder contre certaines attaques et de donner du « perforant » à ses « projectiles » !

Il n'est pas simple de classer le père Teilhard de Chardin, qui est tout à la fois un authentique savant et un mystique. Comme scientifique, il travailla sur 3 domaines : la géologie générale, la paléontologie des mammifères, la paléontologie et la préhistoire des hommes. Il mena de très importantes recherches en Chine sur l'étude des sols. En Préhistoire, il établit en 1923, avec le père Licent, l'existence d'un homme paléolithique en Chine du Nord. Il participa pendant dix ans aux fouilles de Chou-Kou-Tien où il dirigeait notamment les études stratigraphiques, géologiques et archéologiques de cet immense gisement. On lui doit de nombreuses découvertes (outillage lithique, foyers) concernant le sinanthrope (*Homo erectus*).

Le père Teilhard de Chardin s'aventura également en Afrique et contribua à clarifier la généalogie des Australopithèques. Il était persuadé que c'était sur le continent africain qu'il fallait rechercher les origines de l'homme, thèse qui jusqu'à présent n'a pas été démentie, bien au contraire.

La pensée mystique et philosophique du père Teilhard de Chardin était tout le contraire d'une « pensée unique », ce qui n'empêcha jamais le célèbre père jésuite de rester fidèle à l'Église, tout en poursuivant ses recherches et la rédaction de son œuvre, soucieux de voir ses idées passer. Sa seule ambition, dit-il, était de faire « grandir le Christ plus que tout ». Ainsi qu'il l'avait souhaité, il mourut un jour de Pâques, le 10 avril 1955. Une prière qu'il avait écrite, citée par l'un de ses biographes, Claude Cuenot, révèle bien la pensée profonde du père Teilhard de Chardin : « Seigneur, parce que par tout l'instinct et par toutes les chances de ma vie, je n'ai jamais cessé de vous chercher et de vous placer au cœur de la matière universelle, c'est dans l'éblouissement d'une universelle transparence et d'un universel embrasement que j'aurai la joie de fermer les yeux. »

Les idées du père Teilhard de Chardin

étaient déjà connues dans certains milieux mais la parution de son œuvre *Le Phénomène humain*, étalée sur plusieurs années à partir de 1955, connaîtra un retentissement considérable. Il sera très à la mode de lire « du » Teilhard de Chardin, ou du moins d'acheter ses livres riches d'images visuelles lumineuses, mais qui exigent, c'est le moins que l'on puisse dire, une attention soutenue...

Dans sa magistrale étude sur le développement de l'humanité, le père Teilhard de Chardin donne sa vision globale du monde. Il adopte un évolutionnisme très positif et cherche à concilier les exigences de la matière, dont l'homme est la clé, et Dieu le point initial et final. La sphère pensante (noosphère) se superpose à la sphère vivante (biosphère). Teilhard de Chardin donne au Christ une dimension cosmique sans pour autant nier la grâce et le surnaturel.

L'œuvre de Teilhard de Chardin traduit, selon Claude Cuenot, « un monde illuminé et cependant toujours merveilleusement énigmatique ». Par un lyrisme qui lui est propre, il est parvenu à synthétiser et à faire coïncider ces « absolus » que sont la science, la religion et l'art. Son œuvre apparaît comme une grand-messe universelle, tournée vers la glorification du monde, un monde qui ne trouve son sens et sa finalité que dans le Christ.

PRINCIPALES ŒUVRES DU PÈRE TEILHARD DE CHARDIN

La Messe sur le monde (1923)
Le Phénomène humain (1955)
L'Apparition de l'homme (1956)
La Vision du passé (1957)
Le Milieu divin (1957)
L'Avenir de l'homme (1959)
Le Groupe zoologique humain (1956)

OUVRAGES CONSACRÉS AU PÈRE TEILHARD DE CHARDIN

Cl. Cuenot, *Pierre Teilhard de Chardin, les grandes étapes de son évolution*, Plon, 1958.
Cl. Cuenot, *Teilhard de Chardin*, Le Seuil, 1962.
B.P. Grenet, *Pierre Teilhard de Chardin ou le Philosophe malgré lui*, Beauchesne, 1960.
B.P. Grenet, *Teilhard de Chardin, un évolutionniste chrétien*, Seghers, 1961.
Cahiers Teilhard de Chardin, édités par la Fondation Teilhard de Chardin.

Géologue, agronome, botaniste, il s'intéresse très tôt à l'archéologie naissante. Après avoir longtemps étudié les fossiles, il se passionne vers 1858 pour la paléontologie humaine. Lors des fouilles menées à Arcy-sur-Cure dans l'Yonne, il soutient Boucher de Perthes et contribue à faire admettre la contemporanéité de l'homme et des espèces éteintes.

Grand fouilleur, il recueille des milliers de silex, soucieux de classer, de distinguer plusieurs époques à partir d'une étude approfondie. « La science n'est pas un champ de course... », disait-il.

Il étudie de nombreux gisements dans le bassin de la Loire avant de « descendre » vers le Périgord et la vallée de la Vézère, cette terre promise du préhistorien... On le trouve à Laugerie-Basse*, à Laugerie-Haute*, travaillant avec Lartet et Christy, ses concurrents sur le terrain.

Paul de Vibraye, s'il a écrit maintes communications, n'a pas éprouvé le besoin de publier un ouvrage magistral de synthèse à partir de toutes ses recherches et découvertes. Il arrêta ses fouilles au moment où l'on annonçait des découvertes importantes. On le verra cependant intervenir pour « défendre » ces silex taillés du Grand-Pressigny* que d'aucuns considéraient comme des résidus de la taille des pierres à fusil du temps de la Révolution ! Membre de nombreuses sociétés savantes, et apprécié pour ses interventions sérieuses et documentées, le marquis de Vibraye mourut le 14 juillet 1878. Ses enfants ont légué ses collections préhistoriques au Muséum national d'histoire naturelle.

Citons encore quelques noms de savants qui ont bien mérité de la Préhistoire :
Jean Arnal (1907-1987), Gustave Chauvet, Joseph Déchelette (1862-1914), Zacharie Le Rouzic, pour la Bretagne, l'abbé Lemozi (1882-1970), Louis Méroc (1904-1970), Raymond Riquet (1914-1983), Raymond Vaufrey (1890-1967).

LES SITES ÉPONYMES

Un site éponyme est un site qui a donné son nom à une culture préhistorique particulière et qui sert de référence. On dira de telle industrie lithique trouvée sur un site qu'elle est de type châtelperronien ou Levallois. Beaucoup de sites éponymes sont originaires de France. Nous en donnons les principaux.

◆ **Abbevillien** - Défini par l'abbé Breuil, pour une industrie des bifaces au Paléolithique inférieur, près d'Abbeville (Somme) [800 000 ans av. J.-C.].

◆ **Acheuléen** - Fouillées au siècle dernier, les terrasses de Saint-Acheul (Somme) ont révélé une technique du Paléolithique ancien, caractérisée par des bifaces peu retouchés.

◆ **Aillevans** - Type architectural d'une nécropole de Franche-Comté (3 000 av. J.-C.), d'Aillevans (Haute-Saône).

◆ **Arténacien** - D'Artenac, Saint-Mary-en-Charente. Sépultures collectives datant du IIIe millénaire av. J.-C. La culture arténacienne (fin du Néolithique) dans l'ouest de la France marque l'apogée du silex.

◆ **Augy et Sainte-Pallaye** - Groupe néolithique français attesté dans le sud du Bassin parisien et en Bourgogne, où se trouvent les 2 sites éponymes. Caractérisé par sa céramique.

◆ **Aurignacien** - Culture située entre Moustérien et Solutréen. De la grotte d'Aurignac (Haute-Garonne).

◆ **Azilien** - Industrie postérieure au Magdalénien supérieur. De la grotte du Mas-d'Azil (Ariège).

◆ **Basien** - Culture du Néolithique de type cardial. De Basi en Corse.

◆ **Bayacien** - De Bayac (Dordogne). Industrie du Paléolithique supérieur.

◆ **Beaugencien** - Le site de Beaugency, dans le Loiret, a permis de caractériser ce groupe mésolithique remarquable par ses lames courtes en silex.

◆ **Campinien** - Type d'industrie lithique, fréquente dans le Bassin parisien au Néolithique moyen. De Campigny (Seine-Maritime).

◆ **Carn** - Cet îlot granitique accessible à pied à marée basse possède 1 cairn et 3 dolmens à couloir dont la fouille a fourni des céramiques à fond rond et décorées de cordons, attribuées à un groupe culturel du Néolithique moyen dont l'existence reste douteuse (Finistère).

◆ **Castellic** - Ce groupe du Néolithique moyen, présent du golfe du Morbihan à la Loire, se caractérise par la décoration cannelée du col de ses vases (Morbihan).

◆ **Castelnovien** - Culture mésolithique qui utilise des trapèzes à base concave. Du nom d'un abri à Châteauneuf-les-Martigues (Bouches-du-Rhône).

◆ **Cerny** (Essonne) - A donné son nom à une culture néolithique du Bassin parisien où apparaissent les premières enceintes fortifiées.

◆ **Chambon** - Présente dans la région Centre à la fin du Ve millénaire av. J.-C., la culture de Chambon se caractérise par ses tombes, dont certaines sont collectives.

◆ **Charentien** - Gisements de Charente, en particulier La Quina.

◆ **Chasséen** - L'une des plus importantes cultures du Néolithique moyen de la France. Du « camp de Chassey », en Saône-et-Loire, elle est caractérisée par des vases de très belle céramique.

◆ **Châtelperronien** - Marque le passage du Paléolithique moyen au Paléolithique supérieur : l'influence du Moustérien est encore sensible. De la grotte des Fées à Châtelperron (Allier).

◆ **Conguel** - Groupe du Néolithique final défini par ses poteries brioniques décorées (Morbihan).

◆ **Couronnien** - Culture du Néolithique récent. De la Couronne, à Martigues (Bouches-du-Rhône).

◆ **Cous** - La « culture des Cous », datée du Néolithique moyen, se définit par ses poteries.

◆ **Croh Collé** - Style de céramique en forme d'assiette creuse ornée de lignes horizontales et verticales (Morbihan).

◆ **Fagien** - Définit un ensemble culturel du Néolithique ancien, trouvé dans la grotte IV de Saint-Pierre-de-la-Fage (Hérault).

◆ **Ferrières** - Culture d'un peuple d'éleveurs qui sont aussi les premiers bâtisseurs des dolmens languedociens. De Ferrières (Hérault).

◆ **Fontbouissien** - D'un type de maison allongée en pierre sèche, de l'âge du cuivre. Vient de Fontbouisse à Villevieille (Gard).

◆ **Gourdanien** - Caractérise des gravures magdaléniennes sur bois de renne en plaquettes. Du site de Gourdan-Polignan (Haute-Garonne).

◆ **Gravettien** - De La Gravette à Bayac (Dordogne). Les fossiles trouvés dans ce gisement ont servi à définir le Périgordien supérieur ou Gravettien.

◆ **Homme de Chancelade** - De Chancelade (Dordogne). Grotte de Raymonden. On y a trouvé un fossile humain du Paléolithique supérieur, avec un environnement d'industrie magdalénienne (12 000 ans).

◆ **Homme de Cro-Magnon** - Des Eyzies-de-Tayac. Type humain, *Homo sapiens sapiens*, universellement connu, découvert en 1868.

◆ **La Micoque** - Gisement aux Eyzies-de-Tayac. A servi à définir des ensembles industriels du Paléolithique inférieur (bifaces élancés et pointus).

◆ **Le Peu-Richardien** - Gisement de Peu-Richard à Thénac (Charente). Culture du Néolithique récent du littoral charentais.

◆ **Magdalénien** - De l'abri de La Madeleine (Dordogne). Ensembles industriels du Paléolithique supérieur (silex taillés, outils en os et bois de renne).

◆ **Montadien** - Culture mésolithique. De La Montade, à Plan-de-Cuques (Bouches-du-Rhône).

◆ **Montbarrien** - Façon de débiter les lames très régulièrement, de la culture du Tardenoisien. Vient de Montbarri (Grand-Savart, Aisne).

◆ **Montbolo** - Type de poterie néolithique reconnue à la grotte de La Balma de Montbolo (Pyrénées-Orientales).

◆ **Montclusien** - Groupe mésolithique (7 000 av. J.-C.), défini dans le grand abri de la Baume de Montclus (Gard).

◆ **Montmorencien** - Forme d'industrie mésolithique, à gros outils en grès. De Montmorency (Val-d'Oise).

◆ **Moustérien** - Du Moustier (Dordogne). Désigne les industries sur éclats du Paléolithique moyen (homme de Neandertal).

◆ **Moustérien type Ferrassie** - De Savignac-de-Miremont (Dordogne). Référence pour le Paléolithique moyen et supérieur. Présence de plusieurs squelettes aux faciès particuliers.

◆ **Moustérien type La Quina** - Gisement de La Quina à Gardes-le-Pontaroux (Charente). Industries moustériennes de racloirs d'un type particulier.

◆ **Noailles** - Utilisé pour désigner un type d'outil, les burins de Noailles, sur troncature retouchée. De la grotte de Noailles, près de Brive-la-Gaillarde (Corrèze).

◆ **Pech-de-l'Aze** - De Carsac (Dordogne), industrie moustérienne de petite taille.

◆ **Quessoy** - Groupe né des fouilles d'un dolmen à entrée latérale de Champ-Grosset, dont les vases ont un col à angle droit (Côtes-d'Armor).

◆ **Roucadourien** - De la grotte de Roucadour à Thémines (Lot). Néolithique ancien (5 000 av. J.-C.). Céramiques à impression au doigt.

◆ **Salpétrien** - Industrie du Paléolithique supérieur méditerranéen, dans la cavité de La Salpêtrière, à Remoulins (Gard).

◆ **Solutréen** - Du gisement du « Crot du Charnier », en Saône-et-Loire, ce site a donné son nom à une culture du Paléolithique supérieur.

◆ **Les Treilles** - Une des premières attestations de l'utilisation du cuivre en France, à la fin du IIIe millénaire. De la grotte des Treilles, Saint-Jean-Saint-Paul (Aveyron).

◆ **Vasconien** - Paléolithique moyen (Moustérien), caractéristique du Pays basque, reconnu à l'abri sous roche d'Olha (Pyrénées-Atlantiques).

Sources : *Notre histoire*.

LES MOTS

Il nous a paru utile de donner quelques précisions sur un certain nombre de termes utilisés dans ce livre. Elles en faciliteront la lecture.

◆ **Abri sous roche.** Cavité totalement naturelle, résultat d'un phénomène climatique et géologique, largement ouverte dans un escarpement rocheux. Se trouve généralement en terrain calcaire. En Dordogne par exemple, les abris sont particulièrement nombreux.

◆ **Age du bronze.** En Europe il est divisé en 3 phases caractérisées par des cultures régionales dont l'expansion et l'influence sont variables. L'âge du bronze ancien s'étend de 1 800 à 1 500 av. J.-C.

◆ **Artefact.** Terme anglais qui désigne tout objet depuis le déchet de fabrication jusqu'à l'outil élaboré.

◆ **Art mobilier.** Œuvres transportables gravées, sculptées, plus rarement peintes et modelées, exécutées sur des roches, de l'os ou du bois de cervidé.

◆ **Art pariétal.** Ensemble des œuvres peintes, gravées, sculptées ou modelées, sur les parois des grottes et des abris.

◆ **Cairn.** Mot irlandais pour désigner un monticule de terre et de pierres, recouvrant les sépultures mégalithiques.

◆ **Callaïs.** Roche verte translucide utilisée pour des objets de parure. Il peut s'agir de turquoise, très prisée à l'époque néolithique pour la fabrication de perles et de pendeloques. Au Néolithique moyen, on trouve la variscite, qui contient surtout du phosphore, et qui est souvent présente dans les sépultures mégalithiques du Morbihan et jusque dans le Centre-Ouest. Étaient également utilisées la malachite (carbonate de cuivre), surtout dans le midi de la France, et la jadéite, qui servait à fabriquer des haches d'apparat.
(Source, J.-P. Mohen.)

◆ **Cardial.** Céramique décorée d'empreintes de coquilles de cardium (coques). Par extension, s'applique à une culture du Néolithique ancien que l'on retrouve de la Côte dalmate à la Méditerranée occidentale et dans la zone centre-atlantique du Maroc au Portugal, et au centre-ouest de la France. Cette culture s'est développée dès la fin du VIe millénaire et pendant le Ve siècle av. J.-C.

◆ **Chalcolithique.** Première période d'utilisation du métal, le cuivre.

◆ **Coprolithe.** Excrément fossilisé. On en retrouve fréquemment dans des grottes et abris. Ils sont en général d'origine animale. Ceux d'origine humaine sont très rares ; exception à Terra Amata à Nice.

◆ **Dendrochronologie.** Méthode de datation fondée sur le comptage du nombre de cernes de croissance des arbres.

◆ **Dolmen.** Mot dérivé du breton, désigne une chambre funéraire couverte de dalles de pierres. Il s'agit en général d'une table unique. Le dolmen est pourvu d'un accès et abrite une sépulture collective.

◆ **Éperon.** Un éperon barré est un habitat préhistorique situé sur une hauteur escarpée, et défendue sur son côté vulnérable par des fossés, des levées de terre ou des murailles de pierre sèche. On trouve en France plusieurs de ces habitats fortifiés : Chassey* (Saône-et-Loire), Fort-Harrouard* (Eure-et-Loir), Catenoy* (Oise).

◆ **Faciès.** Catégorie dans laquelle on peut ranger un objet et qui est déterminée par un ensemble de caractères.

◆ **Grotte.** Cavité naturelle, en général de grande dimension, en grande partie fermée à la lumière et creusée dans un massif rocheux.

◆ **Mégalithe.** Monument composé de grands blocs de pierres brutes aménagés sommairement. Les mégalithes sont les premières formes d'architecture connues dans le monde. Les plus anciens mégalithes sont des tombes collectives néolithiques édifiées en Europe occidentale, principalement sur les côtes de l'Atlantique et de la mer du Nord.

◆ **Menhir.** Mot breton désignant un monument mégalithique formé d'un seul bloc, généralement allongé, fiché en terre et maintenu par un calage. On trouve des menhirs dans toutes les régions de France et plus particulièrement en Bretagne. Le plus grand menhir connu est celui de Locmariaquer dans le Morbihan, brisé en cinq morceaux, dont la longueur dépasse 20 m pour un poids de 350 t. Les plus grands exemplaires actuels atteignent 10 m hors sol.

◆ **Mésolithique.** Période de transition entre le Paléolithique supérieur et le Néolithique (entre 11 500 et 7 500 ans selon les lieux). L'une des premières cultures du Mésolithique est l'Azilien, connu notamment pour ses galets coloriés. Les hommes du Mésolithique apprivoisent le chien et inventent l'arc. Autres industries du Mésolithique : le Sauveterrien, le Tardenoisien, chacune ayant ses subdivisions.

◆ **Orthostat (ou orthostate).** Concerne les constructions mégalithiques. Il s'agit d'une dalle de pierre, en général de grande dimension, et qui est fichée en terre pour servir de paroi aux monuments.

◆ **Palynologie.** Science qui étudie les pollens actuels ou fossiles. Cette science permet de déterminer l'environnement végétal contemporain des différentes couches qui les contiennent.

◆ **Peu-Richard.** Dans ce lieu-dit près de Saintes (Charente-Maritime), un matériel abondant préhistorique a été découvert à la fin du siècle dernier, notamment des tessons décorés de motifs ovales. Le site a permis de définir la culture peu-richardienne (Néolithique final). Elle s'étend de la Gironde à la Loire et plus particulièrement en Saintonge. La culture peu-richardienne comprend plusieurs phases caractérisées par des styles et des décorations différents.

◆ **Préhistoire.** Le mot est apparu en 1877, dans « le Supplément au dictionnaire de la langue française » de Littré. Il le définissait ainsi : « Histoire de l'homme avant les temps, où l'on a des documents, ou traditionnels ou écrits. »

◆ **Prognathe**. Caractérisé par la saillie en avant des os maxillaires.

◆ **Rubané.** Faciès culturel du Néolithique ancien et moyen d'Europe appartenant au groupe danubien. Le rubané doit son nom au décor de la céramique par motifs linéaires incisés avant cuisson.

◆ **Tracéologie.** Étude au microscope électronique à balayage des traces laissées sur les outils et les os.

◆ **Tumulus.** Mot latin désignant un monument de terre ou de pierre, arrondi ou de forme ovale, qui recouvre générale- ment une ou plusieurs sépultures. Typique de l'âge du bronze. Les tumulus peuvent atteindre de grandes dimensions comme à Carnac en Bretagne ou à Silbury Hill en Grande-Bretagne.

On trouve des tumulus dans différentes régions du monde et notamment en Chine.

◆ **Vénus.** Terme donné aux statuettes féminines sculptées en ivoire, en os, ou modelées en terre. Elles appartiennent au Paléolithique supérieur. Les premières furent recueillies en 1894 par E. Piette à Brassempouy* (Landes) [v. encadré « La femme préhistorique française »].

OCRE

Colorant minéral naturel connu depuis la fin du Paléolithique moyen. L'emploi de ce pigment, qui a été utili- sé dès le Moustérien, est surtout attesté à partir du Paléolithique supérieur. Les Châtelperroniens savaient calciner l'ocre jaune pour obtenir, par oxyda- tion, une couleur rouge très soutenue. L'ocre était utilisée pour peindre les parois des grottes. On l'employait éga- lement pour saupoudrer les morts et teindre certaines armes. Il imprégnait le sol des habitats des Magdaléniens.

LES ANIMAUX

LES ANIMAUX DE LA PRÉHISTOIRE

L'homme de la Préhistoire est souvent confronté à l'animal qu'il combat ou chasse, selon qu'il cherche à se défendre ou à se nourrir. Cette recherche de la viande devait être une préoccupation majeure. La décoration des grottes, où l'on voit des centaines d'animaux, nous aide à mieux comprendre l'un des ressorts de l'activité de nos ancêtres. La bête qu'il faut traquer et tuer, et à laquelle il faut se mesurer, prend une dimension religieuse. Elle est à la fois adversaire et partenaire, complice de ce grand mouvement de la vie et de la mort. Les représentations animales ne sont pas seulement réalistes, elles incarnent des symboles dont les clés nous échappent, mais elles font partie d'un langage que les préhistoriens tentent d'élucider. Quand l'homme ne s'appuiera plus seulement sur la chasse pour se nourrir et qu'il se sédentarisera en devenant un paysan-éleveur, il apprivoisera un certain nombre d'animaux qui deviendront ses fidèles compagnons, mais aussi assureront sa subsistance à moindre risque.

Notre sélection ne concerne pas tous les animaux de la Préhistoire qui d'ailleurs ne sont pas toujours les mêmes, suivant les périodes de réchauffement ou de refroidissement. Ne cherchez pas le dinosaure, il n'a jamais côtoyé l'homme et c'est sans doute mieux pour l'un comme pour l'autre. S'il avait été le contemporain de l'homme, sa présence lui aurait causé un souci supplémentaire !

Antilope saïga

Elle s'est répandue, venant de l'Asie centrale, vers l'ouest jusqu'à l'Atlantique. De la taille d'un gros mouton, avec de longues cornes annelées, de couleur brun grisâtre, elle se déplace en troupeau. Les Magdaléniens qui devaient les apprécier les ont quasiment exterminées, mais l'on en trouve encore entre la mer Caspienne et l'Oural.

Aurochs

C'est l'ancêtre du bœuf actuel et l'on retrouve ses ossements dans les gisements quaternaires. Puissant, il pouvait atteindre 2 m au garrot. Il portait de longues cornes en forme de lyre. L'aurochs a beaucoup inspiré les artistes du Paléolithique supérieur. Il semble avoir survécu en Europe jusqu'au Moyen Age.

Bison

Le bison est après le cheval l'animal le plus représenté au Quaternaire. C'était un bœuf sauvage avec une grosse bosse graisseuse sur le dos, un pli de peau pendant sous le cou, des cornes petites, courbées et cannelées. Ses pattes étaient plus courtes que celles de l'aurochs et son aspect général plus massif. Si le bison a pratiquement disparu d'Europe, on peut encore en voir en Pologne, en Russie et dans quelques zoos et parcs d'Occident (où ils semblent bien malheureux, faute d'espace). Il fut le meilleur gibier des chasseurs du Quaternaire. Comme le cochon, chez lui tout est bon. Sa chair, appréciée des gourmets de l'époque, ses nerfs (pour fabriquer des liens), ses cornes, récipients naturels, ses os aux utilisations multiples, son cuir pour les vêtements, sa graisse pour alimenter les lampes. Bref, l'animal idéal, excellent quant au rapport qualité/prix !

Chien

La domestication du chien, qui a sans doute pour ancêtre le loup du nord de l'Europe, reste encore assez obscure. Des sites antérieurs aux premières civilisations agricoles ont livré des ossements de chien. Star Carr en Grande-Bretagne, Seckenberg-Moor en Allemagne (7 500 av. J.-C.). En France, un chien beaucoup plus ancien a été retrouvé sur le site azilien du Pont-d'Ambon en Dordogne, mais il faut attendre 6 000 av. J.-C. pour retrouver assez fréquemment la trace de canidés : à Châteauneuf-les-Martigues, à Rouffignac, à Cuzoul-de-Gramat (Lot), à Teviac en Bretagne.

Le chien dut remplir plusieurs fonctions. Il aidait l'homme à la chasse, « nettoyait » les camps et villages, conduisait les troupeaux (mais le chien de berger fait surtout son apparition au Moyen Age). Ce sympathique quadrupède va devenir le compagnon indispensable des paysans.

Mammouth

Il serait apparu dès la glaciation de Mindel et s'adapta fort bien au climat froid des steppes. On le connaît grâce aux peintures pariétales, et grâce aux spécimens quasi intacts retrouvés dans les steppes  glacées de Sibérie, qui jouent le rôle de congélateur. Les défenses spiralées des mammouths pouvaient dépasser les 3 m de longueur. Ces animaux atteignaient 2,50 m à 3 m au garrot. Leur fourrure était formée de longs poils. Les hommes du Paléolithique supérieur traquaient le mastodonte qui n'était pas facile à capturer. Ils utilisaient ses os comme ses défenses en guise de matériaux de construction de cabanes et de tentes. Ses ivoires servaient à la fabrication d'armes et d'outils. Il existe aussi de véritables chefs-d'œuvre d'art mobilier sur ivoire.

MÉGACÉROS

Le puissant cervidé a disparu au début de l'âge du renne. Ses bois, particulièrement développés, sont aussi longs que son corps. Il est présent dans l'art pariétal (grotte de Cabrerets, Lot).

PORC

Les plus anciennes traces de porcs domestiqués proviennent du nord du Levant (8 000 B.P.). L'élevage du porc s'est ensuite répandu en Europe orientale et méditerranéenne. Les porcs de la période néolithique ont fait l'objet d'un élevage extensif en libre parcours. Ils sont longtemps restés proches des petits sangliers, ce qui donne bien des migraines aux spécialistes chargés de reconnaître les os des uns et des autres dans les dépôts archéologiques.

RENNE

Comme le bison, le renne sert à tout et il semble bien que les hommes préhistoriques en mangeaient très fréquemment, même si on ne le voit pas tellement sur les parois des grottes ornées. Il est même absent de Rouffignac* et de Niaux*. Il est assez souvent représenté, en revanche, dans l'art mobilier, dans les gravures sur os et sur lissoir. Pourquoi cette absence relative ? L'abbé Breuil pensait qu'il était peut-être trop facile à attraper pour avoir droit aux honneurs d'une représentation pariétale.

RHINOCÉROS

On peut le voir à Rouffignac* en compagnie des mammouths. C'est pour nous, hommes du xxe siècle, un vrai fossile, car à l'exception des parcs animaliers il a disparu de notre continent. C'était un mastodonte en son genre, qui pour être un peu « myope » n'en était pas moins redoutable. Mesurant 1,60 m au sommet de l'épaule, long de 3,50 m, il portait 2 cornes courtes.
Le rhinocéros du Quaternaire appartenait à 3 espèces :
Le rhinocéros étrusque, apparu à la fin du Tertiaire et qui survécut jusqu'au

L'ANIMAL ET LA MORT

Dans les sépultures, les corps des hommes sont souvent associés à des vestiges d'animaux. On peut supposer que cette présence avait une valeur autre qu'alimentaire, et qu'elle manifestait une relation affective privilégiée entre le mort et l'animal.

Un inventaire réalisé par Mme Fabienne May, concernant les sépultures préhistoriques en Europe et au Proche-Orient, recense pour le Paléolithique moyen 37 structures d'inhumation dont 13 contiennent des vestiges d'animaux ; pour le Paléolithique supérieur, 43 structures d'inhumation dont 7 avec des animaux ; pour le Mésolithique, 83 structures dont 25 avec des restes d'animaux.

Villefranchien. Il est caractéristique de la faune de climat chaud du Quaternaire ancien.

Le rhinocéros de Merck, qui vécut au Quaternaire moyen, que l'on ne voit plus en France après le Moustérien.

Le rhinocéros à narines cloisonnées, déjà présent durant la glaciation de Riss et que l'on retrouve avec les espèces de climat froid, rennes et mammouths, jusqu'à la glaciation de Würm. L'on a retrouvé nombre d'exemplaires de ce rhinocéros, plus connu sous le nom de rhinocéros laineux, dans les sols gelés de Sibérie. Les artistes magdaléniens l'ont représenté à plusieurs reprises.

UNE VIEILLE ACTIVITÉ : LA PÊCHE

La pêche, aussi bien côtière que fluviale, est une activité fort ancienne puisqu'elle remonte à l'Acheuléen, associé souvent à la collecte des mollusques. On a longtemps pensé que cette activité était tardive et qu'elle n'avait véritablement pris son essor qu'au Mésolithique et surtout au Néolithique. Cette interprétation erronée venait de ce que les vertèbres des poissons avaient pu échapper, durant les fouilles, à l'œil des spécialistes. Ensuite et surtout, une bonne partie des sites côtiers anciens ont disparu au cours du Quaternaire, sous l'effet du niveau des eaux.

On sait maintenant qu'il dut exister une pêche en mer, à Gibraltar notamment, au début du Paléolithique supérieur grâce à des vertèbres de thon de taille importante. Les preuves se multiplient à la fin du Paléolithique supérieur qui montrent l'importance dans l'alimentation du poisson de mer ou de rivière.

En certains endroits, au Mésolithique surtout, on retrouve dans des abris ou des grottes des amoncellements de coquillages. Les ressources aquatiques permettaient aux populations de s'assurer une alimentation régulière nécessitant peu de déplacements pour celles qui habitaient près des côtes ; cela incita sans doute certains à se sédentariser, sûrs, à défaut de viande à se mettre sous la dent, de pouvoir subvenir à leurs besoins alimentaires.

Dans l'art préhistorique, le poisson, sans être fréquent, n'est nullement absent. Ce sont surtout les brochets et les familles de saumons qui sont reproduits. On trouve aussi leurs vertèbres perforées et aménagées en éléments de collier.

Les animaux dans l'art pariétal

L'art paléolithique présente 4 catégories principales de représentations : les figurations animales, les figurations humaines, les signes, et les tracés indéterminés.

L'art pariétal comprend plusieurs dizaines de milliers de motifs qui n'ont été inventoriés que partiellement. Plusieurs statistiques portant sur les animaux, par A. Leroi-Gourhan (1965), G. Sauvet (1988), A. Roussot (1994), Mme de Sonneville-Bordes, ont été établies.

Les chevaux sont les animaux les plus représentés, suivis de près par les bisons. Chevaux, bisons, aurochs, représentent près de 60 % des figurations animales. Les autres animaux sont dans l'ordre décroissant le bouquetin, le cerf, la biche,  le mammouth, le renne, l'ours, le lion, le rhinocéros et le poisson. G. Sauvet a montré que le cheval a une représentation constante dans toutes les régions, à toutes les époques. L'aurochs l'emporte sur les bisons dans la première moitié du Paléolithique supérieur. La tendance s'inverse durant le Magdalénien, le bison devenant l'espèce dominante dans les Pyrénées.

A. Roussot a montré que certains sites sont voués à une espèce particulière dominante. Les grottes de Rouffignac*, Chabot*, Pech-Merle*, sont des sanctuaires de mammouths tandis que les Combarelles* se consacrent au cheval.

Dans quelques grottes, des thèmes habituellement rares font irruption. Les mégacéros à Roucadour* (Lot), les rhinocéros, les félins et les ours dans la grotte Chauvet*.

Le bestiaire mobilier est assez différent du bestiaire pariétal. Les espèces dominantes sont toujours présentes mais pas dans les mêmes proportions.

Les chevaux et les grands bovidés sont moins nombreux. Les rennes et les cervidés sont beaucoup plus présents que sur les parois. On trouve également certaines espèces sur les plaquettes et les os, que l'on voit rarement ou jamais ailleurs (oiseaux, poissons, batraciens, insectes).

Enfin, il existe des différences importantes entre les espèces consommées et dont on retrouve les restes dans les grottes et les abris, et celles qui sont figurées. Les chasseurs du Paléolithique supérieur « français »  ont surtout traqué le renne et représenté des chevaux et des bovinés. Ce qui met à mal l'hypothèse de la magie de la chasse.

Sources : M. Lorblanchet, A. Roussot, H. Delporte.

Le cheval de Prjevalski

Ce cheval, qui existe toujours, doit son nom à l'explorateur russe du même nom. Il découvrit en Asie centrale ces fameux petits chevaux que les hommes préhistoriques connaissaient bien, et qu'ils représentèrent notamment dans la grotte de Niaux*, dans le célèbre « Salon noir », peint vers 10 900-10 700 ans avant notre ère. Le cheval de Prjevalski fut un baroudeur infatigable puisqu'on le rencontre de l'Asie centrale à l'Atlantique. Le cheval ne sera vraiment domestiqué que durant l'âge du bronze, 2 000 ans avant notre ère, du moins dans le monde occidental.

Outils, armes,
instruments de musique

AIGUILLE

Apparaît au Paléolithique supérieur. En os ou en ivoire. Les aiguilles à chas existent à partir du Solutréen. Ces objets qui pouvaient être minuscules permettaient d'exécuter des travaux de couture et des assemblages de peaux, en utilisant un fil préparé à partir de tendons d'animaux.

ANTHROPOMORPHE

Dont la forme rappelle celle de l'homme.

ARC

L'usage de l'arc est attesté à partir de 10 000 ans av. J.-C. Les plus anciens fragments ont été retrouvés dans les lacs et tourbières d'Europe. Fabriqués dans de l'if, de l'orme, du frêne et du pin, ils datent du Mésolithique et du Néolithique. L'arc est largement représenté dans les peintures rupestres et les gravures du Levant espagnol. Ces représentations s'échelonnent du Paléolithique à l'âge du bronze.

ARMATURE

Terme souvent utilisé par les spécialistes pour désigner des petits objets de silex pointus ou tranchants, destinés à armer une hampe d'os ou de bois, comme pointes, ou latéralement comme tranchants.

ARTEFACT

Terme anglais qui désigne tout objet, depuis le déchet de fabrication jusqu'à l'outil élaboré.

ATELIER

Les archéologues appellent « atelier » des zones spécialisées qui rendent compte des occupations humaines.

BARBELURE

Série de barbes ou crochets d'un harpon.

BÂTON PERCÉ (OU PERFORÉ)

Beaucoup d'hypothèses courent sur ces bâtons percés, réalisés en bois de renne par les Magdaléniens, souvent ciselés de fines décorations. S'agissait-il de bâtons de commandement, de piquets,

de redresseurs de courroie ? Nul ne sait vraiment.

BIFACE

Outil de pierre, façonné plus ou moins complètement sur les deux faces. Sa dimension varie de 30 à 5 cm. *Homo erectus*, au début de l'ère quaternaire – entre 1 million et 400 000 ans environ –, taille des bifaces aux formes variées et au tranchant bien développé, qui permettent de travailler plusieurs matériaux dont le bois.

Le biface est l'outil caractéristique de l'ancien monde et du Paléolithique inférieur. Il est l'aboutissement du galet aménagé. C'est un excellent repère chronologique et culturel. Très abondant dans les industries acheuléennes, il se raréfie au Paléolithique moyen, où se développent les industries à éclats, et disparaît totalement au Paléolithique supérieur.

Le biface a connu de multiples usages. C'était l'outil universel, que l'on gardait dans sa « poche » ! Il permettait d'assommer un gibier, mais aussi de le dépecer. La spécialisation de l'outil viendra ultérieurement. On distingue des bifaces abbevilliens, des bifaces acheuléens, des bifaces moustériens de tradition acheuléenne.

BURIN

Outil de pierre taillée dont la partie utile correspond à un tranchant étroit ou biseau, obtenu grâce à une technique particulière qui consiste à appointer l'extrémité d'une lame par l'enlèvement d'une petite lamelle. Cet enlèvement dégage un bec très incisif, en forme de petite gouge, qui se révèle fort efficace pour le découpage et le travail de l'os notamment. Le réaffûtage s'effectue en enlevant de nouvelles lamelles. Le burin servait, entre autres, à creuser les bois de cervidés, l'os et l'ivoire, afin de fabriquer des armes ou des outils (sagaies, harpons, aiguilles, poinçons).

CHOPPER

Terme d'origine anglaise. Outil façonné à partir d'un galet en ménageant un bord tranchant. On trouve surtout ce type de tranchoir dans les civilisations pré-acheuléennes.

CHOPPING-TOOL

Terme d'origine anglaise. Cet outil relève de la même technologie que le chopper, mais son tranchant local est obtenu par une succession de percussions données sur les deux faces. Très répandu dès l'Acheuléen.

CISEAU

Outil de pierre long et étroit, de section rectangulaire, affûté à l'une de ses extrémités. Apparus au Néolithique, ces instruments sont en général entièrement polis, mais on en trouve aussi de taillés. Il existe aussi des ciseaux en os avec, au bout, un tranchant étroit.

COUP DE POING

Ancien nom du biface.

COUTEAU À DOS

Pièce sur éclats ou sur lame dont un bord est naturel ou retouché ; l'autre bord est laissé brut et tranchant.

CUPULE

Petite cavité en forme de coupelle, naturelle ou artificielle.

DÉBITAGE

Opération de taille de la pierre qui se caractérise selon différentes techniques particulières.

DÉCHET

Ce terme désigne l'ensemble des éclats et débris abandonnés provenant d'un débitage.

DENTICULÉ

Outil de pierre taillée dont le tranchant est aménagé par une série de petites dents plus ou moins régulières. Il apparaît très tôt au Paléolithique, mais se développe surtout au Paléolithique moyen. Il revient sous d'autres formes au Néolithique.

ÉCLAT

Fragment de roche cassante enlevé par la taille.

FEUILLE DE GUI

Armatures de flèches bijointes à retouche couvrante partiellement ou totalement bifaciale. Leur longueur varie entre 30 et 40 mm (source Orliac).

FEUILLE DE LAURIER

Objet en silex symétrique, pointu, très mince et pouvant dépasser 30 cm de longueur, caractéristique du Solutréen.

FEUILLE DE SAULE

Elle ressemble à la feuille de laurier, mais elle n'est pas pointue, plus petite et très mince. Très répandue au Solutréen.

FOËNE

Harpon à plusieurs branches pointues et barbelées, emmanché à un bâton.

GRATTOIR

Éclat de silex dont on a renforcé et arrondi un bord par des retouches. Ce peut être aussi une lame dont une extrémité a été retravaillée. Cet outil était fort répandu. On en a retrouvé des dizaines de milliers, certains minuscules, d'autres très volumineux. Ses usages étaient multiples (grattage des peaux, des os, du bois, confection des pieux, des poteaux, des bâtons à foin, d'engins de chasse).

HACHE

Cet outil – qui peut être aussi une arme – est un peu le symbole de l'outil préhistorique. Il comprend 3 parties : le manche, le dispositif d'emmanchement et la lame. La hache, comme l'herminette en pierre, apparaît en Europe au Paléolithique supérieur.

ÂGE DU FER

Les Hittites utilisaient le fer dès le IIe millénaire av. J.-C. Le fer n'arrivera en Occident que vers le VIIIe siècle avant notre ère.

L'âge du fer est divisé en 2 périodes elles-mêmes subdivisées :

◆ Première période d'Hallstatt (de Hallstatt, petite ville autrichienne au bord du lac du même nom et qui a donné son nom à un site éponyme).

Cette période est divisée en 3 séquences :
• Hallstatt ancien : 750 à 625 av. J.-C.
• Hallstatt moyen : 625 à 540 av. J.-C.
• Hallstatt récent : 540 à 475 av. J.-C.
Cette civilisation voit se mettre en place la métallurgie du fer en Europe. C'est l'époque des grandes tombes princières (Vix).

◆ Seconde période. La Tène (de La Tène en Suisse) au second âge du fer. Egalement sur 3 séquences :
• La Tène ancienne : 475 à 275 av. J.-C.
• La Tène moyenne : 275 à 140 av. J.-C.
• La Tène récente : 140 à 52 av. J.-C.
C'est au cours de La Tène moyenne que va naître l'outillage qui demeure jusqu'à nos jours. Les sépultures cèdent la place à des nécropoles.

Source : *99 repères sur la Préhistoire*, CRDP/CDDP de Montpellier.

Sa fabrication constitua une activité importante au Néolithique. Rien qu'en France, on en connaît des millions de fragments. Les formes et les dimensions des haches sont très variées. Aux haches de pierre ont succédé, au Chalcolithique et à l'âge du fer, les haches en métal, en cuivre puis en bronze. Il existe alors 2 sortes de hache : celles qui ont un emmanchement transversal et celles qui ont un emmanchement longitudinal.

HARFANG

Oiseau rapace nocturne. Appelé familièrement chouette blanche.

HARPON

C'est une arme de jet. La tête du harpon se détachait de la hampe mais restait reliée à celle-ci par un lien. On trouve des harpons à partir du Magdalénien moyen. Les harpons à 2 rangs de barbelures sont les plus récents. Autour de 12 000 ans.

HERMINETTE

L'herminette est un outil emmanché dont la lame était, à l'origine, taillée dans la pierre ou dans tout autre matériau résistant. Elle servait à tailler le bois. Elle diffère de la hache en ce sens que son tranchant est perpendiculaire et non parallèle à la direction du manche.

L'utilisation de l'herminette est fréquente dans les premières sociétés d'agriculteurs et d'horticulteurs. Elle a contribué, avec la hache, à la définition d'un âge de la pierre polie.

INDUSTRIE LITHIQUE

Ensemble d'objets de pierre débités et façonnés (nucléus, produits de débitage bruts, déchets de taille, outils). Témoin des activités et des comportements de l'homme, l'industrie lithique permet de distinguer des

cultures matérielles (l'Acheuléen, le Magdalénien, etc.).

LAME

La lame est un éclat plus long que large. Les premières lames apparurent vers 150 000 ans au Paléolithique moyen et se multiplieront au Paléolithique supérieur. On les voit d'abord en Europe et au Proche-Orient, puis elles gagnent le monde entier. Selon les époques il existe différents modes de débitage des lames, mais le principe est d'arriver à un produit standard obtenu en série.

LAMELLES

Petit éclat plus long que large. Les premières lamelles apparaissent il y a 35 000 ans, au début du Paléolithique supérieur.

LITHIQUE

Qualifie tout ce qui concerne la pierre.

MICROLITHE

Portion de silex pointue ou tranchante de petite dimension (4 à 40 mm) généralement destinée à armer une hampe d'os ou de bois, pour en faire des armes ou des outils.

NAVETTE

Objet fabriqué dans un bois de renne ou dans la diaphyse d'un os long. Chaque extrémité est fendue. Du mastic était peut-être introduit dans les fentes qui devaient recevoir des grattoirs de silex. Il s'agirait donc d'un manche à double grattoir. On en a trouvé de nombreux spécimens dans la grotte de La Garenne* (Indre).

NUCLÉUS

Bloc de matière première préparé, taillé et débité de manière à fournir des produits qui pourront être transformés en outils retouchés. Il existe plusieurs modes de débitage ; certains sont destinés à produire des éclats, d'autres des lames ou des lamelles.

PERÇOIR

L'ancêtre des mèches de la perceuse. On l'obtient en rétrécissant l'extrémité d'une lame par de petits enlèvements latéraux, pour dégager une pointe perforante. Les perçoirs sont de différentes grosseurs selon les perforations à exécuter : percer le trou d'une aiguille, d'un bâton, les dents, les coquillages, le bois, la peau, etc.

PERCUTEUR

Outil utilisé pour tailler la pierre en détachant des éclats par des chocs répétés.

PLAN DE FRAPPE

Face du nucléus sur laquelle vient frapper le percuteur.

POINÇON

Instrument en matière osseuse dont l'une des extrémités est façonnée en pointe. A ne pas confondre avec le perçoir qui, lui, est un outil de pierre taillée.

PROPULSEUR

Il fait son apparition au Paléolithique supérieur. Utilisé pour le lancement des armes de jet, cet instrument donnait plus de force à la sagaie, et plus de précision

DÉJÀ LA MUSIQUE...

Si l'on ne sait rien, et pour cause, sur la manière dont chantaient les hommes préhistoriques, un certain nombre de vestiges archéologiques d'instruments de musique ont été retrouvés. Ces instruments se classent en deux catégories, qui correspondent à deux fonctions de la musique : d'une part, les appeaux et sifflets, destinés à piéger les oiseaux en imitant leur cri ; d'autre part, des instruments conçus, sans nul doute, pour rendre la vie des hommes moins austère.

Des phalanges perforées de renne, identifiées comme des sifflets, ont été retrouvées dans le gisement de la Quina, en Charente. Elles datent du Paléolithique moyen (60 000 ans). D'autres instruments de ce genre, une trentaine, ont été découverts dans des gisements pyrénéens et périgourdins.

De l'appeau à la flûte, il n'y a qu'un pas, qui fut franchi. On a retrouvé des restes de flûtes fabriquées dans des os creux d'oiseaux tels l'aigle, le vautour ou le cygne. Un chercheur, Dominique Buisson, a reconstitué une flûte à quatre trous, trouvée à Isturitz dans les Pyrénées-Atlantiques.

On a suggéré qu'il s'agissait d'un objet magique, son sifflement imitant celui du serpent. D'autres pensent qu'il s'agissait peut-être d'un jouet...

Autres instruments, les rhombes paléolithiques, qui sont des pièces polies en os, attachées à une extrémité par un lien qui permet de les faire tournoyer et de produire un vrombissement. Existaient également des racleurs, bâtons crénelés en bois de renne, sur lesquels on frottait une baguette probablement en os. On en connaît un exemple à Pekarna en ex-Tchécoslovaquie. Plusieurs fragments ont également été trouvés dans le sud-ouest de la France. Ces quelques instruments devraient inspirer les auteurs de musique contemporaine...

dans le tir. La bifurcation de l'andouiller représentait un support idéal pour obtenir une bonne prise en main de l'objet, et le crochet qui sert à caler la sagaie. Certains propulseurs étaient particulièrement bien décorés. L'un des plus beaux se trouve au musée du Mas-d'Azil. L'artiste y a sculpté un petit de renne qui se tourne pour regarder deux oiseaux posés sur sa croupe. Il date de – 15 000 ans.

PYGARGUE

Oiseau rapace diurne de grande taille.

RACLOIR

Outil de pierre taillée, façonné sur éclats ou sur lame par retouches continues. Il existe de nombreuses formes de racloir que l'on trouve surtout au Paléolithique moyen où ils peuvent représenter plus des trois quarts de l'outillage. Ils étaient utilisés comme des couteaux.

RETOUCHE

Transformation d'un éclat ou d'une lame en outil.

SAGAIE

Arme de jet comprenant une pointe placée à l'extrémité d'une longue hampe en bois. Il existe plusieurs sortes de sagaies : la base fendue plus large qu'épaisse, losangique, fusiforme, biconique, à double biseau. Les sagaies sont présentes à partir de l'Aurignacien supérieur. La taille des sagaies varie de 5 à 30 cm (sans la hampe). Certaines sont décorées.

SIFFLET

Bien que n'ayant pas d'agents de police pour régler la circulation, les Magdaléniens n'en ont pas moins inventé le sifflet fabriqué dans des phalanges d'animaux évidées et perforées de deux trous disposés d'une certaine manière.

SILEX

C'est, avec l'obsidienne, la matière première la plus apte à la taille. Très tôt, les hommes préhistoriques ont su sélectionner les roches dures les plus faciles à tailler. Le silex est extrait d'un gîte où il se présente sous forme de blocs recouverts d'une craie calcaire : le cortex. Il y a toujours une relation entre les gîtes et les couches calcaires et argileuses des anciens fonds marins. Cela explique la présence abondante du silex dans les 2 grands bassins sédimentaires que sont le Bassin parisien et le Bassin aquitain.

SPERMOPHILE

Petit mammifère rongeur, à pelage épais, qui vit dans des terriers et se nourrit de graines.

STRATIGRAPHIE

Méthode employée pour étudier la superposition des dépôts sédimentaires, généralement disposés en couches, strates ou niveaux. La stratigraphie permet d'établir une datation relative des objets les uns par rapport aux autres, les couches déposées sur le sol allant de la plus ancienne – en commençant par le bas – à la plus récente.

DE L'ART DE DÉBITER

Pour 1 kg de silex :

- l'Abbevillien obtient 10 cm de tranchant utile,
- l'Acheuléen obtient 40 cm,
- le Moustérien obtient 2 m,
- le Magdalénien obtient de 6 à 20 m.

Source : *Les Chasseurs de la Préhistoire*, A. Leroi-Gourhan.

Cherchez la « femme préhistorique française »... de 26 000 à 10 000 ans B.C.

La femme tient une place privilégiée dans l'art préhistorique, symbole de la vie, de la fécondité. Pour toutes les civilisations, elle deviendra la déesse mère.

Le tableau ci-dessous répertorie les représentations de la femme préhistorique, à partir de l'excellente enquête menée par Monique Goudet-Ducellier et Colette Porte, pour une exposition présentée en 1991 au musée de Terra Amata à Nice. Nous nous sommes limités aux sites de France et jusqu'à 10 000 ans av. J.-C.

Sites	Civilisation	Date	Technique
Abri Blanchard (Dordogne)	Aurignacien	26 000	gravure
Laugerie-Haute (Dordogne)	Gravettien	23 000	gravure
Vénus de Sireuil (Dordogne)	Gravettien	23 000	sculpture
Abri de Laussel (Dordogne)	Gravettien	23 000	gravure
Grotte du Chien Groléjac (Dordogne)	Gravettien	23 000	sculpture
Grotte du Pape (Landes)	Gravettien	23 000	sculpture
Grotte du Pape (Landes) Manche de poignard	Gravettien	23 000	sculpture
Grotte du Pape (Landes) La Fillette	Gravettien	23 000	sculpture
Grotte du Chien Groléjac (Dordogne) Figurine de Péchialet	Gravettien	23 000	sculpture

Termo Pialat Saint-Avit-Sénieur (Dordogne) Silhouettes féminines	Gravettien	23 000	gravure profonde
Grotte du Pape Brassempouy (Landes) Dame à la capuche	Gravettien	23 000	sculpture
Poire de Brassempouy Fragment de statuette	Gravettien	23 000	sculpture
Vénus de Lespugue Grotte des Rideaux (Haute-Garonne)	Gravettien	23 000	sculpture
Vénus de Tursac (Dordogne)	Gravettien	22 000	sculpture
Laugerie-Basse (Dordogne) Femme au Renne	Gravettien	22 000	sculpture
Laussel (Dordogne) Vénus à la Corne	Gravettien Solutréen	22 000	bas-relief
Laussel (Dordogne) Femme à la tête quadrillée	Gravettien	22 000	gravure au champlevé
Vénus de Monpazier (Dordogne)	Gravettien	21 500	sculpture
Abri Pataud Les Eyzies (Dordogne) Femme enceinte debout	Gravettien	21 000	gravure au champlevé
Magdeleine des Albis Penne-sur-Tarve (Tarn) Femmes lascives (A et B)	Gravettien	20 000	sculpture
Bédeilhac (Ariège)	Magdalénien moyen	15 000	gravure
Grotte de Bédeilhac (Ariège) Pendeloques	Magdalénien moyen	14 000	sculpture
Grotte de la Madeleine (Dordogne)	Magdalénien	13 500	gravure
Mas-d'Azil (Ariège) Buste de femme	Magdalénien moyen	13 500	sculpture

Marsangy Le-Pré-des-Forges (Yonne)	Magdalénien	12 500	gravure et sculpture
Gare de Couze Lalinde (Dordogne)	Magdalénien	12 000	gravure
Abri de Laugerie-Basse (Dordogne)	Gravettien	12 000	gravure
Grotte de la Roche	Magdalénien	12 000	gravure
Grotte des Combarelles (Dordogne)	Magdalénien	12 000	gravure
Magdeleine des Albis Penne/Tarve (Tarn) La Femme debout	Magdalénien	12 000	gravure
Grotte de la Vache (Ariège)	Magdalénien final	12 000	gravure
Grotte du Courbet Penne (Tarn) Vénus impudique	Magdalénien	11 000	sculpture
Grotte II Farincourt	Magdalénien	11 000	gravure
Couple d'Enlevé	Magdalénien		gravure
Enval-Vic le Courte Statuette sans tête	Magdalénien	10 000	sculpture
Le Roc aux Sorciers (Vienne)	Magdalénien	10 000	sculpture
Grotte de la Marche (Vienne)	Magdalénien	10 000	gravure
Grotte du Placard (Charente)	Magdalénien	10 000	gravure
Sinzelles (Haute-Loire)	Magdalénien	10 000	gravure
Grotte du Gabillou (Dordogne)	Magdalénien	10 000	gravure

LE « MUST »
DES GROTTES, SITES, MÉGALITHES ET MUSÉES

Les musées

Abbeville	Musée Boucher de Perthes	Somme
Amiens	Musée de Picardie	Somme
Bélesta	Musée archéologique	Pyrénées-Orientales
Bordeaux	Musée d'Aquitaine	Gironde
Carnac	Musée Le Rouzic	Morbihan
Chalon-sur-Saône	Musée Denon	Saône-et-Loire
Les Eyzies	Musée national de la Préhistoire	Dordogne
Le Grand-Pressigny	Musée de Préhistoire	Indre-et-Loire
Nemours	Musée régional de Préhistoire d'Ile-de-France	Seine-et-Marne
Orgnac-l'Aven	Musée régional de Préhistoire	Ardèche
Paris	Musée de l'Homme - Muséum d'histoire naturelle	
Périgueux	Musée du Périgord	Dordogne
Rouen	Muséum d'histoire naturelle	Seine-Maritime
Saint-Germain-en-Laye	Musée des Antiquités nationales	Yvelines
Strasbourg	Musée archéologique	Bas-Rhin
Tautavel	Musée de la Préhistoire	Pyrénées-Orientales

Les bonnes adresses

◆ Direction du Patrimoine. 3, rue de Valois, 75042 Paris Cedex 01. Tél. : 01 40 15 80 00.
◆ Sous-direction de l'archéologie. 4, rue d'Aboukir, 75002 Paris. Tél. : 01 40 15 73 00.
◆ Centre national de la Préhistoire. 36, rue du 26ᵉ Régiment d'infanterie, 24000 Périgueux. Tél. : 05 53 53 46 50.
◆ Direction des musées de France. 6, rue des Pyramides, 75001 Paris. Tél. : 01 40 15 73 00.
◆ Centre national des recherches archéo-logiques subaquatiques. 58 bis, rue des Marquisats, 74000 Annecy.
Tél. : 04 50 51 62 54.
◆ Département des recherches archéo-giques sous-marines. Fort Saint-Jean, 13235 Marseille Cedex 02.
Tél. : 04 91 91 07 72.
◆ Centre national d'archéologie. Château de Tours/Logis des gouverneurs, 25, quai d'Orléans, 37000 Tours. Tél. : 02 47 66 72 37.

L'art rupestre
La France, médaille d'or

L'art rupestre préhistorique provient de plus de 10 000 sites. Son « volume » est de l'ordre de 20 millions de représentations. Plus de 250 sites d'art pariétal paléolithique ont été recensés en Europe occidentale et centrale. On en connaît 149 en France, dont 53 pour le Périgord (Dordogne), 119 en Espagne, dont 92 dans la région canta-brique (Espagne du Nord).
Les sites qui ont livré des objets d'art mobilier sont les plus nombreux. On en compte à ce jour 224 en France, 22 en Belgique, 26 en Italie, plus d'une trentaine en Espagne.

En France, certaines régions sont plus riches que d'autres. En tête vient le Périgord, puis les Charentes, le Quercy, la vallée de l'Aveyron, le bassin du Rhône, les Pyrénées, le Pays basque.
L'art préhistorique est essentiellement le fait des *Homo sapiens sapiens*. Il s'étend du tout début de l'Aurignacien, il y a 32 000 ans, jusqu'à la fin du Magdalénien vers 11 500, avec quelques prolongements dans l'Azilien.

Extrait de *L'Art préhistorique*, Alain Roussot, Éd. Sud-Ouest.

Île de Carne
Guennoc
Roc'h Toul Ω
Brest
Mougau-Bihan
Brennilis

Trébeurden
Barnenez

Saint-Suliac
Mont-Dol

Forêt de Brocéliande
Rennes

Kercado
Carnac
Erdeven
Locmariaquer
Kermaquer
Guérem
Île Gavrinis
Plouharnel
Vannes
Île-aux-Moines
Quiberon
Conguel
Arzon
Kermaillard-le-Net
La Trinité-sur-Mer
Dissignac
Nantes

Mousseaux

Caen
La Hogue
et la Hoguette

Cocherel

Rouen
Gou

Fort-Harrouard

Petit Vieux-Sou-Brecé

Mayenne-Sciences
Ω

La Roche-aux-Fées

Loire
La Bajoulière

Le Grand-Press

Les Cous
Roc-aux-Sorciers
Blanchar

Talmonais
Champ-Durand
La Marche

Bougon
Ω
Le Chaffaud
Ω
Montiou

Limo

Roc-de-Sers
Grotte du Placard
La Roche à Pierrot
Angoulême
Montgaudier
La Chaire à Calvin
Teyjat
Les Rois
Font-Bargeix
La Quina
Ω Villars
Rochereil
Peuilh-Vertheuil

244

FRANCE PRÉHISTORIQUE

Lille

Seclin

Biache-Saint-Vaast

aussée-Tirancourt
Amiens
aint- La Garenne
heul

Somme

Cuiry-les-Chaudardes

Jonquières
Le Buisson-Campin

La Pierre Turquaise

Paris

Metz

Haguenau

Strasbourg
Achenheim

Larzicourt

Croc-Marin
aisse
Cheval Pincevent
Noyen-sur-Seine
Marolles-sur-Seine
Troyes

Rhin

ans

Auxerre

Arcy-sur-Cure

Rixheim

Aillevans Gonvillars

Le Châtelet-Étaules
Dijon

Saône

éry

Chassey-le-Camp
Époigny

Larnaud
Lac de Chalain
Lons-
le-Saunier

Crot du Charnier

Bourg-en-Bresse

Roanne

Clermont-
Ferrand

Lyon

Grotte des Romains
Lac du Bourget

Loire

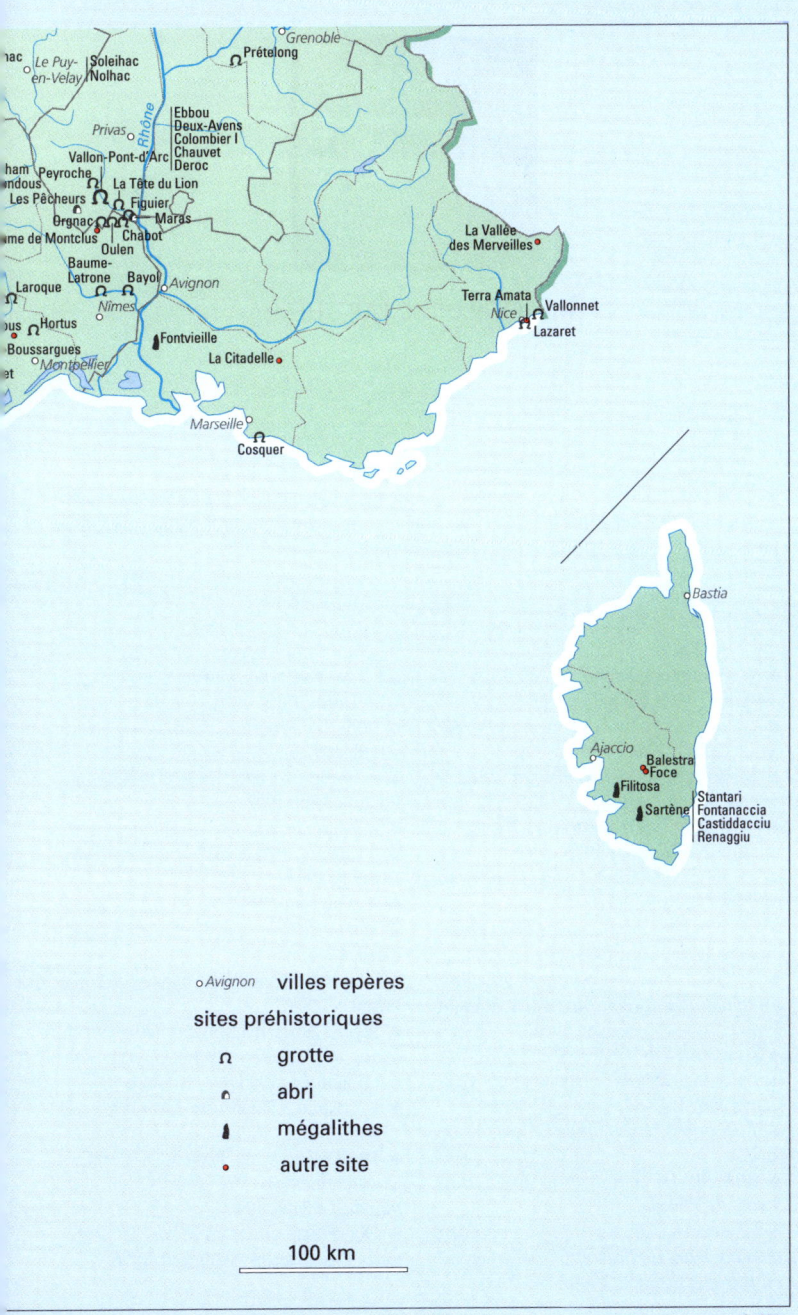

Le Puy-
en-Velay
Soleihac
Nolhac
Grenoble
Prételong
Ebbou
Deux-Avens
Colombier I
Chauvet
Deroc
Privas
Rhône
Vallon-Pont-d'Arc
ham
Peyroche
La Tête du Lion
ndous
Les Pêcheurs
Figuier
Orgnac
Maras
me de Montclus
Chabot
Oulen
Baume-
Letrone
Laroque
Bayol
Avignon
Nîmes
La Vallée
des Merveilles
ous
Hortus
Boussargues
Montpellier
Terra Amata
Nice
Vallonnet
Lazaret
Fontvieille
La Citadelle
Marseille
Cosquer
Bastia
Ajaccio
Balestra
Foce
Filitosa
Stantari
Fontanaccia
Castiddacciu
Renaggiu
Sartène

Bibliographie par thèmes

C'est par milliers que l'on compte les ouvrages consacrés à la Préhistoire. Notre but est de présenter les livres les plus récents, que l'on peut toujours trouver en librairie, et dans la plupart des bibliothèques.

Ouvrages généraux

◆ J. Piveteau, *Origine et destinée de l'homme*, Albin Michel, 1963.

◆ A. Leroi-Gourhan, *Le Geste et la Parole*, Albin Michel. 1964.

◆ F. Bordes, *Le Paléolithique dans le monde*, Hachette, 1968.

◆ H. de Lumley, *La Préhistoire française*, Éd. du CNRS (2 vol.) 1976.

◆ Y. Coppens, *Le Singe, l'Afrique et l'homme*, Fayard, Paris, 1983.

◆ L.R. Nougier, *Premiers éveils de l'homme*, Lieu Commun, 1984.

◆ J. Renault-Miskovsky, *L'Environnement au temps de la Préhistoire*, Paris, Masson, 1986.

◆ Y. Gayrard-Valy, *Les Fossiles, empreintes des mondes disparus*, Découvertes Gallimard, 1987.

◆ Y. Coppens, *Pré-ambules*, Odile Jacob, 1988.

◆ Collectif, *Le Temps de la préhistoire*, 2 vol., Archéologia, 1989.

◆ G. Bosinski, *Homo sapiens. L'histoire des chasseurs du paléolithique supérieur en Europe*, Errance, 1990.

◆ J.-P. Mohen, *Vous avez tous 400 000 ans*, J.-Cl. Lattès, Paris, 1991.

◆ Coll., *Les Premiers Européens*, Éd. du CTHS, 1991.

◆ F. Bordes, *Leçons sur le paléolithique*, Éd. du CNRS, 1992.

◆ R. White, *Préhistoire*, Sud-Ouest, 1993.

◆ J. Chaline, *Une famille peu ordinaire*, Le Seuil, 1994.

◆ H. Thomas, *L'Homme avant l'homme. Scénario des origines*, Découvertes Gallimard, 1994.

◆ Collectif, *L'Homme, origine et destinée*, Errance, 1994.

◆ Sophie A. de Beaune, *Les Hommes au temps de Lascaux*, Hachette, coll. « Vie quotidienne », 1995.

◆ J. Chaline, *L'Évolution humaine*, coll. « Que sais-je ? »,1996.

◆ H. Reeves, J. de Rosnay, Y. Coppens, D. Simonnet, *La Plus Belle Histoire du monde*, Le Seuil, 1996.

◆ Denis Vialou, *Au cœur de la préhistoire*, Découvertes Gallimard, 1996.

OUVRAGES DE BASE

◆ M. Brézillon, *Dictionnaire de la préhistoire,* Larousse, Paris, 1969.

◆ *Origine et évolution de l'homme*, Éd. musée de l'Homme, 1982.

◆ J.-P. Mohen et collectif, *Archéologie de la France, 30 ans de découverte*, Réunion des Musées nationaux, Paris, 1989.

◆ Jean Guilaine, *La Préhistoire d'un continent à l'autre*, Larousse, 1989.

◆ C. Coen. J.-J. Hublin, *Boucher de Perthes. Les origines romantiques de la préhistoire*, Paris, 1989.

◆ M. Bosinski, *L'Histoire des chasseurs du Paléolithique supérieur en Europe (40 000-10 000 ans)*, Errance, 1990.

Les origines de l'homme en Europe et en Asie, Errance, 1996.

◆ *99 réponses sur la préhistoire*, CRDP/CDPP, Languedoc-Roussillon, 1993.

◆ André Leroi-Gourhan (coll.), *Dictionnaire de la préhistoire,* PUF, Paris, 1994.

◆ Marc Groenen, *Pour une histoire de la préhistoire*, Éd. Jérôme Millon, 1994.

◆ J. Briard, *La Préhistoire de l'Europe*, Éd. J.-P. Gisserot, 1995.

◆ Michel Lorblanchet, *Les Grottes ornées de la préhistoire*, Errance, Paris, 1995.

◆ Henri Delporte, Les Aurignaciens, Maison des Roches, 1998.

NOS ANCÊTRES D'AVANT LES GAULOIS

◆ M. A. Rendu, *Préhistoire des Français*, Presses de la Cité, 1967.

◆ *Les Premiers Hommes*, Time Life, 1973.

◆ *Les Néandertaliens*, Time Life, 1973.

◆ *L'Homme de Cro-Magnon*, Time Life, 1973.

◆ H. de Saint-Blanquat, *Les Premiers Hommes*, Casterman, Paris, 1985.

◆ H. de Saint-Blanquat , *Les Premiers Français*, Casterman, Paris, 1985.

◆ J. Guilaine, *La France d'avant la France*, Larousse, 1986.

◆ J.-P. Demoule, *La France de la préhistoire*, Nathan, Paris, 1990.

◆ Coll., *L'Homme de Cro-Magnon*, Éd. Faton, 1992.

◆ J.-P. Millotte, A. Thevenin, *Les Racines des Européens : des origines aux Celtes*, Éd. Horvath.

◆ *De Neandertal à Cro-Magnon*, Éd. Musée Préhistoire de la France, 1988.

GUIDES-ATLAS

◆ L. Vialou, *Guide des grottes ornées paléolithiques ouvertes au public*, Masson, 1976.

◆ D. Bernet, *Guide de la France avant la France*, Éd. Pierre Horay, 1984.

◆ *L'Art des cavernes. Atlas des grottes ornées paléolithiques françaises,* Imprimerie nationale, 1986.

◆ Coll., *Les Hauts Lieux de la Préhistoire en France*, Bordas, 1989.

◆ *Guide des musées archéologiques de France*, Éd. Faton, « Archéologie », 1994.

◆ P. Cabanne, *Le Nouveau Guide des musées de France*, Larousse, Paris, 1997.

◆ J. Pernaud-Orliac, *Petit guide de la Préhistoire*, Le Seuil, Paris, 1997.

PRÉHISTOIRE EN PÉRIGORD

◆ D. Sonneville-Bordes, *Le Paléolithique supérieur en Périgord*, Éd. Delmas, Bordeaux, 1960.

◆ *Lascaux inconnu*. Dir. Arlette Leroi-Gourhan, CNRS, 1979.

◆ A. Roussot, *Préhistoire en Aquitaine*. Livret-guide, CRDP, 1980.

◆ B. et G. Delluc, *Lascaux, Périgord noir*, 1984.

◆ Pierre Fanlac, *La Merveilleuse Découverte de Lascaux*, Éd. Fanlac, Périgueux, 1986.

◆ B. Henriette, J.-M. Mormou, *La Vallée de Cro-Magnon au début du siècle*, Éd. Loubatières, 1987.

◆ J.-L. Aubarbier, M. Binet, J.-P. Bouchard, G. Guichard, *Aimer la préhistoire en Périgord*, Éd. Sud-Ouest, 1988.

◆ J.-J. Cleyet-Merle, *Aimer Les Eyzies, capitale mondiale de la préhistoire*, Éd. Ouest-France, 1990.

◆ B. et G. Delluc, A. Roussot, J. Roussot-Larroque, *Connaître la préhistoire en Périgord*, Éd. Sud-Ouest, 1990.

◆ Coll., *La Vézère des origines,* Imprimerie nationale, 1991.

◆ *Du biface à l'épée : 700 000 ans de préhistoire en Aquitaine*, musée d'Aquitaine, Bordeaux, 1991.

◆ *Gironde, préhistoire*, Éd. du Conseil général de la Dordogne, 1991.

◆ Coll., *Lascaux en Périgord noir, environnement pariétal et conservation*, Éd. Fanlac, 1992.

◆ « Le Périgord préhistorique », Revue *Reflets du Périgord*, 1993 (sous la dir. de B. et G. Delluc).

◆ J.-J. Cleyet-Merle, *La Province préhistorique des Eyzies, 400 000 ans d'implantation humaine*, Éd. du CNRS, 1995.

◆ A. Roussot, « Les Découvertes d'art pariétal en Périgord », n° spécial *Bulletin de la Société historique et archéologique du Périgord*, Éd. Fanlac.

L'ART PRÉHISTORIQUE

◆ A. Laming-Enyerane, *La Signification de l'art rupestre paléolithique, méthodes et applications*, Éd. Picard, Paris, 1962.

◆ Abbé Breuil, *Quatre cents siècles d'art pariétal*, 1952, rééd. chez Max Fourny, Art et industrie, 1974.

◆ Denis Vialou, *La Préhistoire*, Éd. Gallimard, coll. « Univers des formes », 1991.

◆ A. Leroi-Gourhan, *L'Art pariétal, langage de la préhistoire*, Éd. J. Millou, 1992.

◆ Louis-René Nougier, *L'Art de la préhistoire*, Livre de poche, 1993.

◆ Alain Roussot, *L'Art préhistorique*, Éd. Sud-Ouest, 1994.

◆ Alain Roussot, *Petit glossaire d'art préhistorique paléolithique*, Éd. Confluences, Bordeaux, 1998.

◆ A. Leroi-Gourhan, *Préhistoire de l'art occidental*, Mazenod, Nouv. éd. complétée par B. et G. Delluc, 1995.

LA MORT-LES SÉPULTURES

◆ F. May, *La Mort dans la préhistoire*, « Les Sépultures préhistoriques », Éd. du CNRS, Paris, 1986. Dossier de l'archéologie, n° 66, 1982.

◆ R. Joussaume, *Des dolmens pour les morts*, Hachette, Paris, 1985.

◆ Pascale Binant, *La Préhistoire de la mort*, Éd. Errance, Paris, 1991.

◆ Pascale Binant, *Les Sépultures du Paléolithique*, Éd. Errance, Paris, 1991.

RELIGION

◆ A. Leroi-Gourhan, *Les Religions de la préhistoire,* PUF, Paris, 1964.

◆ P. Levêque, *Introduction aux premières religions*, Livre de poche, 1997.

LA TABLE DES HOMMES PRÉHISTORIQUES

◆ Coll., *La Cuisine préhistorique*, Éd. Fanlac, Périgueux, 1992.

◆ Pascale Binant, *La Cuisine de la préhistoire*, Le Seuil, 1995.

◆ Brigitte et Gilles Delluc, Martine Roques, *La Nutrition préhistorique*, Pilote 24, Périgueux, 1995.

◆ Raymond Dumay, *Le Rat et l'Abeille*, Phébus, 1997.

LES OUTILS

◆ Michèle Julien, *Les Harpons magdaléniens*, CNRS, supplément à *Gallia-Préhistoire*, 1982.
◆ M. N. Brézillon, *La Dénomination des objets de pierres taillées*, CNRS, Paris, 1984.
◆ J.-P. Lhomme et S. Maury, *Tailler le silex*, Éd. du Conseil général de la Dordogne, 1990.

VIDÉO-DIAPOSITIVES

◆ J. M. Geneste, *Tailler le silex*, AGPMAS, département Dordogne, 1985.
◆ J. Tarrete, *L'Outil préhistorique*, CNDP, Paris, 1985.
◆ *Travail et société au Paléolithique : le geste et l'outil*, Documentation française.
◆ *La Taille de la pierre pendant la préhistoire*, CNDP, Paris, 1985.

LE FEU

◆ C. Perles, *Préhistoire du feu*, Masson, Paris, 1977.
◆ *Le Feu apprivoisé*, Catalogue du musée de la Préhistoire d'Ile-de-France, Nemours, 1989.

LA FEMME PRÉHISTORIQUE-BIJOUX ET PARURES

◆ M. Delporte, *L'Image de la femme dans l'art préhistorique*, Éd. Picard et Cie, Paris, 1979.
◆ *Èves et rêves, ou Regards sur les femmes préhistoriques*, exposition, musée Terra Amata, Nice, 1991.
◆ *La Parure en coquillage au Paléolithique*, CNRS, Paris, 1993.
◆ *Bijoux de la préhistoire. La Parure magdalénienne dans la vallée de l'Aveyron*, Catalogue d'exposition, Montauban, 1994.

LES ANIMAUX-LES CHASSEURS

◆ A. Leroi-Gourhan et A. M. Métaillé, *Les Chasseurs de la préhistoire*, Paris, 1983.
◆ J.-J. Clerget-Merle, *La Préhistoire de la pêche*, Éd. Errance, 1990.
◆ J.-P. Digart, *L'Homme et les animaux domestiques, anthropologie d'une passion*, Fayard, 1990.
◆ C. Bellier et P. Cattelain, *La Chasse dans la préhistoire*, Éd. du CEDARC, 1990.
◆ A. Gauthier, *La Domestication, et l'homme créa l'animal*, Éd. Errance, 1992.
◆ L. Davis, *L'Homme et les animaux de la préhistoire*, Le léopard d'or, Muséum de Lyon, 1993.
◆ Alain Gstalter et Pierre Lazier, *Le Bison d'Europe*, Éd. Traces, 1996.

LES MÉGALITHES

◆ H. Bar, *Les Pierres sacrées, Dolmens et Menhirs*, Éd. Ouest-France, Rennes, 1977.
◆ R. Joussaume, *Des dolmens pour les morts*, Hachette, 1985.
◆ J.P. Mohen, *Le Monde des mégalithes*, Casterman, « Les archives du temps », 1989.

251

◆ P.R. Giot, *Préhistoire en Bretagne*, Éd. Jos, Chateaulin, 1992.

◆ *Allées couvertes et autres monuments funéraires du Néolithique dans la France du Nord-Ouest - Allées sans retour*, Éd. Errance, Paris.

◆ F. André, *Les Mégalithes du Morbihan*, Éd. J.P. Gisserot, 1995.

◆ J. Briard, *Les Mégalithes de l'Europe atlantique, architecture et art funéraire (5 000-2 000 av. J.-C.)*, Éd. Errance, 1995.

◆ J.P. Lavasque, *Dolmens et tumulus du Quercy*, Éd. du Laquet, Martel, 1996.

◆ Claude Masset, *Les Dolmens, sociétés néolithiques et pratiques funéraires*, Éd. Errance, Paris, 1997.

◆ « Inventaire des mégalithes de France », v. *Gallia-Préhistoire*.

DÉCOUVERTES

◆ A. Leroi-Gourhan et M. Brézillon, *Fouilles de Pincevent, essai d'analyse ethnographique d'un habitat magdalénien*, CNRS, 1984.

◆ D. Vialou, *L'Art des grottes en Ariège magdalénienne*, CNRS, Paris, 1986.

◆ J. Clottes et J. Courtia, *La Grotte Cosquer*, Le Seuil, Paris, 1992.

◆ J. Clottes, *La Grotte Cosquer, peintures et gravures de la caverne engloutie*, Le Seuil, Paris, 1994.

◆ Coll., *La Grotte Chauvet à Vallon-Pont-d'Arc*, Le Seuil, 1995.

◆ J. Clottes, *Les Cavernes de Niaux*, Le Seuil, Paris, 1995.

◆ D. Sacchi et J. Vaquer, *Connaître la préhistoire des Pyrénées*, Éd. du Sud-Ouest, 1996.

POUR LES ENFANTS

◆ *Noune, l'enfant de la préhistoire*, Éd. MSD.

◆ *La Vallée des rennes*, Éd. MSD.

◆ *Le Secret des bois de Lascaux*, Éd. Dolmen.

◆ *La Vallée de la Vézère*, Éd. Dolmen.

◆ *Au temps des cavernes*, Éd. Casterman.

◆ L.R. Nougier et V. A. Georges, *Un site de chasseurs préhistoriques : Rouffignac*, Albin Michel.

◆ *L'Homme dans la préhistoire*, Éd. Gisserot.

◆ *Les Premiers Hommes,* Gallimard.

◆ Brigitte et Gilles Delluc, *Les Chasseurs de la préhistoire*, Hachette, 1979.

◆ Louis-René Nougier, *Guide Jeunesse préhistoire*, Hachette, Paris, 1977.

CASSETTES VIDÉO

◆ *La Taille du silex*, J.M. Geneste.

◆ *La Préhistoire*, MSD.

◆ *La Préhistoire et le Périgord*, MSD.

◆ *Niaux, caverne magdalénienne.*

REVUES

Archéologia
Gallia-Préhistoire
L'Histoire
Notre Histoire
Science et Avenir
Science et Vie
Time-Life

Index des noms cités

A :	abri	GR :	grotte
C :	camp	H :	habitat
D :	dépôt	M :	mégalithe
E :	éperon	SN :	site néolithique
GI :	gisement	T :	tombe

CRÉDITS PHOTOGRAPHIQUES

Cl. Alain Roussot, p. 25, 27, 28, 29, 36, 37, 38, 41, 43, 44, 47, 50, 52, 53, 54, 55, 56, 58, 59, 61, 63, 65, 68, 70, 71, 72, 73, 74, 75, 76, 78, 79, 80, 81, 83, 88, 90, 96, 99, 103, 105, 106, 108, 112, 134, 135, 136, 143, 152, 153, 156, 174, 177, 195, 198, 205, 206, 208, 218, 222, 225, 228, 233, 239, 240, 242, 248, 253. Cl. P. Bardou, p. 44, 48, 104. Cl. B. Delluc, 26. Cl. Jean Vertut, p. 33, 47, 49, 147. Gamma/F. Braodacast, p. 9. SCOPE/N. Hautemanière, p. 11, 101.SCOPE/J. Guillard, p. 121. SCOPE/D. Gorgeon, p. 187. Explorer/Ferrero Labat, p. 51. Explorer/Leroux, p. 122. Explorer/P. Pilloud, p. 132. Explorer/M. Cambazard, p. 146. Explorer/Devaux, p. 184. Explorer/ J.-P. Bouchard, p. 7, 18. RMN/OJEDA, p. 66. RMN/G. Blot, p. 145, 176, 237. RMN, p. 25, 110, 116, 240. Musée de l'Homme/Destable, p. 128, 183. Musée de l'Homme, p. 211, 219, 240. CDRP. H. Guénego, p. 89. Musée Rolin d'Autun, p. 67, 94. Musée de Carnac, p. 100, 102, 109. Musée de Normandie, Caen, p. 166. Musée de Picardie, p. 162, 164. Musée de Nemours, p. 125, 130. Musée d'Orgnac, p. 197, 201. Musée de Tautavel/J. Roux, p. 138, 141, 142. Musée de l'abri Pataud/M. Delaplanche, p. 57. Musée de Terra Amata, Nice, p. 13, 183. Cosquer/F. Broadcast, p. 189. Sygma/S. Bassouls, p. 215. J. Dieuzaide, p. 20, 154. Éd Belin/dessin, P. J. Wynne, p. 243. Droits réservés, p. 5, 13, 14, 15, 16, 31, 35, 39, 42, 45, 47, 53, 60, 65, 87, 90, 149, 151, 159, 179, 182, 185, 186, 187, 221, 224, 227, 229, 230, 231, 232, 233, 234, 235, 236, 238.

Imprimé en France par I.M.E. 25110 Baume-les-Dames
ISBN : 2 - 253 - 17036 - 4
Édition 01
Dépôt edit. 9014-06/1998

Michel Zum
29/5/08

23.90   2649/1370

Eliette von Karajan
Mein Leben an seiner Seite

Eliette von Karajan

Mein Leben an seiner Seite

Autobiographie

Ullstein

Für Isabel und Arabel